U0109719

古典文獻研究輯刊

二五編

潘美月・杜潔祥 主編

第 4 冊

漢志諸子略通考（上）

司馬朝軍 著

國家圖書館出版品預行編目資料

漢志諸子略通考（上）／司馬朝軍 著 -- 初版 -- 新北市：花
木蘭文化事業有限公司，2017〔民 106〕
序 4+ 目 8+200 面；19×26 公分
（古典文獻研究輯刊 二五編：第 4 冊）
ISBN 978-986-485-242-0（精裝）
1. 漢書 2. 研究考訂
011.08   106015021

古典文獻研究輯刊
二五編 第 四 冊   ISBN：978-986-485-242-0

漢志諸子略通考（上）

作　　者　司馬朝軍
主　　編　潘美月　杜潔祥
總 編 輯　杜潔祥
副總編輯　楊嘉樂
編　　輯　許郁翎、王筑　美術編輯　陳逸婷
企劃出版　北京大學文化資源研究中心
出　　版　花木蘭文化事業有限公司
社　　長　高小娟
聯絡地址　235 新北市中和區中安街七二號十三樓
　　　　　電話：02-2923-1455 ／傳真：02-2923-1452
網　　址　http://www.huamulan.tw 信箱 hml 810518@gmail.com
印　　刷　普羅文化出版廣告事業
初　　版　2017 年 9 月
全書字數　664566 字
定　　價　二五編 8 冊（精裝）新台幣 15,000 元
版權所有・請勿翻印

漢志諸子略通考（上）

司馬朝軍　著

作者簡介

司馬朝軍，祖籍湖北公安，生於湖南南縣。現爲上海社會科學院歷史所研究員、古代史室主任。曾任武漢大學特聘教授、中國傳統文化研究中心研究員、國學院教授、歷史學院教授、信息管理學院教授及四庫學研究中心主任。主要研究方向爲四庫學、文獻學與中國近三百年學術史。著有《四庫全書總目研究》、《四庫全書總目編纂考》、《經解入門整理與研究》等著作數十種，主編《辨僞研究書系》、《四庫學研究文庫》、《黃侃全集》等。

提　要

　　《漢志》是中國古典目錄學史上最爲重要的典籍之一，而有關《諸子略》的研究一直沒有獨立出來，也未見集大成的專題研究。《漢志諸子略通考》爲《漢志通考》之一，從存佚著錄、眞僞考辨、校讎源流、作者情況、學術大旨、出土文獻等方面逐條展開，實事求是，言必有據，旁徵博引，間下己見。既廣泛使用傳世文獻的治學方法，也兼顧出土文獻的最新動態。要之，這是一部集成性質的專書專題研究，代表了大陸學術界在此領域的最新水準。

高華平教授序

  《漢書‧藝文志》一書，對於治學之重要性，前人多已言之。張舜徽先生曾說：「余平生誘誨新進及所以自勵，恒謂讀漢人書，必須精熟數種以爲之綱。一曰《太史公記》，二曰《淮南王書》，三曰《漢書‧藝文志》。……又必以《漢書‧藝文志》溯學術之流派，明簿錄之體例。……如能反覆溫尋而有所得，以之爲學，則必有如荀卿所云：『若挈裘領，詘五指而頓之，順者不可勝數也。』」爲先秦及秦漢之學術者，可不勉哉！

  只是《漢志》成書年代於今既久，載籍流傳中淆亂亡佚亦多，故後人欲藉此而尋繹先秦學術源流，多有不便。故歷代考證、注釋《漢志》之作，繼踵而出，成果累累。然此類著作數量既多，分佈亦廣，且向有大量考證及論述文字並非以《漢志》考論專書形式出現，而是以讀書筆記等形式夾雜於學者的其他著述之間，故研究先秦文史者，如若取資參考，實不容易。今有武漢大學司馬朝軍教授，體察學者搜尋之苦，思欲有以解之，撰成《漢志諸子略通考》一書。是書所考論雖僅《漢志》之《諸子》一「略」，然有功於學界研究《漢志》及先秦學術者實巨。我有幸先得《漢志諸子略通考》書稿而讀之，覺得是書在以下幾方面的成就和特點尤其突出：

  其一，發凡起例，創新「通考」。對先秦諸子進行「通考」，前代之最著名者，當推孫德謙和蔣伯潛二氏之《諸子通考》。孫氏之書，並不依《漢志》體例而敘先秦諸子，而分諸子爲儒、道、法、名、墨、雜、兵七家，由總論與專論兩大部分，用中國傳統學術方法梳理諸子流變。蔣氏之書之所考論，初看亦似並不限於《漢志‧諸子略》；然以實際言之，則亦未能涵蓋《漢志‧諸子略》全部，而僅爲其中之著名人物與著作。今司馬教授《漢志諸子略通

考》則不然。是書對《漢志・諸子略》所著錄全部著作，不論其存佚主次，皆詳加考論，固已超逸孫、蔣二氏之《通考》矣。更爲重要的是，《漢志諸子略通考》凡考論諸子一書，必從「存佚著錄」、「學派歸屬」、「眞僞考辨」、「校讎源流」、「作者情況」、「學術大旨」等諸方面詳加考辨，以探明其著作流傳、學術淵源及思想宗旨。這一體例，誠較孫、蔣二氏《諸子通考》更爲全面，更爲清晰，邏輯分明。

其二，於歷代《漢志・諸子略》之論述，廣搜博採，頗顯文獻甄別之功。對《漢志・諸子略》之考論，見於前人《漢志》注疏或考證專書者，固不難取證；但於散見前人筆記及文集者，則非博覽群書，留心搜集，不能知其出處。今司馬教授《漢志諸子略通考》則正以此見長。其中除於古代各種知名或罕見筆記、文集中之材料盡行收集之外，著者對最新發現之出土文獻成果亦多予著錄。這就不僅使是書徵引文獻臻於全面和豐富，更可以保證其學術的前沿性。

其三，著者在是書之《通考》部分，在盡量吸收前人研究成果的基礎上，對先秦諸子各家各派的學術特點、源流及演變進行總結，力爭提出自己新的觀點和看法。如著者在經過梳理雜家發展歷史之後，提出了「雜家三期說」，認爲在經過前軸心時代之原典創製、軸心時代之諸子百家爭鳴之後，直到兩漢，此爲雜家第一期。自漢末佛教傳入中國，直到明清之際，爲雜家第二期。隨著西學東漸，中、西、印在更大的範圍、更高的層面展開新的碰撞融合，仍是雜家路線，則爲雜家第三期。故他認爲「在後軸心時代，中國文化發展的總體方向就是雜家化」。著者的這種看法，雖未必能爲學界所廣爲認同，然固不失爲一家之言矣。

我與司馬朝軍教授相知多年，對他爲學的勤奮和認眞、以及他在四庫學方面的成就，十分欽佩。一日接司馬教授電話，告知近來完成《漢志諸子略通考》一書，囑我爲其作序。我自知才疏學淺，不足以充此任。且本人出版之書，基本都是無《序》的（博士論文出版時，出版社必須導師寫序者除外），甚至連《自序》也沒有。所以，我除了曾被迫爲自己指導的幾位博士生出版其博士論文作過《序》之外，從沒有過這方面的經驗。但司馬教授並不以此爲嫌。大概因爲我出過《先秦諸子與楚國諸子學》等幾本相關之書，非要我作此命題作文。我不好再作推辭，便寫下了以上這番話。

因爲是作序，在推介一書時未免要對該書作出一定的評價，如果只有贊

揚，則可能有吹捧之嫌。如果這樣的話，那我是否可以建議著者，在吸收前人成果時，更多徵引一些現代以來研究先秦諸子之大家，如羅根澤等人的著作和他們的觀點呢？對於這一點，不知司馬教授以爲然否？

　　是爲序。

高華平

2016 年 12 月 6 日於武昌華大家園

目次

一、儒　家

《晏子》八篇。名嬰，諡平仲，相齊景公，孔子稱善與人交，有《列傳》。
（師古曰：「有《列傳》者，謂《太史公書》。」）

【存佚著錄】

　　今存《晏子春秋》八篇，分內外篇，內篇〈諫上〉、〈諫下〉、〈問上〉、〈問下〉、〈雜上〉、〈雜下〉六篇，外篇上、下二篇。《晏子春秋》是否為《漢志》著錄「《晏子》八篇」，存在爭議，詳見下。漢劉向《別錄》曰：「所校中書《晏子》十一篇，臣向謹與長社尉臣參校讎，太史書五篇，臣向書一篇，參書十三篇，凡中、外書三十篇，為八百三十八章。除複重二十二篇六百三十八章，定著八篇二百一十五章，外書無有三十六章，中書無有七十一章，中外皆有以相定，中書以『夭』為『芳』，『又』為『備』，『先』為『牛』，『章』為『長』，如此類者多，謹頗略揄，皆已定以殺青，書可繕寫。」唐張守節《史記正義》曰：「《七略》云：《晏子春秋》七篇，在儒家。」〔註1〕《隋書・經籍志》、《舊唐書・經籍志》、《新唐書・藝文志》皆著錄《晏子春秋》七卷，列子部儒家類；《崇文總目》則著錄《晏子春秋》十二卷，亦列儒家類。劉師培《左盦集》卷七《晏子春秋篇目考》論其篇卷曰：「劉向《晏子敘錄》言『定著八篇，二百一十五章』，《漢志》儒家亦列《晏子》八篇。而《史記・管晏列傳》正義引《七略》則云『《晏子春秋》七篇』，蓋誤『八』為『七』，或『《七略》』為

〔註1〕　姚振宗《漢書藝文志條理》曰：「按《傳贊》正義引《七略》云《晏子春秋》七篇，蓋《七錄》之誤，正義所引多是《七錄》，今本往往誤為《七略》也。」

『《七錄》』之訛。《隋》、《唐志》皆七卷，蓋合〈雜上〉、〈下〉二篇爲一。《史記·管晏列傳》索隱云：『今其書有七十篇。』『十』爲衍文（張文虎《札記》引錢泰吉說）。則七篇之本，唐所通行。然唐代亦有八卷本，《意林》卷一列《晏子》八卷是也。宋代所行，一爲十二卷本，即《崇文總目》、《直齋書錄解題》、《玉海》、《通考》所載是，蓋就七篇之本，各析爲二，惟兩《外篇》未析，孫氏星衍謂『二』當作『四』，非也。一爲七卷之本，即《通志·藝文略》所載是。《崇文總目》謂八篇今亡，《書錄解題》謂卷數不同，未知果本書否，《玉海》亦以卷多爲疑。蓋八篇之本，宋代已亡，元本八卷，《四庫》本亦八卷，《拜經樓藏書題跋記》謂後人併合以符《漢志》之數，其說近是。明刻均七卷，蓋亦後人併合，以符《隋》、《唐志》之數也。惟元本及明沈啓南本均二百十五章，與《敘錄》符，則篇目併合，各代雖殊，其殘佚之文則鮮。」

【學派歸屬】

（一）墨家說。唐柳宗元（773～819）《河東集》卷四〈辨晏子春秋〉始謂《晏子春秋》宜列墨家，曰：「吾疑其墨子之徒有齊人者爲之。墨好儉，晏子以儉名於世，故墨子之徒尊著其事，以增高爲己術者。且其旨多尚同、兼愛、非樂、節用、非厚葬久喪者，是皆出《墨子》。又非孔子，好言鬼事，非儒、明鬼，又出《墨子》。其言問棗及古冶子等，尤怪誕，又往往言墨子聞其道而稱之，此甚顯白者。自劉向、歆，班彪、固父子皆錄之儒家中，甚矣數子之不詳也！蓋非齊人不能具其事，非墨子之徒則其言不若是。後之錄諸子書者，宜列之墨家。非晏子爲墨也，爲是書者墨之道也。」宋晁公武（1105～1180）《郡齋讀書志》卷三亦曰：「《晏子春秋》十二卷，齊晏嬰也。嬰相景公，此書著其行事及諫諍之言，昔司馬遷讀而高之，而莫知其所爲書。或曰晏子爲之，而人接焉。或曰晏子之後爲之。唐柳宗元謂遷之言不然，以爲墨子之徒有齊人者爲之，墨好於儉，晏子以儉名於世，故墨子之徒尊著其事以增高爲己術者，且其旨多尚同、兼愛、非樂、節用、非厚葬久喪、非儒、明鬼，皆出《墨子》。又往往言墨子聞其道而稱之，此甚顯白。自向、歆、彪、固皆錄之儒家，非是。後宜列之墨家，今從宗元之說。」宋項安世（1129～1208）《項氏家說》卷九「晏子」條曰：「予讀《晏子春秋》，見其與叔向論士君子之出處，大抵多擯處士，以爲當誅，而自不恥於以一身而事百君。夫以晏子之行既過乎儉，而其於出處之際所主又如此，則其爲墨子之學明甚。談者相

承謂之墨、晏，豈苟然哉！自公孫弘至馮道，皆有篤行嘉言，而不恥於事亂君，行亂政，蓋世之士大夫傳襲此派，千載不絕。人謂楊、墨之道至孟子而止者，特末之考爾。」宋薛季宣（1134～1173）《浪語集》卷二十七〈晏子春秋辨〉曰：「聖人之道，不掠美以爲能，不瞽世以爲明，善者從之，非者去之，要在乎據中庸之道以折中於物，而不以己見爲必得，此其所以大而無方也。柳子厚《辨晏子春秋》以爲，墨者齊人，尊著晏子之事以增高爲己術者，其言信典且當矣，雖聖人有不易。走見而喜其辨，謂其所自見誠有大過人者。晚得《孔叢子》讀之，至於〈詰墨〉，怪其於墨子無見，皆《晏氏春秋》語也，乃知子厚之辨有自而起。嗚呼！若子厚者，可謂掠美瞽世也與！使《孔叢》出於其前，子厚不應無見；如在其後出，則大業書錄具存，抉剔異書，扳從已出，謂它人弗見，取像攫金之子，不可謂知。子厚妙文辭者，尚亦爲此，勦竊之患，厥有由來矣。孔子曰：『知之爲知之，不知爲不知，是知也。』然則君子誠其所知，闕其所不知，而後爲眞知，奚必妄！」元馬端臨（1254～1323）《文獻通考・經籍考》、明焦竑《國史經籍志》皆從柳宗元之說，列於子部墨家類。明焦竑（1540～1620）《國史經籍志》卷四曰：「《晏子春秋》十二卷，墨氏見天下無非爲我者，故不自愛而兼愛也，此與聖人之道濟何異，故賈誼、韓愈往往以孔、墨並名；然見儉之利而因以非禮，推兼愛之意而不殊親疏，此其敝也。莊生曰：『墨子雖獨任爲天下，何其太觳而難遵。』有以也夫。墨子死，有相里氏之墨，相芬氏之墨，鄧陵氏之墨，世皆不傳。《晏子春秋》舊列儒家，其尚同、兼愛、非樂、節用、非厚葬久喪、非儒、明鬼，無一不出墨氏，柳宗元以爲墨子之徒尊著其事以增高爲己術者，得之。」清章學誠（1738～1801）《校讎通義》卷三曰：「焦竑以《漢志》《晏子》入儒家爲非，因改入於墨家。此用柳宗元之說，以爲墨子之徒有齊人者爲之，歸其書於墨家，非以晏子爲墨者也，其說良是。部次群書，所以貴有知言之學，否則狥於其名而不考其實矣。《檀弓》名篇，非檀弓所著；《孟子》篇名有梁惠王，亦豈以梁惠王爲儒者哉！」清洪亮吉（1746～1809）《卷施閣文集》卷十〈新刻晏子春秋書後〉曰：「《晏子春秋》一書，前代入之儒家，然觀《史記・孔子世家》所載晏子對景公之言曰『夫儒者滑稽，而不可軌法；倨敖自順，不可以爲下；崇喪遂哀，破產厚葬，不可以爲俗；遊說乞貸，不可以爲國』云云，是明與儒者爲難矣。故其生平行事，亦皆與儒者背馳。唐柳宗元以爲墨氏之徒，未爲無據。近吾友孫君星衍校刊《晏子》，深以宗元之說爲非，

謂晏子忠君愛國，自當入之儒家。然試思墨氏重趼救宋，獨非忠君愛國者乎？若必據此以爲儒、墨之分，則又一偏之見也。惟宗元以《晏子》爲墨氏之徒，微誤。考墨在晏子之後，當云其學近墨氏，或云開墨氏之先，則可耳。」清凌揚藻（1760〜1845）《蠡勺編》卷二十「晏子春秋」條曰：「《晏子春秋》十二卷，齊大夫平仲晏嬰撰。……是與孟子既不同時，而所謂小有才，未聞君子之大道，則足以殺其軀而已者，其詭行又相懸絕，豈所誤在孟子耶？何風馬牛之不及若此也？沈梅村疑姓名偶同，景公時別有一盆成括，然《崇文總目》謂《晏子》之書久亡，世所傳者蓋後人採嬰行事而成，故柳宗元以爲墨之徒有齊人者爲之，非嬰所自著也。……唐柳宗元以爲墨氏之徒，未爲無據。……然考墨在晏子之後（見《漢書藝文志》），當云其學近墨氏，或云開墨氏之先則可耳。」近人陳朝爵（1876〜1939）《漢書藝文志約說》卷二亦曰：「柳說是也。晏子言行見於《左傳》、《禮記》、《史記》者，大抵有刻苦兼愛之風，而兼有清淨卑弱之意。考其父名弱，而弱名子曰嬰，是道而兼墨者。《史記》載其阻齊景用孔子，力攻儒者之短，豈得爲儒家乎？宋晁氏、陳氏書目皆列之墨家，馬氏《經籍考》因之，近是，《崇文總目》則謂後人採嬰行事爲之，非嬰所撰，是其眞僞亦尚有難定者。清孫星衍獨斥柳宗元說爲文人無識，非確論也。」尹桐陽（1882〜1950）《諸子論略·晏子之宜入墨家》曰：「《漢志》、《七略》列《晏子》於儒家，桐陽以爲晏子尚儉，與墨子同，其學寔出於清廟之守，爲宋大夫之先河，而與儒異趣者也。於儒宗之宣聖故阻其爾稽之封，事具詳於外篇第八。《墨子·非儒》曾引其言，而內篇雜上又有墨子稱晏子知道之語，則晏子之爲墨家而非儒家也又何疑？桐陽爲之校釋若干條，以補孫氏星衍之不逮，特書其與墨同轍之處而著於篇，蓋欲見晏、墨之當爲一貫，而墨學亦藉以不孤云。柳宗元謂墨氏之徒爲之，意以《晏子春秋》爲儒書，則猶非擇本之論。太史公曰：『吾讀管氏〈牧民〉、〈山高〉、〈乘馬〉、〈輕重〉、〈九府〉，及《晏子春秋》，詳哉其言也。其書世多有之。』則管、晏書固炎漢所通行，而爲龍門所樂道者矣。僞書云乎哉？孫氏乃頡滑解垢，力主晏爲儒家，且斥柳爲文人無學，覯矣。」（二）儒家說。清王鳴盛（1722〜1797）《蛾術編》卷十四以爲「柳說恐未是」，曰：「柳子厚謂《晏子春秋》非嬰著，墨氏之徒勦合而成。今觀《漢志》儒家首列《晏子春秋》，柳說恐未是。」清迋鶴壽案：「儒家五十有三，而《晏子春秋》居首，此據劉向所定也。向言所校中外書《晏子》三十篇八百三十八章，除複重二十二篇，六百三十八章，

定著八篇。晏子博聞強記，通於古今，事齊靈公、莊公、景公，以節儉力行盡忠極諫道齊國，君得以正行，百姓得以附親，不用則退耕於野，用則必不詘義，不可脅以邪，白刃雖交胸，終不受崔杼之劫，諫齊君縣而至，順而刻，及使諸侯，莫能詘其辭，其博通如此，蓋次管仲。內能親親，外能厚賢，居相國之位，受萬鍾之祿，故親戚待其祿而衣食五百餘家，處士待而舉火者亦甚眾，齊人以此重之。其書六篇，皆忠諫其君，文章可觀，義理可法，皆合六經之義。又有複重，文辭頗異，不敢遺失，復列為一篇。又有頗不合經術，似非晏子言，疑後世辨士所為者，復以為一篇。今案：觀本書所載及劉向之言，固宜列於儒家，柳宗元文人無學，謂墨氏之徒為之，晁公武、馬貴與並承其誤，可謂無識。晏子尚儉，《禮》所謂『國奢則示之以儉』也。其居晏桓子之喪，盡禮亦與墨氏異。《孔叢子》云：『察傳記晏子之所行，未有異於儒焉。』儒道甚大，孔子言『儒行有過失可微辨，而不可面數』，故公伯僚愬子路而同列聖門，晏子尼谿之阻，何害為儒？且古人書外篇半由依託，劉向所謂疑後世辨士所為者，惡得以此病晏子。」清孫星衍（1753～1818）《問字堂集》卷三〈晏子春秋序〉更斥柳宗元說為文人無學：「柳宗元文人無學，謂墨氏之徒為之，《郡齋讀書志》、《文獻通考》承其誤，可謂無識。晏子尚儉，《禮》所謂『國奢則示之以儉』，其居晏桓子之喪盡禮，亦與墨子短喪之法異。《孔叢》云：『察傳記晏子之所行，未有以異於儒焉。』儒之道甚大，孔子言『儒行有過失可微辨而不可面數』，故公伯僚愬子路而同列聖門，晏子尼谿之阻，何害為儒？且古人書外篇半由依託，又劉向所謂疑後世辨士所為者，惡得以此病晏子哉。」清管同（1780～1831）《因寄軒文集》初集卷三〈讀晏子春秋〉以為非墨氏之徒所為，曰：「唐柳宗元者，知疑其書，而以為出於墨氏，墨氏之徒去晏子固不甚遠，苟所為，猶近古，其淺薄不當至是。是書自管、孟、荀、韓，下逮韓嬰、劉向書，皆見剽竊，其詆訾孔子事，本出《墨子·非儒》篇，為書者見《墨子》有是，意嬰之道必有與翟同者，故既採〈非儒〉篇入《晏子》，又往往言墨子聞其道而稱之。是此書之附於墨氏，而非墨氏之徒為是書也。」嚴挺《晏子春秋辯證》論柳宗元、管同二人之說曰：「此二說者，有同有異，其謂書非晏子自為，此柳宗元、管異之之所同也；若一認為墨者之徒有齊人者為之，一認為六朝人為之，一則證於《晏子春秋》，一則旁考於子長《史記》，此又柳、管之所異也。雖然，二子之論皆非也。」劉師培（1884～1919）《左盦集》卷七〈晏子非墨家辨〉曰：「晏子立言之旨，《淮南·要略》

所述至詳，其第八一篇，劉向謂似非晏子言，其識至精。至唐代柳宗元始謂
墨氏之徒所爲。宋代晁氏、馬氏輯書目，均循其說。近孫星衍以無識譏之，
其說允矣。」呂思勉（1884～1957）《經子解題‧晏子春秋》謂入墨家爲非，
曰：「今觀全書，稱引孔子之言甚多；引墨子之言者僅兩條；詆毀孔子者，唯
外篇不合經術者一至四四章耳。陳義亦多同儒家，而與墨異，以入墨家者非
也。」顧實（1878～1956）《漢書藝文志講疏》三〈諸子略〉亦認爲：「孫說
近是，梁說非也。追錄者傳聞異辭，或故張大之，本非晏子自著書也。」陳
柱（1890～1944）《諸子概論》又曰：「晏子儒家，非墨家也。何也？以其根
本與儒同也。其根本與儒同者何？一曰崇禮，二曰非鬼。」陳朝爵（1876～
1939）《漢書藝文志約說》卷二則堅持「柳說是也」，且云：「晏子言行見於《左
傳》、《禮記》、《史記》者，大抵有刻苦兼愛之風，而兼有清淨卑弱之意。考
其父名弱，而弱名子曰嬰，是道而兼墨者。《史記》載其阻齊景用孔子，力攻
儒者之短，豈得爲儒家乎？宋晁氏、陳氏書目皆列之墨家，馬氏《經籍考》
因之，近是。《崇文總目》則謂後人採嬰行事爲之，非嬰所撰，是其眞僞亦尙
有難定者。清孫星衍獨斥柳宗元說爲文人無識，非確論也。《法言‧五百篇》
『墨、晏儉而廢禮』，柳說所本。」又曰：「孫詒讓《墨子緒聞》引《晏子春
秋》兩條，言墨子稱晏子知道。晏子所言，大抵薄身厚民、慈愛利澤，合於
墨子之道。又《墨學通論》引《孔叢子‧詰墨》篇兩條辨晏子毀孔子事，其
稱晏子毀孔子，謂儒家喪禮無補於死者，亦墨家之義，而可與《史記》相證。
即可證晏子之不得爲儒家，而在道與墨之間矣。」孫德謙（1869～1935）《諸
子要略‧家數》曰：「今夫《晏子》非儒家乎？自柳子厚謂齊之墨者所作，於
是相承著錄，若馬貴與之《通考》，焦弱侯之《經籍志》，無不部次於墨家。
初非以儒爲榮，而以墨爲辱也，然而家數則由此亂矣。在柳氏之言，據其書
有『明鬼』諸說，並稱『墨子聞其道』，似其以《晏子》爲墨，不同鄉壁虛造
者也。豈知墨子立言，凡所謂『尙賢』、『尙同』者，固爲其一家之學，晏子
則隨事進諫而已。此猶齊王好貨好色，孟子即述公劉太王，迎其機而順導之，
其意則不主於是矣。夫晏子身爲齊相，進思盡忠，退思補過，匡君之失，而
以利民爲務，此眞儒家之所以助人君明教化也。《孔叢子》云：『察晏子之所
行，未有以異於儒。』豈不信哉？況其節儉行禮，稱說風詩，又儒家之遊文
六經乎？故其書雖援引墨子，一若爲其學者，遵守師說，取以爲重。然諸子
皆非自著，今以有墨子之言，遽列《晏子》於墨，然則言陳子陽聞之者，將

又何解？且其中或云『仲尼聞之』，或云『孔子聞之』，安見非儒者之所爲，而必出墨家耶？此家數之不可不辨者一。」〔註2〕（三）傳記說。《四庫全書總目》又改入史部傳記類，曰：「劉向、班固俱列之儒家，惟柳宗元以爲墨子之徒有齊人者爲之。薛季宣《浪語集》又以爲《孔叢子》詰墨諸條今皆見《晏子》書中，則嬰之學實出於墨。蓋嬰雖略在墨翟之前，而史角止魯實在惠公之時，見《呂氏春秋・仲春紀・當染》篇，故嬰能先宗其說也。」又曰：「《晏子》一書，由後人摭其軼事爲之。雖無傳記之名，實傳記之祖也。舊列子部，今移入於此（即史部傳記類——引者注）。」《四庫簡明目錄》亦曰：「《晏子春秋》八卷，撰人名氏無考，舊題晏嬰撰者，誤也。書中皆述嬰遺事，實魏徵《諫錄》、李絳《論事集》之流，與著書立說者迥別。列之儒家，於宗旨固非；列之墨家，於體裁亦未允；改隸傳記，庶得其眞。」清黃以周（1828～1899）《儆季文鈔》卷一《讀晏子》認爲《四庫簡明目錄》「改隸《傳記》，可以息群喙矣」。梁啓超（1873～1929）《漢書藝文志諸子略考釋》曰：「其書摭撦成篇，雖先秦遺文間藉以保存，然無宗旨、無系統，《漢志》以列儒家固不類，晁、馬因子厚之言改隸墨家，尤爲無取。《四庫》入史部傳記，尚較適耳。」蘇輿（1874～1914）《晏子春秋序》曰：「是書之作，雖不能定爲何人，其在史公後可知，去墨子之世已遠，柳說誠不足據。欽定《四庫全書》列之傳記部，以爲是書所記，乃唐人《魏徵諫錄》、《李絳論事集》之流，允爲定論已。」皆主《總目》之說。（四）自成一家說。清洪亮吉《曉讀書齋初錄》卷下曰：「晏子不可云墨家，蓋晏子在墨子之先也。前人以之入儒家，亦非是。今觀《史記・孔子世家》載晏子對景公之言曰『夫儒者滑稽，而不可軌法，倨傲自順，不可以爲下，崇喪遂哀，破產厚葬，不可以爲俗，遊說乞貸，不可以爲國』云云，是明與儒者爲難矣；其生平行事，亦皆與儒者背馳。愚以爲管子、晏子皆自成一家，前史藝文志入之儒家既非，唐柳宗元以爲墨氏之徒，亦前後倒置，特其學與墨氏相近耳。吾友孫兵備星衍校刊《晏子》，亦深以宗元之說爲非，謂晏子忠君愛國，自當入之儒家。是又不然，試思墨子重趼救宋，獨非忠君愛國者乎？若必據此爲儒、墨之分，則又一偏之見。《漢書・藝文志》墨子在孔子後，距晏子更遠，即如宗元之意，亦當云開墨氏之先，不得云墨氏之徒也。」蛤笑《晏子春秋學案》曰：「神州學術，莫盛於春秋、戰國之交。周室既衰，史失其官，學術宗教始兩相分離，諸子嗣興，皆思本厥

〔註2〕孫德謙：《諸子通考》，嶽麓書社，2013年版，第233～234頁。

學派爲政治之革命，孔、老、墨、管最爲大宗，然獨管子相齊，得位乘時，發揮其學術，自餘皆終老布衣，僅能以著書自見而已。晏子生與墨子同時，學術亦大抵相類，雖相齊四十年，然值莊公之暴，景公之孱，崔氏之逆，陳氏之專，卒未得大行其道。生平又未嘗親自著書，《春秋》一書，大抵其門人故舊於平仲身後，集其言行，錄爲此書，略如後世《鄭公諫錄》、《梁公故事》之類，而《晏子》之大義微言，其湮沒也久矣，然賴是編之存，而後世學者猶得藉以窺見什一，抑不可謂非幸也。且晏子書中，多與西儒立憲之義相符合者。自柳子斥晏子爲墨學，而後儒辯論蜂起，或祖晏而非柳，或是柳而闢晏，而尼谿之沮，尤爲聚訟所集，然皆以後世之見，臆測先賢，於晏子之學問功業，初無所損益也。當時諸子並起，未定一尊，尊聞行知，各是其是。孔子雖千載以後配天立極，當其身，亦諸子之一耳，以學派之不合，因而爲政黨之競爭，正大賢不肯苟同之證驗也，何足爲晏子病乎？柳子之知晏爲墨學，其識卓矣，而於是書顧深致不滿，則仍狃於孟氏異端無父之辨，而不知觀其會通，以袪其先入之見耳。自西儒學說輸入震旦，而諸子之學駸駸有復興之朕，老、墨、莊、管諸書，皆有當世宏通大儒爲之證通疏明，發其義蘊。獨《晏子》之書猶晦於群籍中，無人肄及之者，不揆謭陋，讀書之暇，輒刺取其奧義名言，疏以己意，爲《晏子學案》若干則……秦、漢以來，以尊君爲儒學無上之大義，而實不知其所以尊。以文王之聖，受辛之虐，而天王聖明，臣罪當誅，講學家至奉爲不刊之典，古者責難規過之義，乃盡亡矣。嗟夫！此宋子業、齊文宣、隋煬帝之儔所以接迹於後世也。君權既日益尊，而公卿大夫下及一命之榮，皆得依附君權，偃然民上，以享無義務之權利，神州群治，所由每下愈況者，豈非職此之由哉？自西儒言治之書輸入中土，然後知君主雖尊，要與通國臣民同受治於法律之下，而官吏爲國民公僕之說，亦燦然大明於世，人人相尙以爲新學，豈知二千年前晏子已先我而言之哉！夫以齊莊之暴，乃於其所不說者不敢顯言而微風之；晏子一上大夫耳，而公然斥其君之不道，且與之訟曲直焉，其言有後世骨鯁之臣所不敢出者。若夫有力無力之辨，則以公卿將相之尊，乃計庸而受直，非自儕於國民僕隸之班，所言能深切如是乎？嗚呼！今之從政者，其當銘諸座右矣。……此義與儒家《春秋》之義相同，即西儒分君主與國家爲二之說，而路易十四『朕即國家』之言所以得罪於全歐也。天生民而立之君，使司牧之，豈其使一人肆於民上以縱其欲也哉！孔子之論管仲也，曰：『豈若匹夫匹婦之爲諒也，自經於溝瀆，

而莫之知也。』《春秋》書弒君及其大夫者三：書孔父，以其正色立朝也，非徒以其死也；書荀息，以其行克踐言也，非徒以其死也；書仇牧，以其不畏強禦也，非徒以其死也。齊襄之變，從而殉者有徒人費，有石之紛如，有孟陽，而弗得見於《春秋》之經，以其報私恩而非殉公義耳。《春秋》為明大義之書，故凡事之無關於大義者，皆削而不書，徒人費諸人，正孔子之所謂匹夫匹婦，而晏子所謂婢子者也。故人君而知此義，則敬天勤民之念弗敢荒矣；人臣而知此義，則陳善閉邪之責弗敢貸矣。後世儒者知明此誼，惟鄧牧心與黃太沖耳。……此與孔子守道不如守官之訓，及孟子夫有所受之說，正互相發明，而順逆好惡之辨，較《大學》之言『絜矩』，尤為悚切，皆今日憲政之要義也。嘗謂專制政體設官分職，所最不可闕者有三事焉：宰相也，封駁也，諫官也。之三者，皆所以消息君權，不使太過者也。是故官制莫善於唐、宋，莫不善於明。宰相廢，則天下之責備悉歸於君主一人之身矣；封駁廢，則君主得行其志，惟其言而莫予違矣。張釋之曰：『廷尉天下之平。』劉褘之曰：『不經鳳閣鸞臺，何名為敕。』斯言也，居然有立憲國之意焉。自元、明以後，遂不復見於史冊矣。嗟乎！此專制政體之所以不可存立，而憲政所以不可不亟行也。……此乃墨家學問之本原，所以能輕生取義者，以知此義而已。死者，人之所不能免，雖上哲不能無戚戚焉。道家惟畏死，故常思所以永之，於是乎嗇精保神，絕欲服氣，以冀延引歲月而已。釋家知其術之不可恃也，因謂人身別有一靈魂焉，軀殼雖敝，而靈性可以不泯，於是有輪迴轉生之說。儒者皆以為不可信，矯而為順天立命之說以自解，且為喪祭之禮以致其哀痛，其與釋道之說雖殊，要其幸死者之有知則一而已。近世西儒頡德始倡為生死進化之說，謂新故相嬗，而世界乃日進於文明，故生之有死，乃造物所以仁愛萬物也。此說一出，泰西之學術為之一變。吾國儒者方喜其持論之新奇，而孰知晏子已於二千祀之前暢發此義，與頡氏若合符節，可不謂超世之特識耶！墨氏之學，惟以此為根據，故非命，故節葬，故輕其身而急天下。……儒、墨相爭之異點，此章盡之矣。墨學之所以叢世詬病者在此，後世之疑《晏子》為偽書也亦在此。要之，皆一孔之儒，不足以與言哲學也。哲學之與宗教，本非同物，哲學爭是非者也，宗教辨善惡者也。是非分於時勢，善惡判於道德，故善惡終古不易，而是非則因時會為轉移，甚至有同時同事兩人各執所見以相爭而兩造皆是者矣。吾國儒者以宗教學術混為一譚，是即為善，非即為惡，出主入奴，但以意氣相劫制，而不察夫所據之理，所因之時，則

宜乎學術隘而治術卑也。三代以還，質文相嬗，至有周之末，而文勝極矣。春秋、戰國之交，諸子並起，各思以其所學轉移政治，雖其所挾之術人人不同，而要其欲以質家之說救文學之敝，則一而已。若老，若墨，若名、法，若農、商，皆質家之屬也。惟孔子之學，以因時通變爲主，故有『述而不作』之言，雖深疾當時文勝之敝，時時見諸言論，然及其立法改治，則不過因周公之舊制，去泰去甚而已，不肯盡去其舊而新之也。其後諸家歇絕，而孔子之學獨巍然尊爲國教，亦因其與時世之習慣不大相徑庭耳。自孔、墨之爭，於今又二千年矣，文勝之敝，以視周末，不啻過之，則所以救弊而補偏者，捨質家之說，其奚能爲功哉！故讀書者當會其通，而不可援孟子之說以自解也。……以晏子之學與其才識而猶虛懷若渴，能受人之盡言也如此，則夫學問才識之不及晏子，而所處之時又危於晏子者，其求賢禮士，當更何如哉？吾願今之公卿大夫人人書此爲座右之銘，時時省覽也。……春秋之時，列國並峙，與今日歐洲之局大略相似，故折衝尊俎，尤高專對之才，然必己國之政治修明，實有以對人而無愧者，然後足以服敵國之心，非徒然恃口給之巧捷而已。此晏子小節耳，然其臨機應變，實可爲出疆奉使者之法，故備著之。……墨家平等，而法家尊君；墨家主進取，而老氏主退讓。晏子爲墨家者流，而斯言也，則近乎法家與老氏何也？春秋之時，貴族政治極敝之時代，諸子競起，皆以掃除貴族爲職志者也。然興民權以制貴族，其勢逆，崇君權以抑貴族，其勢順，此諸子所以不約而同也（惟老氏主張極端平等，不尙君權）。又齊自管仲以後，其治尙法，晏子固不得悉以其道易之也。墨之爲術也，翕刻於己，而公利於人，不自封殖，則無所多取，而其迹有似於退讓矣。佛之說法，有經有權，貴族所懼者在禍福不在義理，欲止其併兼坐大之勢，固不得不假殃慶之說以儆其心，於平時所持『非命』之旨，固不相背耳。」（《東方雜誌》一九八〇年第五卷第四、五期）羅焌（1874～1932）《諸子學述》第一章「晏子」曰：「晏子名嬰，字平仲，一云字仲，諡曰平，萊之夷維人。晏桓子弱之子。歷事齊靈公、莊公、景公。以節儉、力行重於齊，顯名於諸侯。後人輯其行事爲書八篇，劉氏《敘錄》及《七略》並題曰《晏子春秋》，《漢志》題曰《晏子》，而皆列諸儒家（隋、唐、宋《志》皆同）。至唐代柳宗元《辯晏子春秋》曰：『吾疑其墨者之徒有齊人者爲之……後之錄諸子書者，宜列之墨家。非晏子爲墨也，爲是書者墨之道也。』宋代晁公武、馬端臨所輯書目，均從柳說。清孫星衍譏其無識，蓋力持晏子儒家之說者也。然清修《四

庫全書》，以《晏子春秋》移入史部傳記。其提要云：『《晏子》一書，由後人撮其軼事爲之。雖無傳記之名，實傳記之祖也。』是則《晏子春秋》始由儒家而入墨家，復由子部而入史部，迄今蓋尚無定論也。《史記・孔子世家》記晏子阻齊景公以尼谿田封孔子曰：『夫儒者，滑稽而不可軌法；倨傲自順，不可以爲下；崇喪遂哀，破產厚葬，不可以爲俗；遊說乞貸，不可以爲國。自大賢之息，周室既衰，《禮》、《樂》缺有間。今孔子盛容飾，繁登降之禮，趨詳之節，累世不能殫其學，當年不能究其禮。君欲用之以移齊俗，非所以先細民也。』案此事見今《晏子春秋》外篇第八，字句小異而義大同。晏子尙儉約，又非毀孔子之盛樂、繁禮、崇喪、厚葬，實爲墨學之所自出。故《墨子》、〈非儒下〉篇亦載此事。又載齊景公問晏子，孔子爲人何如，晏子對以孔丘非賢人，與白公無異一章。是晏子近乎墨家，其不得列於儒家審矣。雖然，晏子亦不純乎墨家也。近人劉師培曰：『墨子之學以敬天、明鬼爲宗，晏子書則不然。如〈諫篇上〉諫誅史祝，諫信楚巫，諫祠靈山河伯，諫禳彗星熒惑；〈問篇上〉諫以祝干福；〈雜篇下〉言徒祭不可益壽。均異墨氏所言。又〈諫篇上〉言『樂亡而禮從之，禮亡而政從之』，亦與非樂殊旨。不惟居喪盡禮志於〈雜篇上〉，異於墨子短喪也。』（《左盦集》七《晏子非墨家辨》）然則非儒、非墨，晏子殆無家可歸者乎？而不必然也。以晏子行事考之，《大戴禮記》孔子曰：『其言曰：君雖不諒於臣，臣不可以不量於君。是故君擇臣而使之，臣擇君而事之，有道順命，無道衡命，晏平仲之行也。』（〈衛將軍文子〉篇）《論語》：子曰：『晏平仲善與人交，久而人敬之。』（〈公冶長〉篇，「人」字從皇疏本補）史稱齊晏平仲爲孔子所嚴事，蓋以此也。《史記》又云：『方晏子伏莊公尸哭之，成禮然後去，豈所謂見義不爲無勇者邪？至其諫說，犯君之顏，此所謂進思盡忠，退思補過者哉！假令晏子而在，余雖爲之執鞭，所忻慕焉。』此以《論語》、《孝經》之義稱贊晏子，蓋謂其有合乎儒行也。則晏子之列於儒家，亦得夫子、史公而名益彰耳。若就《晏子春秋》考之，《四庫提要》云：『是書所記，乃唐人魏徵《諫錄》、李絳《論事集》之流，特失其編次者之姓名耳，題爲晏嬰撰者，依託也。其中如王士禎《池北偶談》（卷二十一談異二）所摘齊景公圉人一事，鄙倍荒唐，殆同戲劇，則妄人又有所竄入，非原本矣。』《四庫簡明目錄》云：『書中皆述嬰遺事，與著書立說者迥別。列之儒家，於宗旨固非；列之墨家，於體裁亦未允；改列傳記，庶得其眞。』案：諸子書中述遺事者甚多，不得以此援子入史也。況子家敘事多

涉寓言，尤未可據爲信史乎！今案：《晏子》一書，所載行事及諫諍之言，大抵淳于髡、優孟、優旃之流，故當時稱爲天下之辯士。擬之唐魏鄭公、李相國，殊未當也。清儒馬驌氏著《繹史》，多採《晏子春秋》，而於晏子使吳章則謂其詼諧；於晏子使楚章則謂其以謔對謔；於諫景公飲酒七日七夜章則評曰：『談言解紛，滑稽之所以雄也。』（《繹史》卷七十七）晏子嘗譏儒者『滑稽而不可軌法』，不意後儒之反脣而相稽也。今以諸子十家衡之，當屬俳優小說一流。非晏子爲小說家也，輯是書者小說家數也。茲姑仍《漢志》，附之儒家，其學說亦互見焉，不具述也。」〔註3〕嚴挺《晏子春秋辯證》曰：「《晏子春秋》一書，先儒皆列於子部（或丙部）儒家，如《漢書藝文志》諸子略儒家曰：『《晏子》八篇（名嬰，諡平仲，相齊景公，孔子稱善與人交）。』又如《隋書經籍志》曰：『《晏子春秋》七卷（齊大夫晏嬰撰）。』亦屬於諸子儒家。其後如《舊唐書‧經籍志》、《新唐書‧經籍志》，皆同《隋志》，而列《晏子春秋》於儒家，唯遜清紀昀等《四庫全書總目提要》則列《晏子春秋》於史部傳記類。提要曰：『案《晏子》一書，由後人摭其軼事爲之，雖無傳記之名，實傳記之祖也，舊列子部，今移入於此。』陳直則駁之曰：『案列國以來，春秋名書之義有三：有紀一人之事者，《晏子春秋》是也；有成一家之言者，《虞氏春秋》、《呂氏春秋》是也；有記一時之事者，《楚漢春秋》、《吳越春秋》是也。名雖同，而派別微異，此書（《晏子春秋》）即後代別傳之胚胎，實爲子部支流，紀昀《四庫全書提要》入於史部，未免循名而失實矣。』夫《晏子春秋》之爲子爲史，籀其書者即可洞然，無足深論。獨怪後世好勝之徒，以《晏子春秋》爲墨者之徒爲之，而以其書入於墨家，此猶掩耳盜鈴，抑何不思之甚耶？雖然，爲是說者，由來亦久矣，原其始，始於《墨子》與楊子《法言》，《墨子‧非儒》篇載有齊景公問孔子於晏嬰，嬰毀仲尼之事，而《法言‧五百卷》則曰：『莊、楊蕩而不法，墨、晏儉而廢禮，申、韓險而無化。』〈非儒〉記晏子毀仲尼，《法言》以晏、墨並稱，於是世人遂謂晏子通於墨子，而以其書入於墨家。殊不知〈非儒〉之作，墨者之徒痛擊當時儒者之弊習，借晏子以爲證耳，非誠有其事也。僞《孔叢子》詳辨之矣（見《孔叢子》後卷〈詰墨第十八〉，原文共十章，以過長，不便徵引）。至於晏、墨並稱，亦非晏子通於墨子之證也。蓋古人常有孔、墨並稱者，如《史記‧魯仲連列傳》曰：『夫以孔、墨之辯，不能自免於讒諛。』又如同書〈平津侯主父偃列傳〉

〔註3〕 羅焌：《諸子學述》，嶽麓書社，1995年版，第256～258頁。

曰：『非有孔、墨、曾子之賢。』又如《漢書・鄒陽列傳》曰：『夫以孔、墨之辯，不能自免於讒諛。』然則即據此而謂墨子通於孔子，或孔子通於墨子，可乎？因復列《墨子》於儒家或《論語》於墨家可乎？吾知其必不可矣。稍後，復有柳宗元著〈辨晏子春秋〉曰：『吾疑其墨子之徒有齊人者爲之，墨好儉，晏子以儉名於世，故墨子之徒尊著其事以增高爲己術者，且其旨多尚同、兼愛、非樂、節用、非厚葬久喪者，是皆出墨子。又罪孔子，好言鬼神事，非儒、明鬼又出墨子……又往往言墨子聞其道而稱之，此甚顯白者。自劉向、歆、班彪、固父子皆錄之儒家中，甚矣數子之不詳也。若非齊人不能具其事，非墨子之徒則其言不若是，後之錄諸子書者，宜列之墨家，非晏子爲墨也，爲是書者墨之道也。』自子厚之論出後，於是晁公武《讀書志》、馬端臨《經籍考》遂入《晏子春秋》於墨家，斯誠子厚之忠臣，抑未深辨乎《晏子春秋》者也。迨於遜清管同〈讀晏子春秋〉，乃謂：『吾謂漢人所言《晏子春秋》不傳久矣，世所有者，後人僞爲者耳。何以言之？太史公爲〈管晏傳〉贊曰：「其書世多有，故不論，論其軼事。」仲之傳載仲言交鮑叔事獨詳悉，此仲之軼事，管子所無。以是推之，薦御者爲大夫，脫越石父於縲絏，此亦嬰之軼事，而《晏子春秋》所無也。假令當時有是文如今《晏子》，太史公安得稱曰軼事哉？吾故知非其本也。……然則孰爲之？曰：其文淺薄過甚，其諸六朝後人爲之者歟？』（《因寄軒文集》）此二說者，有同有異，其謂書非晏子自爲，此柳宗元、管異之之所同也；若一認爲墨者之徒有齊人者爲之，一認爲六朝人爲之，一則證於《晏子春秋》，一則旁考於子長《史記》，此又柳、管之所異也。雖然，二子之論皆非也，請更端言之。一柳宗元子厚之論，異之已辯之矣。其言曰：『唐柳宗元者知疑其書而以爲出於墨氏，墨氏之徒去晏子固不甚遠，苟所爲猶近古，其淺薄不當至是。……且劉向、歆、班固父子，其識皆與太史公相上下，苟所見如今書多墨氏說，彼校書胡爲入之儒家哉？』惟異之之論，憑空取巧，不足以服子厚之心，實則證子厚之論爲是爲非，予意當求之《晏子春秋》焉。今觀全書，言儒者多，言墨者少，臚列如下。一、書內稱仲尼聞其道而稱美之者……二、書內引《詩》以資解釋證明者……三、書中引大聖文王以資證明者……四、書中稱曾子事者……是《晏子春秋》不當列入墨家，而非墨者之徒爲之審矣。若謂非毀孔子爲墨家之言，殊不知此爲外篇，一至五六章耳，此顧廣圻所謂不合經術者是也，奚足據哉？至於上同、兼愛、上賢、明鬼、節用之言，間亦有之，據此即以爲墨者之徒爲之，

亦非持平之論。蓋孔子亦有類上同、兼愛、上賢、明鬼之言。韓愈氏不云乎：『孔子畏大人，居是邦不非其大夫；《春秋》譏專臣，不上同哉？孔子泛愛親仁，以博施濟眾爲聖，不兼愛哉？孔子賢賢，以四科進褒弟子，疾歿世而名不稱，不上賢哉？孔子祭如在，譏祭如不祭者曰：「我祭則受福。」不明鬼哉？』（見《昌黎文集》）至於非樂、節葬之言，《晏子春秋》無稱焉，吾不知子厚何所據而云然。必不得已而求之，吾於景公夜聽新樂而不朝晏子諫，與景公欲厚葬梁丘據晏子諫，與景公欲以人禮葬走狗晏子諫三章得三事焉。雖然，晏子之諫，異乎墨者之所謂非樂與非厚葬也。蓋諫夜聽新樂章所以諫聽新樂也，非非樂也，其餘二章所以諫厚之不當，非非厚葬也，亦與儒者何違哉？若乃『君令臣忠，父慈子孝，兄愛弟敬，夫和妻柔，姑慈婦聽』，爲『禮之經』，此尤合於儒說之顯然者也。其他類似之例，誠比比皆是，子厚特舉什一之墨說而抹殺儒論，而謂『墨者之徒有齊人者爲之』，吾故曰：子厚之論非也。二、管同之論，亦非也。何以驗之？太史公曰：『至其書世多有之，是以不論，論其軼事。』軼事者，書內之軼事，抑管仲、晏嬰之軼事，史公未言也，故同之據爲書內之軼事者，非也。縱令軼事爲書內之軼事，而管同之論亦自欺而欺人者也。同曰：『仲之傳載仲與鮑叔事獨詳悉，此仲之軼事，管子所無。』噫！《管子》何當無是事乎？〈大匡〉一篇載有二說，〈小匡〉篇內亦稍稱焉，又於柯之會曹沬以劍擊桓公之事，史遷記之，《管子》亦載。同又曰：『薦御者爲大夫，脫越石夫於縲絏，此亦嬰之軼事，而《晏子春秋》所無也。』是又不然，蓋《晏子春秋》亦記此事，見卷五第二十四、二十五兩章，開卷即得，胡謂嬰之軼事《晏子春秋》所無耶？然則軼事之不訓爲書內之軼事，亦於此可見矣，同特憑空取巧耳！且同之謂《晏子春秋》爲六朝後人所爲者，亦非也。按《晏子春秋》內有與王肅《孔子家語》同者，又李善注《文選》亦嘗引《晏子春秋》以釋六朝人之句義（見江淹《恨賦》）。王肅，魏人也，江淹，梁人也，是則《晏子春秋》已成於六朝人之前，而非出於六朝後人爲之者亦明矣。甚矣！先言之足以蔽明也。或曰：信如子之言，是書既非古本，又非出於墨者之徒，然則是書果出於晏嬰乎？曰：非也。晏子書內稱其死後之事甚多，如卷一『景公沒，田氏殺君茶立陽生，殺陽生立簡公，殺簡公而取齊國』，又『及晏子卒，公出背而泣曰：「嗚呼！昔者從夫子而遊公阜，夫子一日而三責我，今誰責我哉」』等，又稱『仲尼聞其道而稱之』與『墨子聞其道而稱之』，此皆非晏子所得言者。吾疑是書晏嬰死後儒者爲之，墨者損益

之歟？雖然，吾未敢自信也。」（原載《光華大學半月刊》二卷二期）（五）雜家說。林志鵬《戰國諸子評述輯證·導論》曰：「《漢志》對於部分子書的歸類有可議之處，如儒家著錄《晏子》八篇，但晏嬰既非儒家學者，此書內容也未必與儒家有密切關係，故後人或視之爲墨家（如柳宗元），或改入史部傳記類（如《四庫全書》）。……《晏子》列爲儒家，乃因班《志》自注『孔子稱善與人交』，《史記·孔子世家》亦載『孔子之所嚴事』者六，晏嬰爲其一，其人既爲儒家宗師孔子所稱道，故列爲儒家之首。若以同樣的標準來看，管仲亦曾爲孔子所稱（見《論語·憲問》），且《史記》將管、晏合傳，稱引管仲『上服度而六親固』、『四維不張，國乃滅亡』之語，皆合於儒家之說。循《晏子》之例，《管子》未嘗不可入儒家，惟劉、班或歸法，或歸道，乃就《管子》書論，皆各得一端。竊以爲《管》、《晏》二書皆齊國學者推尊前賢之作，本爲雜纂，其思想不主一派，宜入雜家，若必欲歸入儒、道、墨、法，不免進退失據。」〔註4〕

【真偽考辨】

　　劉向《晏子敘錄》曰：「其書六篇，皆忠諫其君，文章可觀，義理可法，皆合六經之義。又有複重文辭頗異，不敢遺失，復列以爲一篇，又有頗不合經術，似非晏子言，疑後世辯士所爲者，故亦不敢失，復以爲一篇。凡八篇，其六篇可常置旁御觀，謹第錄。」《漢志》著錄「《晏子》八篇」，而《隋書·經籍志》、《舊唐書·經籍志》、《新唐書·藝文志》等皆著錄「《晏子春秋》七卷」，《崇文總目》則著錄「《晏子春秋》十二卷」，並以爲並非《漢志》著錄「《晏子》」之舊本：「《晏子春秋》十二卷，晏嬰撰。《晏子》八篇，今亡，此書蓋後人採嬰行事爲之，以爲嬰撰則非也。」宋陳振孫《直齋書錄解題》卷九亦著錄「《晏子春秋》十二卷」，曰：「《漢志》八篇，但曰《晏子》。《隋》、《唐》七卷，始號《晏子春秋》，今卷數不同，未知果本書否？」宋王應麟《玉海·藝文》引《中興書目》曰：「《晏子春秋》十二卷，或以爲後人採嬰行事爲書，故卷多於前志。」《四庫全書總目》卷五十七〈晏子春秋提要〉則曰：「其書自《史記·管晏列傳》已稱爲《晏子春秋》。故劉知幾《史通》稱晏子、虞卿、呂氏、陸賈，其書篇第本無年月，而亦謂之《春秋》。然《漢志》惟作『《晏子》』，《隋志》乃名『《春秋》』，蓋二名兼行也。」清姚際恒（1647～約

〔註4〕　林志鵬：《戰國諸子評述輯證》，復旦大學出版社，2014年版，第7～8頁。今按：林說較有理致。

1715）《古今偽書考》曰：「此書蓋後人採嬰行事為之。」清孫星衍（1753～
1818）《晏子春秋序》則以為《晏子》與《晏子春秋》為一書：「《晏子》八篇，
見〈藝文志〉，後人以篇為卷，又合〈雜〉上、下二篇為一，則為七卷，見《七
略》（《史記正義》：『《七略》云：《晏子春秋》七篇，在儒家。』）及《隋》、《唐
志》。宋時析為十四卷，見《崇文總目》，實是劉向校本，非偽書也。其書與
周、秦、漢人所述不同者。……此皆唐、宋人傳寫之誤，若是偽書，必採錄
傳注，何得有異？且晏子文與經史不同者數事……書中與《管》、《列》、《墨》、
《荀》、《孟》、《韓非》、《呂覽》、《淮南》、《孔叢》、《鹽鐵論》、《韓詩外傳》、
《說苑》、《新序》、《列女傳》、《風俗通》諸書文辭互異，足資參訂者甚多。《晏
子》文最古質，《玉海》引《崇文總目》十四卷，或以為後人採嬰行事為書，
故卷帙頗多於前志，蓋妄言矣。……《春秋》者，編年紀事之名，疑其文出
於齊之《春秋》，即《墨子·明鬼》篇所引。嬰死，其賓客哀之，從國史刺取
其行事成書，雖無年月，尚仍舊名，虞卿、陸賈等襲其號。《晏子》書成在戰
國之世，凡稱子書，多非自著，無足怪者。儒書莫先於《晏子》。」清惲敬（1757
～1817）《大雲山房文稿》初集卷二《讀晏子二》駁孫氏之說曰：「吾州孫兵
備星衍為編修時，常校刊《晏子春秋》，釐正次第，補綴遺失，於是書有功焉。
而敘中有不可從者二，是不可不辯。……古今之書眾矣，當求可依據者而從
之，其依據不可考，則視著書之人之德與學，與其書之條理明白者而從之。
今捨左丘明、司馬遷，信後人採掇之《晏子》，吾不敢云是也。」清吳壽暘（1771
～1831）《拜經樓藏書題跋記》卷四亦曰：「《晏子》八卷早佚，後人採嬰行事
為之，加以《春秋》之名。」清吳德旋（1767～1840）《初月樓文鈔》卷一〈書
柳子厚辨晏子春秋後〉又曰：「《晏子春秋》非晏子所作，柳子之辨審矣，而
其說猶有未盡。吾疑是書蓋晚出，非太史公、劉向所見本，太史公、劉向所
見之《晏子春秋》，不知何時亡失之，而六朝人好作偽者依放為之耳。凡先秦
古書於義理或多駁悖，而詞氣奧勁，必非東漢以來文士所能擬作，如《晉乘》、
《楚檮杌》、《孔叢子》諸書，皆斷然可決其非出周、秦間矣。柳子言為是書
者墨之道，吾以為此特因晏子以節儉名當世，非假是不足以成書，故刺取《墨
子》意衍其說，未必果為墨者為之也。」清管同（1780～1831）《因寄軒文集》
初集卷三〈讀晏子春秋〉曰：「吾謂漢人所言《晏子春秋》，不傳久矣。世所
有者，後人偽為者耳。何以言之？太史公為〈管晏傳〉贊曰：『其書世多有，
故不論，論其軼事。』仲之傳載仲言交鮑叔事獨詳悉，此仲之軼事，《管子》

所無。以是推之，薦御者爲大夫、脫越石父於縲絏，此亦嬰之軼事，而《晏子春秋》所無也。假令當時書有是文如今《晏子》，太史公安得稱曰軼事哉？吾故知非其本也。……且劉向、歆，班彪、固父子，其識皆與太史公相上下，苟所見如今書，多墨氏說，彼校書胡爲入之儒家哉？然則孰爲之？曰：其文淺薄過甚，其諸六朝後人爲之者與？」清黃以周（1828～1899）《讀晏子》駁管氏之說曰：「《晏子》之爲書，孫伯淵力表章之，不復贅言。然外篇有不合經術，內篇亦多及身後之事，《晏子》一書信非平仲手撰也。或說出於齊之《春秋》，或說其賓客裒集成之，斯言當有所據。……近管異之又嗷嗷於是書，據《史記・管晏傳》以薦御者、脫越石父爲軼事，今書有是文，遂斷漢人所言《晏子》不傳已久，世所有者其文淺薄，六朝後人爲之。蓋異之於劉向之《敘錄》未之細讀也。向之言曰：『所校中書《晏子》十一篇，臣向謹與長社尉臣參校讎，太史書五篇，臣向書一篇，參書十三篇，凡中、外書三十篇。』『中書』者，所謂禁中之祕書也，言中者以別於外；『向書一篇，參書十三篇』，所謂外書也。『凡中、外書三十篇，除複重者二十二篇，定著八篇』，是中書十一篇，外書十四篇，皆有複重也。漢太史亦藏書，所藏《晏子》五篇，蓋最初之本，其書無複重，又不及薦御者、脫越石父諸事，太史公之所見者，太史書之五篇也，故作〈管晏傳〉詳敘二事，以補太史書之軼，而劉向校書遂附此事於五篇之末。然則世所行之《晏子》，即劉向校定之本，而劉向所校定之八篇，其文雖增，而前五篇之章節大判仍太史書最初之本也。管異之謂漢時《晏子》不傳，固未核實；以其文爲淺薄，亦可謂不知言。柳氏之論，前儒辟之已力，近無識之徒又翕然宗異之言，甚矣文人難與道古！而世之溺於文者，又好耳食也。」孫德謙（1869～1935）《諸子通考》卷一曰：「且古人有言，曰『書必博觀』，章氏謂列傳而外，當參觀於《莊子》，其說是矣，吾謂治諸子者要當參考於《史記》，何也？觀〈管晏列傳〉，則知脫越石於縲絏，薦御者爲大夫皆晏子軼事。今本所載出於劉向編定，不必疑爲僞託也。向《晏子書錄》有〈太史書〉五篇，則史所載佚事由向編入其中。」孫德謙自注：「近管異之據此二事，斷爲六朝僞造，其說甚非。」呂思勉（1884～1957）《經子解題・晏子春秋》亦曰：「其書與經子文辭互異，足資參訂處極多；歷來傳注亦多稱引，絕非僞書。《玉海》因《崇文總目》卷帙之增，謂後人採嬰行事爲書，故卷帙頗多於前，實爲妄說，孫星衍已辨之矣。」陳柱（1890～1944）《諸子概論》曰：「《晏子春秋》既非晏子自著，亦非後世僞書，其所以

名爲『春秋』，則由其爲紀晏子一人之事，而所以列於子家不入史家，則又以其所記重在乎學說也。」蔣伯潛（1892～1956）《諸子通考》又以爲：「此書非晏子自著，乃後人采其行事，記其言論，纂輯而成；其成書實在戰國之世。《漢志》以其署名晏子，而晏子與孔子同時，故列之儒家之首爾。」〔註5〕王錦民《古學經子》第九章〈儒家〉：「孫氏所論爲多數學者信從。《晏子》之成書時間，一說出戰國後期，一說秦、漢之際，一說爲漢後僞書。銀雀山竹簡本《晏子》出後，漢後僞書說不攻自破。高亨《〈晏子春秋〉的寫作年代》比較了《晏子》和《古文瑣語》、《墨子》、《荀子》、《呂氏春秋》，證明《晏子》作於戰國時。又認爲《晏子》文字上較《荀子》、《呂氏春秋》爲古典，其所記相同事跡，乃是後二書抄《晏子》，據此可知《晏子》成書的下限約在《荀子》及《呂氏春秋》成書之前。《晏子》書中稱『晏子卒後十有一年』，則《晏子》不是晏子本人所作至明。又記盆成括事，該人亦見《孟子·盡心》，是與孟子同時。黃雲眉《古今僞書考補證》認爲《晏子》內篇中景公問吾欲觀於轉附、朝舞一章，是抄《孟子·梁惠王》，則其成書當在《孟子》之後。以高亨所舉《古文瑣記》與《晏子》同記景公伐宋未果事，《古文瑣記》云景公至曲陵，夢短丈夫，晏子說爲尹伊，諫景公退兵，景公從之，遂不果伐宋；《晏子》則云景公至泰山，夢二丈夫，占夢者說是泰山之神，晏子說爲湯和尹伊，景公不從晏子散兵之諫，又進，則鼓毀將殲，景公於是才退兵，不果伐宋。從兩書記載看，《古文瑣記》簡樸，《晏子》則有演義成分，當是《晏子》抄《古文瑣記》。《古文瑣記》是魏襄王用來殉葬之物，則此年代亦可作爲《晏子》成書的約略上限。」〔註6〕

【校讎源流】

清顧廣圻（1770～1835）《思適齋集》卷九〈重刻晏子春秋後序〉曰：「嘗謂古書無唐以前人注者，易多脫誤，《晏子春秋》其一也。乾隆戊申，孫伯淵觀察始校定之，爲撰《音義》，發凡起例，綱舉目張矣。嗣是盧抱經先生《群書拾補》中《晏子》，即據其本引申觸類，頗得增益。最後見所謂元人刻本者，補二百十五章之目，而觀察亦得從元刻影抄一部，手自覆勘。嘉慶甲戌九月，以贈吳山尊學士，於是學士屬廣圻重刻於揚州。《別錄》前有都凡，每篇有章次題目，外篇每章有定著之故，悉復劉向之舊，洵爲是書傳一善本已。廣圻

〔註5〕蔣伯潛：《諸子通考》，上海古籍出版社，2013年版，第271頁。
〔註6〕王錦民：《古學經子》，華夏出版社，2008年版，第271頁。

讎字之餘，尋繹文句，間有一得……此類相承雖久，尙有可以爲之推求審正者，其《音義》、《拾補》方行於世，既所共睹，不事贅述，倘取以參稽互證，尊舊聞而資新悟，將見讀《晏子》者之自此無難矣。」清王念孫（1744～1832）《王石臞先生遺文》卷三〈讀晏子春秋雜誌敍〉曰：「《晏子春秋》，舊無注釋，故多脫誤。乾隆戊申，孫氏淵如始校正之，爲撰《音義》，多所是正。然尙未該備，且多誤改者，盧氏抱經《群書拾補》據其本復加校正，較孫氏爲優矣，而尙未能盡善。嘉慶甲戌，淵如復得元刻影鈔本，以贈吳氏山尊，山尊屬顧氏澗薲校而刻之，其每卷首皆有總目，又各標於本篇之上，悉復劉子政之舊，誠善本也。澗薲以此書贈予，時予年八十矣，以得觀爲幸。因復合諸本及《群書治要》諸書所引，詳爲校正，其元本未誤，而各本皆誤，及盧、孫二家已加訂正者，皆世有其書，不復羅列，唯舊校所未及，及所校尙有未確者，復加考正。其〈諫下〉篇有一篇之後脫至九十餘字者，〈問上〉篇有並兩篇爲一篇而刪其原文者，其他脫誤及後人妄改者尙多，皆一一詳辯之，以俟後之君子。」清錢熙祚（1800～1844）〈指海本晏子春秋跋〉曰：「《晏子春秋》俗刻以第八篇合於第七，又脫去十二章，惟沈啓南本刻於萬曆乙酉者，尙爲完善。近孫氏（星衍）即依沈本校刊，定爲二百一十五章，與劉向序適合，而後附《音義》二卷，所列正文，與本書或不相應。盧氏（文弨）《群書拾補》、王氏（念孫）《讀書雜志》皆就孫本重加校勘，補脫正誤，咸有據依，然不載全文，頗不便於觀覽。今以三家之說合而參之，間下己意，以補未備，雖仍有脫誤，不可讀處亦已僅矣。孫氏知古音之合，而不知其分，所論多未中窾；王氏書又多旁引曲證，以暢其說。今概從節省，惟書中假借通用之字，間爲注釋，以祛學者之疑。俗刻刪去各章標題，盧氏據元刻本補入，然《群書治要》所引篇名多不合於今本，〈雜下〉第十五、第廿二兩章並後人以《左傳》文竄易，而元刻已與今同。〈問上〉第六章合兩章爲一，〈雜下〉第十五章首三句誤置於〈問上〉第二章之末，其分合亦多未當。疑元刻章數雖與序合，未必即劉向所校之舊。且據原序『中、外書八百三十八章，除複重六百三十八章』，則當云『定著二百章』，若定著二百一十五章，則當云『除複重六百二十三章』，參差若此，亦必後人改竄，非劉向原文。第俗刻相沿，脫誤尤甚，惟此可與沈本互證，姑存以備考焉。《漢志》『《晏子》八篇』，《七略》『七篇』，蓋合外篇上、下爲一，《治要》所引止有〈諫上〉、〈諫下〉、〈問上〉、〈問下〉、〈雜上〉、〈雜下〉六篇，而外篇六章亦與其列，可見以外篇附內篇，唐時已

有此本，不始於明。《崇文總目》作十二卷，即此六篇之文各析爲二，而孫氏謂『二』爲『四』字之誤，亦考之未盡矣。」清黃以周（1828～1899）《儆季文鈔》卷二〈晏子春秋重校本序〉曰：「《晏子春秋》以陽湖孫刻、全椒吳刻爲最善，孫氏據明沈啓南、吳懷保兩本，又合《韓詩外傳》、《說苑》、《新序》及《藝文類聚》、《太平御覽》諸書，推求審定。吳氏一依元刻，舊文無所改竄，近時稱爲元刻本者，即此。孫、吳兩刻各有短長，盧抱經據吳勉學、李從先本互相推勘，《群書拾補》所錄是也。後又參合各書，復校孫刻，凡《拾補》所詳者，用朱旁點正文，不復著錄；其所著錄者，核之《拾補》，亦間有出入。今據吳、盧諸本，參校孫刻，又以淩澄初本、梁處素、孫頤谷二校本佐之，又以王懷祖《讀書雜志》、洪筠軒《讀書叢錄》、俞蔭甫《諸子平議》輔之，其文字之異同，有見孫氏《音義》者略之，而校讎之餘，間有一得，亦並附之。時在書局，校刊是書，限以時月，匆匆付梓，疏陋之譏，自知不免。嗣後主講南菁，鈕惕生永昭更爲詳校，今采其說之精覈者以補前校之未備，而他書所引文義有短於本書者，不復著錄，此與鈕校體例有異也。」張純一（1871～1955）《晏子春秋校注・凡例》（中華書局 2014 年版）曰：「《晏子春秋》，孫氏淵如有明沈啓南本、吳懷保本、黃之寀本，盧氏抱經有吳勉學本、李從先本，黃氏元同有淩澄初本並梁處素、孫頤谷二校本。孫、盧二氏後見元刻本，均加勘補。孫以元刻贈吳氏山尊，山尊屬顧氏澗薲校而刻之，每卷首皆有總目，又各標題於其章，悉復劉子政之舊，誠善本也。然元刻間有訛脫不及孫校本者。今湖北局刻即元本，浙江局刻即孫本，二本並稱最善。……考訂書，如孫淵如《音義》、盧抱經《群書拾補》、王懷祖伯申《讀書雜志》、洪筠軒《讀書叢錄》、俞蔭甫《諸子平議》、黃元同《校勘》、孫仲容《札迻》、劉申叔《補釋》、蘇輿《校》皆有功於《晏子》者，是篇儘量採集。」顧實（1878～1956）《漢書藝文志講疏》三〈諸子略〉曰：「通行孫星衍校本爲善兼《音義》校本。黃以周《晏子春秋校勘》亦佳。盧文弨《群書拾補》中有〈晏子春秋校正〉。」劉師培（1884～1919）〈晏子春秋斠補序〉曰：「《晏子春秋》，元本已多訛脫，孫刻略依沈啓南本，又較元本爲遜。以今考之，有佚文，有錯簡，兼有脫之字，而盧、王、俞、黃諸家或未及審正，因以孫、徐二刻爲主，旁及唐、宋類書所引，兼及明刊各本，凡諸子之文與互同者亦互相勘正，疑義奧詞，間加發正，成《晏子春秋斠補》。」王叔岷（1914～2008）《晏子春秋斠證序》曰：「《晏子春秋》文多淺近，且有重複，

共爲後人補綴成書，自可無疑；然其中亦多古字古義，猶存先秦之舊，不可因後人有所竄亂，遂一概澌滅也。晏子之行己無私，直言無諱，敏達公忠，名顯諸侯，於是書猶可概見。前賢治理是書者，孫星衍《音義》發其端；盧文弨《拾補》、王念孫《雜志》、洪頤煊《叢錄》繼之，審正漸多；厥後，黃以周《校勘記》、俞樾《平議》、孫詒讓《札迻》、蘇輿《校注》發正益廣；劉師培《斠補》、《補釋》、張純一《校注》、于省吾《新證》續出，尤臻完善矣。岷誼是書，時有謏記，足補前賢所略，因據吳鼐景元刊本，輔以《子彙》本、涵芬樓景明活字本及日本翻刻黃之寀本，並檢驗古注、類書，寫成《晏子春秋斠證》一卷。」潘景鄭（1907～2003）《著硯樓讀書記》「明本《晏子春秋》」條曰：「宋本既不復睹，百年前藏家著錄，惟元刻九行十八字之八卷本爲最善。孫淵如影寫以贈吳山尊，山尊屬顧澗薲覆校付梓；而孫氏自據沈啓南、吳懷保本校刊，復假拜經樓所藏元本補卷首總目，由是九行十八字之爲元刊，已成千古不易之定論。拜經藏本後歸吾家滂喜齋，余曾取勘吳刻，其誤處悉經澗薲改正。間有未當者，如第四卷『苟得不知所亞』，『亞』古『惡』字，吳刻竟改作『惡』，誤矣。諸如此類，瑕不掩瑜，固未足以訾議前賢耳。竊謂拜經元刻，字體結構全無蒙古遺意，細審尚是正、嘉以前雕槧。蓄疑未敢臆定，旋閱雙鑒樓所藏明刻本，行款與此相同，馳書藏園先生，悉其源流，與此相合。藏園明眼，固所折服，僕雖不敏，猶不敢徇前賢之訛，以耳爲目，差足自慰耳。廿載以來，所見所藏，此本而外，當推活字本及綿眇閣本爲善。吳懷保所刊九行二十字本，改次四卷，已非舊觀，又於劉向表文後『故亦不敢失』句下竄易『復以爲一篇，凡八篇，其六篇』十一字，固未足以當善本耳。余別藏明黃之寀校刊九行十八字之四卷本，與吳刻殊堪伯仲。其他所藏如楊愼評本、閔氏朱墨本，俱作六卷，《子彙》本又並爲二卷，等諸自鄶，不足重焉……閱肆得此明刻本，攜示商榷，審與拜經藏本字體行款一一吻合，其爲明刻之上駟可無疑義。固不必沿襲前人之失，徒以元本取重耳。」

【作者情況】

　　《史記・管晏列傳》曰：「晏平仲嬰者，萊之夷維人也。事齊靈公、莊公、景公，以節儉力行重於齊。既相齊，食不重肉，妾不衣帛。其在朝，君語及之，即危言；語不及之，即危行。國有道，即順命；無道，即衡命。以此三世顯名於諸侯。越石父賢，在縲紲中。晏子出，遭之塗，解左驂贖之，載歸。

弗謝，入閨，久之。越石父請絕。晏子懼然，攝衣冠謝曰：『嬰雖不仁，免子於戹，何子求絕之速也？』石父曰：『不然。吾聞君子詘於不知己而信於知己者。方吾在縲絏中，彼不知我也。夫子既已感寤而贖我，是知己；知己而無禮，固不如在縲絏之中。』晏子於是延入爲上客。晏子爲齊相，出，其御之妻從門間而窺其夫。其夫爲相御，擁大蓋，策駟馬，意氣揚揚，甚自得也。既而歸，其妻請去。夫問其故。妻曰：『晏子長不滿六尺，身相齊國，名顯諸侯。今者妾觀其出，志念深矣，常有以自下者。今子長八尺，乃爲人僕御，然子之意自以爲足，妾是以求去也。』其後夫自抑損。晏子怪而問之，御以實對。晏子薦以爲大夫。太史公曰：吾讀管氏〈牧民〉、〈山高〉、〈乘馬〉、〈輕重〉、〈九府〉，及〈晏子春秋〉，詳哉其言之也，既見其著書，欲觀其行事，故次其傳。至其書，世多有之，是以不論，論其軼事。……方晏子伏莊公屍哭之，成禮然後去，豈所謂『見義不爲無勇』者耶？至其諫說，犯君之顏，此所謂『進思盡忠、退思補過』者哉！假令晏子而在，余雖爲之執鞭，所忻慕焉。」劉向《別錄》曰：「晏子名嬰，諡平仲，萊人。萊者，今東萊地也。晏子博聞強記，通於古今，事齊靈公、莊公、景公，以節儉力行、盡忠極諫道齊，國君得以正行，百姓得以附親，不用則退耕於野，用則必不詘義。不可脅以邪，白刃雖交胸，終不受崔杼之劫。諫齊君懸而至，順而刻。及使諸侯，莫能詘其辭，其博通如此，蓋次管仲。內能親親，外能厚賢，居相國之位，受萬鍾之祿，故親戚待其祿而衣食五百餘家，處士待而舉火者亦甚眾。晏子衣苴布之衣、麛鹿之裘，駕敝車疲馬，盡以祿給親戚朋友，齊人以此重之。晏子蓋短。」班固《漢書·古今人表》列「晏平仲」於第二等上中仁人。清梁玉繩（1744～1819）《人表考》曰：「晏平仲始見《左·襄廿六》、《論語》。平，諡；仲，字。名嬰，父桓子，故曰晏嬰，亦曰晏子，亦曰晏平，萊之夷維人。長不滿六尺，其相月角，葬臨淄城北門外東北故宅，後人名之曰清節里。案：明宋濂《凝道記》謂管、晏不當列第二，然《論語》許管仲以仁，故班氏置諸二等，非晏子比也。」又鄭樵《通志》卷九十二載〈晏子傳〉，較《史記》、《別錄》爲詳。

【學術大旨】

　　劉向《別錄》曰：「其書六篇，皆忠諫其君，文章可觀，義理可法，皆合六經之義。又有複重，文辭頗異，不敢遺失，復列以爲一篇。又有頗不合經術，似非晏子言，疑後世辯士所爲者，故亦不敢失，復以爲一篇，凡八篇。

其六篇，可常置旁御觀。」明黃省曾（1490～1540）《五嶽山人集》卷二十五〈齊晏子春秋八篇序一首〉：「古之人有行之者，其惟晏嬰矣乎？夫嬰者，周之遺賢，而聖皇之佐也。不遇生齊而僅事景公，然且動稱先王，而述引禮義。今也誦其八篇之載，大抵不越於此。若熒惑牛山直之類也，霖雨致樂降之類也，不起先飲讌之類也，靈山河伯諷之類也，究厥所陳，無非相君而進者，然皆啓之霽心，沃之聳領，皆得以行於其君者，夫亦景公虛懷之故也，故卒將順救補，而顯其名於天下，至今頌景公而稱嬰之德不衰。自是以後，諫之善於晏子者有矣，而或不聽；聽者有矣，而或靡恒。不若晏子終身言之，而景公終身聽之也。求夫得行於君而庶幾之者，其惟唐之魏徵矣乎？然而嬰之伏屍成禮，節儉力行，尚矣，美矣，此馬遷之所以願爲執鞭也。」清方濬頤（1815～1899）《二知軒文存》卷十三〈讀晏子〉曰：「管、晏並稱，吾謂管不如晏。晏子之言諫者六篇，譎多正少，大都以婉語微言，開君之悟，故每諫必從，遂得受相而秉政也。歷觀千古諫臣，無有能出其右者，豈特夷吾不若哉？嬰不忍爲管之一惡。夫嬰固不止一美也，左右之社鼠與用事之猛狗雖多，其如晏子何？觀其尊負篋爲上客，薦擁蓋爲大夫，不奪占夢之功，能救太卜之死，使吳、使楚，不辱君命，邶殿、市租，辭之再三，至於返宅郤婚，心地光明，操持堅定，實令人動高山仰止之思，太史公願爲執鞭，予小子亦所忻慕焉，而文詞粹美，駕諸子而上之，尤使予百讀不厭也。」劉師培（1884～1919）《左盦集》卷七〈晏子非墨家辨〉曰：「夫墨子之學，出於清廟之守，以敬天、明鬼爲宗，其徒纏子、胡非子、隨巢子，書雖不存，然考其佚文，亦均敬天、明鬼，惟晏子書則不然。如〈諫篇上〉諫誅史祝，諫信楚巫，諫祠靈山河伯，諫禳彗星熒惑；〈問篇上〉諫以祝干福；〈雜篇下〉言徒祭不可益壽，均異墨氏所言。又〈諫篇上〉言樂亡而禮從之，禮亡而政從之，亦與非樂旨殊，不惟居喪盡禮志於〈雜篇上〉，異於墨子短喪也。使其書出於墨氏之徒，則旨與墨殊，必不並存其說，故特辨之。」張純一（1871～1955）《晏子春秋校注敘》曰：「綜覈晏子之行，合儒者十三四，合墨者十六七，如曰：『先民而後身，薄身而厚民。』是其儉也，勤也，兼愛也，固晏子之主悎也。夫儒非不尙儉，未若墨以儉爲極；儒非不尙勤，未若墨勤生之亟；儒非不兼愛，未若墨兼愛之力：此儒、墨之辯也。然儒家囊括萬理，允執厥中，與墨異趣也。晏子儒而墨，如止莊公伐晉，止景公伐魯、伐宋，是謂非攻；曰『男不群樂以妨事，女不群樂以妨功』，是謂非樂；曰『不

遁於哀，恐其崇死以害生』，是謂節葬；曰『粒食之民，一意同欲』，是謂尚同；曰『稱事之大小，權利之輕重』，是謂大取；曰『舉賢以臨國，官能以救民』，是謂尚賢；曰『獨立不慚於影，獨寢不慚於魂，行之難者在內』，是謂修身：皆其墨行之彰彰者。又必墾闢田疇而足蠶桑豢牧，使老弱有養，鰥寡有室，其爲人也多矣，其取財也，權有無，均貧富，不以養嗜欲，所謂事必因於民者矣。政尙相利，教尙相愛，罔非兼以正別，況乎博聞強記，捷給善辯，前有尹佚，後有墨翟，其揆一也。……晏子生爲貴冑，而務刻上饒下，重民爲治，進賢退不肖，不染世祿之習，故能以其君顯，純臣也。其學蓋原於墨、儒，兼通名、法、農、道，尼父兄事之，史遷願爲之執鞭，有以夫。吾服膺晏子書久矣，竊歎其忘己濟物，不矜不伐，騷騷有大禹之風。」又曰：「墨、晏尙儉，儉在心不在物，所以不感於外也。尙勤，常行而不休，所謂道在爲人也。本儉無爲而勤無不爲，是之謂能盡其性以盡人物之性。《呂氏春秋·知度》篇云：『治道之要，存乎知性命。』旨哉言乎！墨、晏有焉。」呂思勉（1884～1957）《經子解題·晏子春秋》曰：「全書皆記晏子行事，其文與《左氏》複者頗多。《左氏》之『君子曰』，究爲何人之言，舊多異說。今觀此書，引君子之言亦頗多，則係當時史家記事體例如此。」張舜徽（1911～1992）《漢書藝文志通釋》卷三曰：「前代著錄是書，皆入儒家。獨柳宗元有《辨晏子春秋》，始謂爲墨氏之徒有齊人者爲之。蓋以墨好儉，晏子以儉名於世也。不悟儒、墨同遵儉約，墨固背周道而用夏政，儒亦推崇禹德。……皆可見儒、墨相衡，有同有異，強本節用之說，則其所同也。且觀《晏子》書中，稱引孔子之言獨多，援用墨子之言甚少；陳說義理，亦多同於儒而與墨異。柳宗元謂其書出於墨氏之徒，非也。其後晁公武《郡齋讀書志》、馬端臨《文獻通考·經籍考》皆從其說，改入墨家。《四庫全書總目》又改入史部傳記類，悉失之。此書雖非晏嬰自著，而其言論行事，多在其中。」郭齊勇、吳根友《諸子學通論》曰：「《晏子春秋》一書是晏子學派彙編晏子言行而成。1972 年山東臨沂銀雀山漢墓出土的《晏子》殘簡一百二十枚，與今本有關章節內容大體一致，說明此書在西漢已廣爲流傳，其成書於戰國的說法較爲可信。而晏子思想的主導方面與墨子思想差異較大，與孔子思想較爲接近，似應爲早期廣義的儒家。」〔註7〕

〔註7〕郭齊勇、吳根友：《諸子學通論》，商務印書館，2015 年版，第 127 頁。

【出土文獻】

　　與《晏子》相關之出土文獻有 1972 年山東臨沂銀雀山出土漢墓竹簡本《晏子春秋》，見《銀雀山漢墓竹簡（壹）》（文物出版社，1985 年版），分圖版、摹本、釋文注釋三類，共有《晏子》十六章，散見於今本《晏子春秋》八篇十八章之中，依次爲〈諫上〉第三、第九、第二十、第二十二，〈諫下〉第十八，〈問上〉第三、第十、第十七、第十八、第二十、第二十一，〈問下〉第二十二、第二十三，〈雜上〉第二，〈雜下〉第四，外篇上第十九，外篇下第一、第十八。其中〈問上〉第二十、第二十一，簡本爲一章（即簡本第十章）；〈問下〉第二十二、第二十三，簡本爲一章（即簡本第十一章）。可見簡本與今本除文字差異之外，篇章分合亦不盡相同，劉向所刪複本中，或有與簡本相合者。（《銀雀山漢墓竹簡（壹）・編輯說明》）又駢宇騫著有《銀雀山漢墓竹簡〈晏子春秋〉校釋》（書目文獻出版社，1988 年版），可參考。上博簡六競公（即景公）瘧爲戰國簡書，亦見於內篇中。

《子思》二十三篇。名伋，孔子孫，爲魯繆公師。

【存佚著錄】

　　今闕。《史記・孔子世家》曰：「子思作《中庸》。」《隋書・音樂志》引沈約之言曰：「〈中庸〉、〈表記〉、〈坊記〉、〈緇衣〉皆取《子思子》。」〔註 8〕《子思子》之輯本有五種：其一爲南宋汪晫（1162～1237）所輯《子思子》一卷，書凡九篇：內篇〈天命第一〉、〈鳶魚第二〉、〈誠明第三〉三篇，外篇〈無憂第四〉、〈胡母豹第五〉、〈喪服第六〉、〈魯繆公第七〉、〈任賢第八〉、〈過齊第九〉六篇，《四庫全書》收錄，《總目》稱其「割裂《中庸》，別列名目，與《曾子》載《孝經》、《大學》同」，魏源稱「宋汪晫編《子思子》，妄捃孔鮒贗書，而顯昧四篇之正經，棄天球，寶康瓠，憒莫甚焉」。其二爲清洪頤煊（1765～1837）所輯《子思子》一卷，見《經典集林》；其三爲清馮雲鵷（1779～1857）所輯《子思子書》六卷，見《聖門十六子書》，卷一爲〈記問〉、〈雜訓〉、〈居衛〉，卷二爲〈巡狩〉、〈公儀〉、〈抗志〉，卷三爲〈補遺〉，卷四爲〈附錄〉，卷五爲〈祠墓古蹟〉，卷六爲〈世職〉；其四爲清顧觀光（1799～1862）

〔註 8〕 梁啓超《漢書藝文志諸子略考釋》曰：「沈約說當可信。」今按：《經典釋文・敘錄》謂「〈緇衣〉是公孫尼子所製」。

所輯《子思子》，見《古書逸文》；其五爲清黃以周（1828～1899）所輯《子思子》七卷，見《意林逸子》第二種，黃氏自序稱：「以〈緇衣〉、〈中庸〉、〈累德〉、〈表記〉、〈緇衣〉、〈坊記〉之有篇名者爲內篇，凡五卷。漢、魏、唐、宋儒書有引述子思語，亦並裒輯。〈檀弓〉引見七事，《孟子》引見三事，雖或係後學之傳聞而語著經典，即非出諸本書，而輯逸文者自宜據補，總曰《外篇》一卷。《孔叢子》雖贗書，而售贗者必參以眞，其術方行，若概以贗，不能售也。魏晉時，《子思子》具存，作僞者欲援以爲重，錄其眞者必多。王肅《家語》，其故智矣，若盡擯之，不已矯乎！凡引見五十二事，別之曰《附錄》又一篇，都爲七卷。」孫啓治等曰：「洪頤煊未採〈中庸〉等四篇現存之文，而據《史記》、《後漢書》、《意林》及唐、宋類書等採得子思佚語二十四節。黃以周則採〈中庸〉等四篇並鄭玄注各爲一卷，又採《後漢書·王良傳》引《子思·累德》篇佚文，單爲一卷。更從《意林》、《禮記·檀弓》及諸子書、史注、類書等採得佚語五十節，爲外篇一卷。末卷爲附錄，則採自《孔叢子》。按《孔叢子》僞書，不足據。洪輯所採，除『夏之政忠』（此節已見《中庸》）、『七日戒』二節外，皆不出黃輯外篇所採。顧觀光采得十一節，其中唯《路史》引『天子封畿千里』一節爲黃輯所無。按《路史》引此節作《子惠子》，顧謂『惠』即『思』之誤也。汪晫、馮雲鵷多採《孔叢子》，汪氏更割裂篇文，皆不足據。」〔註9〕《隋書·經籍志》、《新唐書·藝文志》、《宋史·藝文志》皆著錄《子思子》七卷，《舊唐書·經籍志》著錄八卷。宋晁公武《郡齋讀書志》著錄一卷。宋王應麟《漢藝文志考證》卷五曰：「今一卷本，乃取諸《孔叢子》，非本書也。」則宋、元之際，七卷本已亡佚。然明陳第（1541～1617）《世善堂書目》猶載七卷，當爲虛標其目，不足爲據。錢基博《古籍舉要》卷十三曰：「《漢書·藝文志》部錄諸子，必謹師承。如儒家《曾子》十八篇、《宓子》十六篇之繫曰『孔子弟子』，《李克》七篇之繫曰『子夏弟子』，《孟子》十一篇之繫曰『子思弟子』，皆其例也。獨世稱子思爲曾子弟子，而《子思子》二十三篇，繫之曰『孔子孫』，不稱『曾子弟子』，且以次《曾子》十八篇之前。」王錦民《古學經子》第九章云：「依沈約說，則〈中庸〉等四篇均是子思作。《子思》二十三篇中以此四篇最爲信實；而其他篇目已不可考。漢末《孔叢子》出，謂子思撰〈中庸〉之篇，有四十九篇之多，較《漢志》

〔註 9〕 孫啓治、陳建華：《中國古佚書輯本目錄解題》，上海古籍出版社，2009 年版，第 207～208 頁。

多出二十六篇，但實際上《漢志》之後的歷代目錄均未著錄過四十九篇本的《子思子》。《隋書・經籍志》著錄《子思子》七卷，當是《漢志》二十三篇本的改訂。《子思子》一書必非子思全著，這一點可以肯定。」〔註10〕

【作者情況】

子思爲孔子之孫。《史記・孔子世家》曰：「孔子生鯉，字伯魚。伯魚年五十，先孔子死。伯魚生伋，字子思，年六十二。嘗困於宋。子思作〈中庸〉。」《漢書・古今人表》列子思於第二等上中仁人。清梁玉繩《人表考》曰：「子思始見《孟子》，名伋，孔子之孫，伯魚之子。孔子生鯉，字伯魚；伯魚生伋，字子思，亦稱孔思，貌無鬚眉，年八十二，葬孔子冢南。」事跡詳見《孔叢子・居衛第七》。

【成書時代】

王錦民《古學經子》第九章《儒家》：「晁公武《郡齋讀書志》云：『《子思子》七卷，載孟軻問牧民之道何先，子思曰：「先利之。」』子思與孟子年歲不相及，無二人問答的可能。記此事之篇必晚出於孟子，對思、孟經歷已有所不詳，則《子思子》之完全成書當在孟子以後的較長時期中。當然，不排除其中有早成之篇，若〈中庸〉一篇是否出子思，即爭議頗多。〈中庸〉中即有『今天下車同軌，書同文，行同倫』之語，其出秦統一天下以後無疑。或許源於《漢志》所著錄的古文《記》百十三篇而被編入《禮記》的〈中庸〉篇，是秦、漢儒家據《子思子》中的〈中庸〉篇又有所整理，故混入了秦、漢時的文字。我們已知《子思子》一書的成書年代也大致在戰國晚期，或者與《記》百十三篇形成的年代大致相當。〈表記〉、〈坊記〉、〈緇衣〉等亦同此例。」〔註11〕

【學術源流】

《韓非子・顯學》篇曰：「世之顯學，儒、墨也。儒之所至，孔丘也。自孔子之死也，有子張之儒，有子思之儒，有顏氏之儒，有孟氏之儒，有漆雕氏之儒。」《隋書・音樂志》曰：「梁武天監元年，散騎常侍、尚書僕射沈約奏曰：『漢初典章滅絕，諸儒捃拾溝渠牆壁之間，得片簡遺文，與禮事相關者，即編次以爲禮，皆非聖人之言。〈中庸〉、〈表記〉、〈坊記〉、〈緇衣〉皆取

〔註10〕 王錦民：《古學經子》，華夏出版社，2008 年版，第 271 頁。
〔註11〕 王錦民：《古學經子》，華夏出版社，2008 年版，第 271～272 頁。

《子思子》。』」宋呂大臨（1040～1092）《中庸解》云：「此書，孔子傳之曾子，曾子傳之子思，子思述所授之言以著於篇。」宋伊川《經說》云：「《中庸》之書，是孔門傳授心法，成於子思，傳於孟子。」宋楊時（1053～1135）《龜山集》卷二十五〈中庸義序〉曰：「《中庸》之書，蓋聖學之淵源，入德之大方也。孔子歿，群弟子離散分處諸侯之國，雖各以其所聞授弟子，然得其傳者蓋寡。……獨曾子之後，子思、孟子之傳得其宗。子思之學，《中庸》是也。孟子之書，其源蓋出於此，則道學之傳，有是書而已。世儒知尊孟氏，而於《中庸》之書，未有能盡心者，則其源流可知矣。」宋晁公武（1105～1180）《郡齋讀書志》卷三曰：「《子思子》七卷，魯孔伋子思撰。載孟軻問牧民之道何先？子思曰：『先利之。』孟軻曰：『君子之教民者，亦仁義而已，何必曰利？』子思曰：『仁義者固所以利之也，上不仁則下不得其所，上不義則樂為詐，此為不利大矣，故《易》曰：「利者，義之和也。」』又曰：『利用安身以崇德也，此皆利之大者也。』溫公採之著於《通鑒》。夫利者有二：有一己之私利，有眾人之公利。於思所取公利也，其所援《易》之言是。孟子所鄙私利也，亦《易》所謂小人不見利不勸之利也。言雖相反，而意則同，不當以優劣論。」宋朱熹（1130～1200）《朱子文集》云：「子思學於曾子，而得其所傳於孔子者。」〈中庸章句序〉曰：「《中庸》何為而作也？子思子憂道學之失其傳而作也。……自是以來，聖聖相承，若成湯、文、武之為君，皋陶、伊、傅、周、召之為臣，既皆以此而接夫道統之傳。若吾夫子，則雖不得其位，而所以繼往聖、開來學，其功反有賢於堯、舜者。然當是時，見而知之，惟顏氏、曾氏之傳得其宗。及曾氏之再傳，而復得夫子之孫子思，則去聖遠而異端起矣。子思懼夫愈久而愈失其真也，於是推本堯、舜以來相傳之意，質以平日所聞父師之言，更互演繹，作為此書，以詔後之學者。蓋其憂之也深，故其言之也切；其慮之也遠，故其說之也詳。其曰『天命率性』，則道心之謂也；其曰『擇善固執』，則精一之謂也；其曰『君子時中』，則執中之謂也。世之相後，千有餘年，而其言之不異，如合符節。歷選前聖之書，所以提挈綱維，開示蘊奧，未有若是之明且盡者也。」朱熹《晦庵先生朱文公文集》卷七十五〈中庸集解序〉又曰：「曾子學於孔子而得其傳，子思又學於曾子，而得其所傳於孔子者。既而懼夫傳之久遠而或失其真也，於是作為《中庸》之書。」又曰：「子思作《中庸》，首三句乃天地萬物之大本大根，萬化皆從此出。人若能體察，方見聖賢所說道理皆從自己胸中

流出，不假他求。」又曰：「《中庸》首章，子思述所傳之意以立言：首明道之本原出於天而不可易，其實體備於己而不可離，次言存養省察之要，終言聖神功化之極。蓋欲學者於此反求諸身而自得之，以去夫外誘之私，而充其本然之善，楊氏所謂一篇之體要是也。」宋眞德秀（1178～1235）《讀書記》卷三十曰：「《孟子》七篇之書，出於《中庸》者非一。其曰『四端』云者，則未發之中，中節之和也。蓋仁義禮智，性也，所謂大本也；惻隱、羞惡、辭讓、是非，情也，所謂達道也。其曰『禹、稷、顏子同道』，孔子仕止久速者，則君子而時中也。其曰『鄉原亂德』者，則小人無忌憚也。其曰『子莫執中』者，時中之反也。其曰『孟施舍北宮黝之勇』者，南北方之強也。其曰『仁義禮智』之實，則『仁者人也，親親爲大；義者宜也，尊賢爲大。親親之殺，尊賢之等，禮所生也』。其曰『堯、舜性之，湯、武反之』，則『自誠明謂之性，自明誠謂之教』也。其曰『天下國家之本在身』，則爲『天下國家有九經』也。至於『誠者天之道，思誠者人之道』一章之義，悉本於《中庸》，尤足以見淵源之所自。」《四書大全・中庸章句大全上》引元李思正曰：「《中庸》一書，性、道、教三言，爲一篇之綱領，而道之一字，爲三言之綱領。道由性而出，言道而不言性，則人不知道之本原，而或索之於淺近；道由教而明，言道而不言教，則人不知道之功用，而或索之於高虛；言性於道之先，言教於道之後，而下即繼之曰『道也者，不可須臾離也』。子思子立言之旨，可得而識矣。」清熊賜履（1635～1709）《學統》卷四列「子思子」於正統〔註12〕，曰：「子思師事曾子，紹述聖祖之傳，弘大剛毅，卓然身任斯道之責，厥功巨矣。而其明道之微言，則在於《中庸》一書。蓋中庸之道，一誠而已矣。誠者，實理之謂也，此理塞上塞下，亙古亙今，大而無外，小而無內，前乎無始，後乎無終，皆此理爲之充周，爲之通貫，無在不有，無時不然，欲遺之而不能，欲間之而不得，故曰不可須臾離也。學者於此，始焉有求誠之方，繼焉有存誠之要，由乎知能飲食之常。至於參贊位育之大，用力於不睹不聞之微，深造乎無聲無臭之妙，無一纖之或遺，無一息之或間。其理至實而無妄，其功至一而不雜，大端不越《中庸》所謂擇善固執，學、問、思、辨、行五者而已。乃若先儒所云未發時氣象一語，不善觀

〔註12〕　《學統・凡例》曰：「孔子道全德備，爲斯道正統之主。若顏、曾、思、孟、周、程、朱八子，皆躬行心得，實接眞傳，乃孔門之大宗子也，故並列正統焉。」

之，則易馳其心於茫蕩不可知之域，以至索隱行怪，流而為無忌憚之小人，此毫釐千里之關，不可不察者也。善哉！程子之言曰：『此篇乃孔門傳授心法，其味無窮，皆實學也。』朱子之言曰：『子思子憂道學之失其傳，而作《中庸》。』而楊慈湖則曰：『子思不能無我，《中庸》之書不能無意。』如慈湖之云，必將如禪家一切斷滅，言思路絕，而後為聖人絕四之學耶！至漢之胡廣，唐之呂溫、柳宗元，並竊《中庸》之名，而復性滅情，如李翱亦自以為與於子思之學。嗚乎！斯皆《中庸》之罪人也已。」清錢大昕（1728～1804）《潛研堂文集》卷十七〈論子思子〉曰：「沈休文云：『〈中庸〉、〈表記〉、〈坊記〉、〈緇衣〉皆取《子思子》，〈樂記〉取《公孫尼子》。』休文去古未遠，其說當有所自。宋儒以《中庸》出子思氏，特表章之，而不知〈表記〉、〈坊記〉、〈緇衣〉三篇亦子思氏之言也。或謂〈緇衣〉公孫尼子所作。按《文選注》引子思子曰：『民以君為心，君以民為體。』又引子思子詩云：『昔吾有先正，其言明且清。』今其文皆在〈緇衣〉篇。則休文之說信矣。〈坊記〉一篇，引《春秋》者三，引《論語》者一。《春秋》，孔子所作，不應孔子自引；而《論語》乃孔子沒後諸弟子所記錄，更非孔子所及見。然則篇中云『子言之』、『子曰』者，即子思子之言，未必皆仲尼之言也。仲尼已往，七十子之徒惟子思氏獨得其傳。《漢志》有《子思》二十三篇，唐、宋之世尚存七卷，今已邈不可得，獨此數篇附《禮記》以傳，而其詞醇且簡，與《論語》相表裏，此固百世而下有志於聖賢之學者所宜講求而體驗者歟？子思之學，出於曾子，曾子書亦不傳，而其十篇猶見於《大戴記》、《小戴記》，有〈曾子問篇〉、〈檀弓〉、〈雜記〉、〈祭義〉、〈內則〉、〈禮器〉、〈大學〉諸篇，俱引曾子說。曾子、子思之微言，所以不終墜者，實賴漢儒會粹之力。後之人詆諆漢儒，摘其小失屏斥之，得魚兔而忘筌蹄，其亦弗思甚矣。」清邵晉涵（1743～1796）《南江文鈔》卷八〈與朱笥河學士書〉曰：「竊見前哲傳記一篇之中，立義稱名，辭皆有定體。惟〈坊記〉、〈表記〉、〈緇衣〉三篇以『子云』、『子曰』、『子言之』間代成文，暫劃不一，間為之覃靜研覈，排輯倫理，乃知〈坊記〉以下四篇，確為子思子所作。其稱『子曰』者，夫子之言也；其稱『子云』、『子言之』者，皆子思子之言也。前後四篇，或後引聖言以證成其義，或先述祖訓而敷暢厥旨，節次相仍，皆有精意，其得家庭之彝訓者，既具著於篇矣，而於《論語》之撰自及門者，亦取徵焉，此子思子之體也。先儒誤以『子云』為夫子之言，遂以述《論語》為疑，因有疑為後時掇拾不

盡純者，昧於信經，勇於疑古，殆未之思乎？四篇之出於子思，不獨沈休文一人言也。司馬貞《史記索隱》多引《禮記》諸篇，惟〈緇衣〉獨稱〈子思子〉，則知〈子思子〉至唐猶存，而唐人尠爲之表章者。全書既闕，惟此四篇幸得附存於小戴之《記》，俾洙泗淵源猶有可考。儒者宜奉服之、讚述之不暇，而宋人反多所疑論，道之不明也，豈特青蒼黑之相淆亂哉？鄭康成網羅大典，囊括群言，惟四篇之注，條理未整，如葉公當作祭公，顯屬傳寫之訛，尚未及是正。晉涵不自揆，欲俟《爾雅正義》成書之後，取《大戴記》〈曾子〉十篇，《小戴記》〈子思子〉四篇，別爲之注，以配《論語》、《孟子》，孔、曾、思、孟，實謂四子，〈大學〉存於《戴記》，固與〈幼儀〉、〈內則〉爲本末，有始有卒者。聖人之道，固不可偏舉其一也。」清魏源（1794～1857）《古微堂集》外集卷一〈子思子章句序〉曰：「〈中庸〉之爲子思子，尚已；而〈坊表〉、〈緇衣〉與焉，有徵乎？曰：有。《隋書・音樂志》載沈約之言曰：『《禮記・月令》取《呂氏春秋》，〈緇衣〉、〈中庸〉、〈坊記〉、〈表記〉取《子思子》，〈樂記〉取《公孫尼子》。』一也。《御覽》引《子思子》曰：『天下有道，則行有枝葉；天下無道，則言有枝葉。』今見〈表記〉，二也。《文選》注引《子思子》曰：『昔吾有先正，其言明且清，國家以寧，都邑以成。』今見〈緇衣〉，三也。且〈坊表〉言必稱子，而引《論語》之文，間一；又數引《春秋》，間二；且獨稱『子云』、『子言之』，與他書記聖言體例不倫，間三。三徵既明，三間俱釋，於是敘曰：聖人憂患天下來世其至矣！刪《詩》、《書》，正禮、樂，皆述而不作，有大義無微言，豈預知有《論語》爲後世入道門哉？假年絕韋來，天人性命之理，進修聚辨之方，無咎寡過之要，胥於《易》乎在？子思本祖訓發揮之，故〈中庸〉一《易》道也。〈表記〉言正而合道，見稱伊川程氏，則《論語》輔也。《易》之誠，《論語》之仁，皆古聖未發而夫子發之。不讀〈中庸〉，不知誠爲盡性之要；不讀〈表記〉，不知敬爲求仁之方。而望《易》、《論語》精微，猶入室不由戶也。〈坊〉、〈緇〉之文，其閎深誠與〈庸〉、〈表〉有間，然禮坊德，刑坊淫，命坊欲，綱萬事於三端；聖人既以敘彝倫，建皇極，而〈緇衣〉數理化得失，爲百世君民臣主師。尼門五尺所言，要非霸世所得聞者。蓋《易》、《論語》明成德歸，《詩》、《書》、《禮》、《春秋》備經世法，故〈坊記〉以《春秋》律《禮》，〈緇衣〉以《詩》、《書》明治，體用顯微，同源共貫，於道之大而能博者，其亦具體而微矣。世人惟知《史記》子思作〈中庸〉，故菁蔡之，而此

三篇之爲弟子述所聞者，則自唐後二十篇書原不存，亦遂如潰迷濟，海淪碣矣。予悼斯道之湮微，乃別而出之，各爲紬繹，而〈中庸〉則專以《易》道發之，用補葺先哲。其軼言時時見他說者，亦輯成篇。而後祖孔、師曾、迪孟之學，大略明且備，剛矣，誠矣，高矣，明矣。」梁啓超（1873～1929）《漢書藝文志諸子略考釋》曰：「《御覽》四百三引《子思子》曰：『天下有道，則行有枝葉；天下無道，則言有枝葉。』即〈表記〉文。沈約說當可信。」羅焌（1874～1932）《諸子學述》曰：「蓋子思子之學，全在《中庸》一書。始於愼獨，終於至誠。其致廣大而盡精微也，極乎參天地育萬物，而以聲色化民者爲末。鄭玄謂：『子思作〈中庸〉以昭明聖祖之德。』實則自述其心得也。至於〈坊記〉，以禮爲人情之坊。〈表記〉以仁爲天下之表。〈緇衣〉一篇，則章善癉惡，以示民厚。是猶儒家之緒論耳。」〔註 13〕高正《諸子百家研究》上編《諸子百家概要》：「《禮記》中相傳爲子思所作的幾篇著作，思想內容並不一致。如果〈中庸〉可視爲是子思的代表作，那麼，〈大學〉、〈禮運〉以及《易傳》、《孝經》則與〈中庸〉形成一個完整的體系。這幾篇有其共同特點：如都持『忠』、『孝』合一，『義』、『利』合一的觀點；〈中庸〉、〈大學〉、《易傳・文言》都強調『誠』，〈禮運〉、《易傳》同講『陰陽』、『三才』、『大一』、『太極』；〈中庸〉、〈禮運〉、《易傳》都有『尊賢』、『選賢』、『尙賢』思想等。這幾篇構成了一個完整的天道、人道思想體系，具有儒道互補的特色，對原始儒家的觀點有較大發展。而《禮記》中相傳爲子思所作的〈坊記〉、〈表記〉、〈緇衣〉等篇，則明顯與此不類，但可能爲其後學所作。」〔註 14〕錢基博（1887～1957）《古籍舉要》卷十三曰：「細籀二子所著書，子思稱《詩》、《書》而道性情，肇啓孟子，傳道統；曾子善言禮而隆威儀，毗於荀卿，爲儒宗。其工夫一虛一實，其文章一華一樸，故不同也。近儒章炳麟爲《徵信論》曰：『宋人遠跡子思之學，上逮曾參。尋〈制言〉、〈天圓〉諸篇，與子思所論殊矣。〈檀弓〉記曾子呼伋。古者言樸，長老呼後生則斥其名。微生畝亦呼孔子曰丘，非師弟子之征也。〈檀弓〉復記子思所述。鄭君曰：爲曾子言難繼，以禮抑之。足明其非弟子也。近世阮元爲《子思子章句》，亦曰師曾迪孟。孟軻之受業，則太史公著其事矣。師曾者，何徵而道是

〔註 13〕 羅焌：《諸子學述》，嶽麓書社，1995 年版，第 138 頁。
〔註 14〕 高正：《諸子百家研究》上編《諸子百家概要》，中國社會科學出版社，2011年版，第 33 頁。

耶？』知言哉！」王錦民《古學經子》第九章《儒家》：「子思受曾參之學，經再傳又至孟子，而思、孟之關係亦為學者懷疑，但《荀子・非十二子》即云『子思唱之，孟軻和之』，《史記・孟子傳》、《漢書・藝文志》、趙岐《孟子題辭》、應劭《風俗通》等均說子思、孟子相傳，當無可疑。有學者辨曾子、子思、孟子思想上頗有不同。此亦在情理，一者曾子、子思為父兄、師友，子思不必盡承曾子之學；孟子又為子思再傳，傳承中容有變化。二者孔門弟子中曾子、子思、孟子均各有子書，是孔門各派中最近諸子學術者，而諸子著書，自然要伸張己說。舊說曾子作《孝經》，則曾子之學以述孔子之旨為本，重仁德過於重禮樂，而孔門中仁德之學每出於《詩》、《書》，德行之首顏氏，即以傳《詩》為道。曾子時言孝，尚在禮的範圍內，也即是說其學術仍同七十子一樣，以禮為轉移。至子思、孟軻，則少言《禮》、《樂》，多言《詩》、《書》，是以《詩》、《書》為主要經典。《荀子・非十二子》云：『略法先王而不知其統，然而猶材劇志大，聞見博雜。往舊造說，謂之五行，甚僻違而無類，幽隱而無說，閉約而無解。案飾其辭而祗敬之曰：此真先君子之言也。子思唱之，孟軻和之。』即是思、孟之學的特點。」〔註15〕

【出土文獻】

　　與《子思》相關之出土文獻有郭店楚墓竹書《魯穆公問子思》，見《郭店楚墓竹簡》（文物出版社，2005 年版），分圖版、釋文注釋兩類，有簡八枚，原無篇題，整理者據簡文擬加。

《曾子》十八篇。名參，孔子弟子。

【存佚著錄】

　　今佚八篇，存十篇，即《大戴禮記》中〈曾子立事〉（《曾子》單行本篇題作「修身」）、〈曾子本孝〉、〈曾子立孝〉、〈曾子大孝〉、〈曾子事父母〉、〈曾子制言上〉、〈曾子制言中〉、〈曾子制言下〉、〈曾子疾病〉、〈曾子天圓〉十篇。清戴震（1724〜1777）《經考》卷四曰：「《曾子》十篇。《漢書・藝文志》《曾子》十八篇名參，孔子弟子。《隋書・經籍志》《曾子》二卷、目一奏。按《曾子》書，《漢志》、《隋志》皆別行，今不復有傳本，惟《大戴禮》中

〈曾子立事〉至〈曾子天圓〉十篇爲兩卷，篇題皆冠以『曾子』二字，其即《漢志》曾子之尚存者無疑。」葉長青（1902～1948）《漢書藝文志問答》引唐文治曰：「以意度之，《大戴記》十篇既在《漢志》十八篇之列，則如《孝經》（據《史記》，乃曾子作）、〈王言〉、〈曾子問〉均在十八篇中，當無疑義。其見於《小戴記・檀弓》諸篇、《論語》及周秦諸子，爲數甚夥，惜不能具其篇名耳。」張舜徽（1911～1992）《漢書藝文志通釋》卷三曰：「每篇之首，皆冠以『曾子』二字，故易識別。清乾嘉時，阮元從《大戴禮記》中錄出單行，而爲之注，題曰《曾子十篇注釋》。以爲七十子親受業於孔子，其言之無異於孔子而獨存者，惟此十篇。尊信而表章之，可謂至矣。顧觀《曾子大孝篇》中，有曾子弟子樂正子春與其門弟子問對事，則其書亦門弟子所記無疑，不必目爲出七十子之手也。」《曾子》之輯本有五種：其一爲南宋汪晫所輯《曾子》一卷，書凡十篇：〈仲尼閒居第一〉、〈明明德第二〉、〈養老第三〉、〈周禮第四〉、〈有子問第五〉、〈喪服第六〉、〈晉楚第九〉、〈守業第十〉、〈三省身第十一〉、〈忠恕第十二〉，《四庫全書》收錄，《總目》稱此書「割裂補綴，已非唐以來之舊本」；其二爲明曾承業所輯《曾子全書》三卷，卷一〈主言〉一篇，卷二〈修身〉、〈事父母〉、〈制言上〉、〈制言中〉、〈制言下〉、〈疾病〉、〈天圓〉七篇，卷三〈本孝〉、〈立孝〉、〈大孝〉三篇，《四庫全書總目》列於存目；其三爲清馮雲鵷（1779～1857）所輯《曾子書》八卷，見《聖門十六子書》，除收錄《大戴禮記》中十篇爲二卷外，又有《年譜》、《王言》、《補遺》、《附錄》、《祠墓古蹟》、《宗子世表》各一卷；其四爲清顧觀光（1799～1862）所輯《曾子逸文》，見《古書逸文》；其五爲清嚴式誨（1890～1976）所輯《重輯曾子遺書》十四卷，見《曾子四種》。孫啓治等曰：「唐、宋所傳之本，即取《大戴禮記》之十篇錄出別行者，間有雜取《禮記》以附益之。清人所輯大要亦不出此，以其十篇之文現存，故茲不著錄。至宋汪（淖）〔晫〕所輯《曾子全書》十二篇，皆割裂經文，自立名目（參《四庫全書總目》），又非唐、宋相承之舊，尤不足據。此外經史、諸子及類書引曾子之言至夥，馮雲鵷採書三十餘種，輯爲《補遺》一卷。嚴式誨採書更連七十餘種，輯爲《遺書》十四卷。按：諸書所引曾子之言，容有八篇之佚文存焉，唯二家所採殊失之濫，至若小說、讖諱之言亦採入，未免失於裁斷；且所採《孔叢子》、《孟子外書》、《古文孝經》孔安國注等皆僞書，不可據也。顧觀光所輯僅十節，中採《五行大義論》、《翻譯名義集》等爲馮、嚴所未

及。」〔註16〕清阮元（1764～1849）有《曾子注釋》四卷，其序曰：「元今所注《曾子》，仍據北周盧僕射之書，博考群書，正其文字，參以諸家之說，擇善而從，如有不同，即下己意，稱名以別之。至於文字異同及訓義所本，皆釋之，以明從違之意。又嘗博訪友人，商榷疑義，說之善者，擇而載之。」（載《揅經室集》一集卷二）清嚴傑（1763～1843）題記曰：「宮保師注釋是書，正諸家之得失，辨文字之異同，可謂第一善冊。師於中西天算考核尤深，〈天員〉一篇更非他人之所能及。」宋晁說之（1059～1129）《嵩山文集》卷十八〈曾子後記〉曰：「《漢·藝文志》《曾子》十八篇，《隋志》曾子二卷，《目》一卷，《唐志》《曾子》二卷。今世所傳《曾子》二卷十篇，蓋唐本也。有題曰傳紹述本者，蓋唐樊紹述歟？視隋亡《目》一卷，視漢亡八篇矣。然此十篇之書，號曰《曾子》者，乃見於《大戴禮》矣。漢有《禮經》七十篇，后氏、戴氏《記》百三十一篇，七十子後學者所記。是時未有大、小戴之分，不知《曾子》在其中歟？《漢志》因劉向父子所錄而著之，既於儒家有《曾子》十八篇，疑不至重複也。《隋志》因盧植、鄭玄分注大、小戴《禮》之後，各錄其書，《曾子》遂存於《大戴禮》歟？《唐志》實因而錄之。然隋、唐《志》亦自有《曾子》，尚仍漢之舊歟？隋、唐中祕書官無歆、向父子以甄別之歟？」宋陳振孫《直齋書錄解題》卷九曰：「《曾子》二卷，凡十篇，具《大戴禮》，後人從其中錄出別行。慈谿楊簡注。」宋范濬（1102～1150）《香溪集》卷十八〈讀曾子〉曰：「班生志儒家書，有《曾子》十八篇，今其存者十篇而已，不知餘八篇為何等語，而脫亡於何時。《隋書》錄《曾子》兩卷，與今本同，意其亡於魏、晉之間也。」宋高似孫（1158～1231）《子略》卷一曰：「《曾子》者，曾參與其弟子公明儀、樂正子春、單居離、曾元、曾華之徒講論孝行之道、天地事物之原，凡十篇。自〈修身〉至於〈天圓〉已，見於《大戴禮》，篇為四十九、為五十八。它又雜見於《小戴禮》，略無少異，是固後人掇拾以為之者歟？劉中壘父子秦漢《七略》已不能致辨於斯，況他人乎？」今按：《崇文總目》、《文獻通考》、《宋史·藝文志》亦皆著錄《曾子》二卷。清陳鱣（1753～1817）《簡莊詩文鈔》卷三〈曾子跋〉曰：「慈谿楊簡注，則是書疑亡於五代。凡宋人所見者，止《大戴禮》中之十篇，至〈大孝〉篇中有樂正子春事，要知曾子之書本非自作，皆門人所記，

〔註16〕孫啓治、陳建華：《中國古佚書輯本目錄解題》，上海古籍出版社，2009年版，第206頁。

猶《論語》云子夏之門人小子，竟是戰國時語，此其明證。宋慶元、嘉泰間汪晫所編《曾子》，是又一本也。《焦氏經籍志》載《曾子》二卷，寶祐時趙汝騰編，是又一本也。吳草廬集載宋清江劉清之輯《新曾子》七篇，周過作《音訓》，是又一本也。黃氏《千頃堂書目》章樵《曾子》十八篇，是又一本也。徐氏《傳是樓書目》《曾子》一本，宋鳴梧編，是又一本也。《曾子全書》二卷，元曾承業編，是又一本也。《子曾子》二卷，元徐左達編，是又一本也。自《漢》、《隋志》以下，見於著錄者凡十，今惟汪晫所編獨傳，而他俱未之見。又如楊簡之注、周過之《音訓》亦皆不傳。而汪晫之謬有不可勝言者，擅削《孝經》之名，又牽割《大學》之說，尚何足爲典要哉？幸《大戴禮》中《曾子》十篇尚存，盧辨有注，近儒各有所述學者，所宜遵守也。」清阮元《揅經室集》一集卷二〈曾子十篇注釋序〉曰：「《漢志》載《曾子》十八篇，此先秦古書，爲第一本。《隋志》據阮孝緒《七錄》稱《曾子》二卷，連《目錄》三卷，爲六朝以前舊本。或十八篇，或十篇，無明文，此第二本。《新》、《舊唐書》皆作二卷，較《隋志》亡《目錄》一卷，其篇數亦不可考，爲第三本。晁氏公武據唐本十篇，文蓋與《大戴記》同，有題紹述本者，紹述即樊宗師字，此昭德所據唐本，爲第四本。昭德之從父詹事公病其文字回舛，以家藏《曾子》與溫公所藏《大戴禮》參校是正，並盧辨注，此宋人以單行《曾子》及《大戴》合校本，爲第五本。楊氏簡即十篇之文而注之，此宋人新注，爲第六本。今第一篇爲〈立事〉，而高氏、王氏所見首篇皆作〈修身〉，與今書不同，此第七本。《崇文總目》、《通志略》、《文獻通考》、《山堂考索》、《宋史・藝文志》等書皆載《曾子》二卷，蓋同爲一書，此第八本。周邊《曾子音訓》十篇，此第九本。以上九本，惜皆失傳，無從參校。今之所據，惟《大戴記》中十篇耳。其自汪晫以下九家，雜採他書，割裂原文而爲之，今附錄於後，不足數也。近時爲大戴之學者，有仁和盧召弓學士文弨校盧雅雨運司見曾刻本，有休寧戴東原吉士震校刻武英殿聚珍板本，有曲阜孔撝約檢討廣森補注本，有高郵王懷祖給事念孫、江都汪容甫拔貢中在朱竹君學使筠署中同校本，有歸安丁小雅教授傑本。」清吳壽暘（1771～1831）《拜經樓藏書題跋記》卷四又著錄「元本《曾子》二卷」，曰：「元本《曾子》二卷，內外篇凡十四，每卷題傳道四子書曾子卷第次，有達左序。每篇末引宋諸儒說，及達左按語。自《大戴禮》中錄出者，凡十篇，有楊簡注。他若汪晫、趙汝騰、劉清之、章樵、宋鳴梧、曾承業、戴良所

編，分見於儲藏家著錄。蓋此書原本早佚，諸家各據當時所傳之本，互有編輯，卷第分併，亦各不同耳。」則尚有輯本多種，而大多亡佚，《漢志》著錄之本更是失傳已久。曾國荃、王安定同編《曾子家語》六卷，依《漢志》分十八篇，甚為翔實。

【作者情況】

《史記・仲尼弟子列傳》曰：「曾參，南武城人，字子輿。少孔子四十六歲。孔子以為能通孝道，故授之業。作《孝經》。死於魯。」唐張守節《史記正義》引《韓詩外傳》云：「曾子曰：『吾嘗仕為吏，祿不過鍾釜，尚猶欣欣而喜者，非以為多也，樂道養親也。親沒之後，吾嘗南遊於越，得尊官，堂高九仞，榱提三尺，轉轂百乘，然猶北向而泣者，非為賤也，悲不見吾親也。』」《古今人表》列曾子於第三等上下智人。清梁玉繩《人表考》曰：「曾子始見《論語》、《孝經》，名參，即曾參，字子輿，南武城人。珠衡犀角，葬沂州費縣。唐總章元年贈太子少保，太極元年加贈太子太保，開元贈郕伯。宋真宗封瑕丘侯，徽宗政和元年改封武城侯，度宗封郕國公。元至順元年加封郕國宗聖公。明世宗嘉靖九年改稱宗聖曾子。案曾子之名，《論語》、〈檀弓〉《釋文》音所金、七南二反，其字宋本《家語》及《關中金石記・白水碑陰》並作子輿，未定孰是。或輿或與，似皆當讀若驂，今多依《說文》讀若森，《釋文》於他處亦有單出所金一音者，蓋古通讀也。孔門受道，唯顏、曾、子貢，則子貢尚宜居第二，與德性四賢齊列，何況曾子？古人每稱曰『曾、騫』，曰『參、騫』，曰『閔、參』，曰『曾、顏』，乃表置於顏、閔、二冉之下，劉知幾嘗譏之矣。」

【學術大旨】

宋程子曰：「曾子傳聖人道，只是一個誠篤。《語》曰：『參也魯。』如聖人之門，子游、子夏之言語，子貢、子張之才辨，聰明者甚多，卒傳聖人之道者，乃質魯之人。人只要一個誠實，聖人說忠信處甚多，曾子，孔子在時甚少，後來所學不可測。且易簀之事，非大賢以上作不得，曾子之後有子思，便可見。」（載《二程遺書》卷十八）宋謝良佐（1050～1103）曰：「諸子之學，皆出於聖人，其後愈遠而愈失其真。獨曾子之學，專用心於內，故傳之無弊，觀於子思、孟子可見矣。惜乎！其嘉言善行，不盡傳於世也。其幸存而未泯者，學者其可不盡心乎！」（見《論語集注》引）宋范濬（1102～1150）《香溪

集》卷之十八〈讀曾子〉曰：「世傳曾參書，述孝悌、仁義、陰陽之說甚著，雖不皆底於道，要與《齊》、《魯論》、《孔子家語》、《禮記》等書言相出入，亦弘揚姬、孔之一助也。」朱熹《大學章句序》曰：「周之衰，賢聖之君不作，學校之政不修，教化廢弛，風俗頹敗。時則有若孔子之聖，而不得君師之位以行其政教，於是獨取先王之法，誦而傳之，以詔後世。若〈曲禮〉、〈少儀〉、〈內則〉、〈弟子職〉諸篇，固小學之支流餘裔。而此篇者，則因小學之成功，以著《大學》之明法，外有以極其規模之大，而內有以盡其節目之詳者也。三千之徒，蓋莫不聞其說，而曾氏之傳獨得其宗。」朱熹《朱文公文集》卷八十一〈書劉子澄所編曾子後〉曰：「昔孔子歿，門人唯曾氏為得其傳。其後，孔子之孫子思、樂正子春、公明儀之徒皆從之學，而子思又得其傳，以授孟軻，故其言行雜見於《論語》、孟氏書及他傳記者為多，然皆散出，不成一家之言，而世傳《曾子》書，乃獨取《大戴禮》之十篇以充之，其言語氣象視《論》、《孟》、〈檀弓〉等篇所載，相去遠甚。……然熹嘗考之，竊以謂曾子之為人敦厚質實，而其學專以躬行為主，故其真積力久，而得以聞乎一以貫之之妙。然其所以自守而終身者，則固未嘗離乎孝敬信讓之規，而其制行立身，又專以輕富貴、守貧賤、不求人知為大。是以從之遊者，所聞雖或甚淺，亦不失為謹厚修潔之人；所記雖或甚疏，亦必有以切於日用躬行之實。」《四書大全》之《論語集注大全》卷一引宋黃榦曰：「曾子天資醇厚，志學懇篤。其於《大學》既推明誠意之旨，而傳之子思，又斷以誠身之義，至其自省又皆一本乎誠。蓋不極乎誠，則凡所作為，無非苟簡滅裂，是豈足以盡人事之當然，而合天理之本然也哉！」宋楊簡（1141～1226）《慈湖遺書》卷一《曾子序》曰：「《易大傳》曰：『百姓日用而不知。』孔子語曾子曰：『吾道一以貫之。』曾子曰：『唯。』子出，門人問曰：『何謂也？』曾子曰：『夫子之道，忠恕而已矣。』忠恕之旨，至於今，人致其疑。孔子歿，子夏、子張、子游以有若似聖人，欲以所事孔子事之，強曾子，曾子曰：不可，江漢以濯之，秋陽以曝之，皜皜乎不可尚已。學者至是，益疑。烏虖，夫何疑？吾之所以事親者此也，吾之所以事長者此也，吾之所以應事及物者此也，無所庸復致其思，尚何庸復致其疑。曾子以為忠恕而已，而學者疑而遠之，曰：忠譬則流而不息，恕譬則萬物散殊，似大而小，似通而窒，正道不明，意說陷溺。曾子之書，世罕傳誦，小書幼紙，訛脫為甚，岌岌乎將遂泯絕，而蔽學異說蔓延充塞。甚者詞人墨客，俳語戲論，淫談穢辭，則相與俎豆，特書大冊，

溢案充宇，痛哉，人心安得不胥而入於昏謬熟爛，愈陷愈下之污濘。謹取曾子之書，參古本而釐正之，間釋其疑義，尚俟同志者，相與扶持正道，反人心歸之正。」宋王應麟《漢藝文志考證》卷五曰：「《隋》、《唐志》：二卷。參與弟子公明儀、樂正子春、單居離、曾元、曾華之徒論述立身孝行之要、天地萬物之理。今十篇，自〈修身〉至〈天圓〉，皆見於《大戴禮》。蓋後人摭出爲二卷。朱文公曰：『世傳《曾子》書，乃獨取《大戴禮》之十篇以充之，其言語氣象視《論》、《孟》、〈檀弓〉等篇所，相去遠甚。』晁氏曰：『視漢亡八篇矣。』」《四書大全》之《論語集注大全》卷四引元陳櫟曰：「曾子之學固主於力行，然亦未嘗不先於致知。況《大學》成於曾子格物致知，實《大學》之始教；又觀《記・曾子問》中禮之推變，曲折纖悉，必講明之。豈有全不加意於致知，而變化其氣質之魯者哉！」明方孝孺（1357～1402）《遜志齋集》卷四〈讀曾子〉曰：「《曾子》十篇一卷，其詞見《大戴禮》，雖非曾子所著，然格言至論雜陳其間，而於言孝尤備。意者出於門人弟子所傳聞，而成於漢儒之手者也，故其說間有不純，如曰『喜之而觀其不詐，怒之而觀其不惛，近諸色而觀其不逾，飲之而觀其有常』，又曰『神靈者，禮樂仁義之祖也』，又曰『君子將說富貴，必勉於仁』，若是者，決非曾子之言。顧其言孝，有足感予者。予少之時事二親，嘗謂人子無所自爲心，以父母之心爲心。今此書曰：『孝子無私憂，無私樂，父母之憂憂之，父母所樂樂之。』旨乎其有味哉，一何似予之所欲言也！然少時知之而不能躬見之，及今欲養而二親已莫在矣。〈疾病〉篇有曰：『親戚既沒，雖欲孝，誰爲孝？』誦其言，輟業流涕者久之。」明王鏊（1450～1524）《震澤集》卷三十五〈讀曾子〉曰：「《曾子》十章，今見《大戴禮》。其言醇粹肫切，不離修身、力學、言行，而於孝尤諄諄焉，藹乎孔子之家法也。然則是皆出於曾氏之手乎？未可知也。夫曾子之言，見於《魯論》，見於《大學》，見於《孝經》、《禮記》，今以是擬之，殆亦有若之似孔子。自《孝經》、《禮記》已不能無疑，況下此者乎？然自前世荀卿、董仲舒、劉向至近世朱子《小學》，多引用其說，未有異焉。雖未必盡出於曾，蓋亦孔門之餘裔，先秦之古文也，可不重乎？昔人謂《論語》爲曾子門人公明儀、樂正子春之徒爲之，吾於是亦云。」明葉向高（1559～1627）《蒼霞餘草》卷六〈曾子序〉曰：「曾子之學，始於三省，終於一貫，其所修證，具於《大學》、《孝經》，言言近裏，事事反躬，不高譚性命，不捷取工夫，其最易簡，實落處在以『忠恕』解『一貫』，使非曾子下此注腳，不知近儒當何

如壽張，何如怪幻。而聖人傳授之精蘊又成千古不決之疑、聚訟之府矣。《大學》一書，其關鍵只在誠意，故舊本於聖經後，即以此繼之。致知者致其能誠之知，格物者格其當誠之物，總皆誠意事耳。曾子之不立傳，良有深意。即子思受曾子之傳，而作《中庸》，亦只言愼獨，言誠，絕無一字及於格致。紫陽之補釋，已爲贅矣。近儒乃欲挈致知爲宗，盡掃居敬窮理之說而空之，毋惑其後之愈趨而愈失也。學術敗壞，皆起於宗之不明。必明曾子之宗，而後可以正今日之學。」清熊賜履（1635～1709）《學統》卷三列「曾子」於正統，曰：「曾子親受《大學》、《孝經》於孔子，故其學以修身爲本，其孝以守身爲要，生平戰戰兢兢，臨深履薄，直至死而後已。蓋其資稟篤實，學行純固，眞積力久，其以卒得聖道之傳，宜也。夫曾子之弘毅，仁也；養志，孝也。聖人之道無以加於仁，聖人之德無以加於孝，而曾子以一身實踐之。存乎其身者，體也，忠也，格致誠正是也；發乎其身者，用也，恕也，齊治均平是也。曾子之道，亦日忠恕而已矣。忠恕者，一貫之謂也，此即曾子之得統於孔子，而以傳子思，因以授之孟軻者也。奈何釋氏之徒，妄以顏子爲悟，曾子爲修，顏子爲頓，曾子爲漸，視曾子不啻若搬柴運水、戒律頭陀者之流。即吾儒亦有顏子嘿識、曾子篤信之說。不知顏子冥契，皆實修也；曾子躬行，皆心得也。四勿與三省，一唯與一歎，此間亦有何分別，而顧爲此異說之紛紛耶？」清阮元（1764～1849）《揅經室集》一集卷二〈曾子十篇注釋序〉曰：「百世學者，皆取法孔子矣。然去孔子漸遠者，其言亦漸異。子思、孟子近孔子，而言不異，猶非親受業於孔子者也。然則七十子親受業於孔子，其言之無異於孔子而獨存者，惟《曾子》十篇乎？曾子修身愼行，忠實不欺，而大端本乎孝。孔子以曾子爲能通孝道，故授之業，作《孝經》。今讀事父母以上四篇，實與《孝經》相表裏焉。患之小者，豪發必謹；節之大者，死生不奪。窮極禮經之變，直通天律之本，莫非傳習聖業，與年並進，而非敢恃機悟也。且其學與顏、閔、游、夏諸賢同習，所傳於孔子者，亦絕無所謂獨得道統之事也。竊以曾子所學，較後儒爲博，而其行較後儒爲庸。顏子曰：『博我以文，約我以禮。』孔子曰：『庸德之行，庸言之謹。』然則魯哀公年間，齊魯學術可以概見，後世學者當知所取法矣。元不敏，於曾子之學，身體力行，未能萬一，惟孰復曾子之書，以爲當與《論語》同，不宜與記書雜錄並行。爰順考十篇之文，注而釋之，以就正有道。竊謂從事孔子之學者，當自曾子始。」清魏源（1794～1857）《古微堂外集》卷一〈曾子章句序〉曰：「曾

子得聖道，宗孝盡性，誠立孝敬存，誠萬倫萬理，一反躬自省出之，初罔一言內乎深微，外乎閎侈，惟爲己爲人義利際，諄諄提撕而辟咡之，百世下如見其心焉。暨〈天圓〉篇原聖人制禮作樂之由，以明人性之最貴，日用則神化也，庸德則大經也，不越戶庭，明天察地，體用費隱，貫於一，不遺不禦也。」清王先謙（1842～1917）《虛受堂文集》卷三〈曾子輯注序〉曰：「夫聖門之徒，顏氏而外，惟曾子得其宗。曾子名不列於四科，其立言垂訓，較閔子以下諸儒獨詳。而得道如顏氏，迺不多以言見。夫子稱『有德者必有言』，又嘗以無言之旨開示及門，毋亦言之果不爲聖人重耶？余觀曾子之書，論述立身孝行之要，天地萬物之理，有國者由之而治，有家者由之而安，處足以保身，而出足以成務，所謂合德行、言語、政事、文學而一以貫之者也。非曾子得聖道之統宗，不能爲其言。而觀曾子之言，人亦愈知聖道之無所不備。語曰：『群言淆亂，必衷諸聖。』聖人既沒，諸子遞相授受，源遠而末益分，不有得其宗者出而立言，則聖人之教將以高遠而愈即於迷晦。使顏子非早卒，其以言牖世，亦必不後於曾子。然則學者欲求聖道，其無賴於曾子之書邪？」梁啓超（1873～1929）《漢書藝文志諸子略考釋》曰：「阮元從《戴記》中錄出單行，而爲之注，題曰《曾子注》。然〈曾子立事篇〉文又在荀子〈修身〉、〈大略〉兩篇中，然則此十篇果否曾子所著，亦疑問也。其《孝經》及《小戴記》之〈曾子問〉等篇，疑亦在十八篇中。」羅焌（1874～1932）《諸子學述》曰：「曾子之學，以愼獨爲宗，修身爲本，而要其歸，在於大孝。至於治國平天下，皆由至德要道推而放之。……曾子蓋身通六藝，而實行順陰陽、明教化者，推爲儒家巨子，復何疑乎？」〔註17〕

【出土文獻】

　　與《曾子》相關之出土文獻有上海博物館藏楚簡《內豊（禮）》，見《上海博物館藏戰國楚竹書（四）》（上海古籍出版社，2004 年版，分圖版、釋文考釋兩類），其內容與《大戴禮記》中《曾子立孝》等篇相關，有簡十枚，首簡簡背有篇題「內豊（禮）」。

〔註17〕羅焌：《諸子學述》，嶽麓書社，1995 年版，第 119～130 頁。

《漆雕子》十三篇。孔子弟子漆雕啓後。

【存佚著錄】

今亡佚。《隋書‧經籍志》、《舊唐書‧經籍志》、《新唐書‧藝文志》等皆未著錄，早已亡佚。輯本有馬國翰所輯《漆雕子》一卷，見《玉函山房輯佚書》子編儒家類，馬國翰序曰：「陶潛《聖賢群輔錄》云：『漆雕氏傳《禮》為道，為恭儉莊敬之儒。』蓋孔子以《禮》傳開，開之後世習其學，因述開言以成此書。」

【作者情況】

《史記‧仲尼弟子列傳》：「漆雕開，字子開。孔子使開仕，對曰：『吾斯之未能信。』孔子說。」南朝宋裴駰《史記集解》引鄭玄曰：「魯人也。」唐張守節《史記正義》引《孔子家語》云：「蔡人，字子若，少孔子十一歲。習《尚書》，不樂仕。」舊本題晉陶潛《聖賢群輔錄》曰：「漆雕氏傳《禮》為道，為恭儉莊敬之儒。」宋鄭樵（1104～1162）《通志‧氏族略》曰：「漆雕氏不知其本，《史記》漆雕徒父、漆雕開、漆雕哆並仲尼弟子。」宋王應麟（1223～1296）《漢藝文志考證》卷五曰：「《史記》列傳『漆雕開，字子開』，蓋名啓，字子開，《史記》避景帝諱也。《論語》注以『開』為名。著書者其後也。」〈古今人表〉列「漆彫啓」於第三等上下智人。清梁玉繩（1744～1819）《人表考》曰：「漆雕開，始見《論語》。漆雕，姓；又名憑，字子開，又作子若，又作子修，魯人。開元贈滕伯，宋封平輿侯。案《論語》舊本原作『彫』，《釋文》、《唐石經》可證。《史記》及此表皆從彡。雕、彫本通，故《韓子‧顯學》『漆雕氏』、本書〈藝文志〉『漆雕子』，均作『雕』也。漆彫名啓，〈表〉、〈志〉兩見，《論語》書其字，《史記》稱『漆彫開，字子開』者，上『開』本是『啓』，避景帝諱改。自孔安國於《論語》誤注開名，而其名遂隱，幸班氏忘諱直書，先賢名字昭然矣。《家語》作『漆雕開』，乃王素不考，而謬襲孔注、史傳爾。」馬國翰輯本序曰：「考《韓非子》引漆雕之議，王充《論衡》稱其言性，又《家語》載『孔子問漆雕憑』一節，《說苑》亦載之，作『漆雕馬人』，意者憑名，馬人其字，以孔子歎美其言，而稱為漆雕氏之子，或即著書之人歟？」梁啓超（1873～1929）《漢書藝文志諸子略考釋》曰：「漆雕啓即《論語》之漆雕開。注云『漆雕啓後』，似謂著書者非啓而啓之後人也；《說苑》記孔子與漆雕馬人問答語，偽《家語》作『漆雕憑』，或即其人歟？

《韓非子‧顯學篇》敘述八儒，有漆雕氏之儒，則其學派在戰國時蓋甚光大。韓非述其學風：『不色撓，不目逃，行曲則連於臧獲，行直則怒於諸侯。』此蓋儒而兼俠者。《論衡》亦述其論性語。」楊樹達（1885～1956）《漢書窺管‧藝文志第十》：「『後』字蓋衍文。《志》文順序謹嚴，決非妄列。此條前為《曾子》十八篇，後為《宓子》十六篇，曾、宓皆孔子弟子，則漆雕開亦當為孔子弟子。若是漆雕開之後，不應置《宓子》之前。」劉咸炘（1896～1932）《子疏》定本卷上〈孔裔第二〉：「漆雕既非開，宓子殆亦必非子賤。世子著《養書》一篇，其所謂性有善有惡，又與有性善有性不善不同，與公都子所稱，及告子、荀子、孟子之說，共為六說。性善之旨亡，學始多歧矣。」張舜徽（1911～1992）《漢書藝文志通釋》卷三曰：「楊說是也。其人名啟，字子開。周秦名字多相應，啟即開也。……考《韓非子‧顯學篇》敘述八儒，有漆雕氏之儒，則在戰國時實為有力之學派。韓非述其學風『不色撓，不目逃；行曲則違於臧獲，行直則怒於諸侯』。此殆儒而有勇、以俠義自任者。」孫啟治等曰：「《史記‧仲尼弟子列傳》有漆雕開其人，字子開，《索隱》引鄭玄注稱魯人，《孔子家語》則云蔡人。……《家語》引漆雕憑與孔子對答一節，亦見《說苑》，而作『漆雕馬人』。馬氏謂其人蓋名憑字馬人，即《漢志》所謂漆雕啟之後。《續修四庫提要》謂『馬人』當是『憑』字之訛而為二字者。又楊樹連《漢書窺管》謂《漢志》注『漆雕啟後』之『後』字為衍文，則以此書為漆雕啟自撰（郭沫若《十批判書》說同）。按先秦子書有自著者，有弟子或後人掇其言行以成書者，更有依託為之者。《漆雕子》久佚，其詳不可知，楊說無據。」〔註18〕

【學術大旨】

　　《韓非子‧顯學》篇曰：「世之顯學，儒、墨也。儒之所至，孔丘也。自孔子之死也，有子張之儒，有子思之儒，有顏氏之儒，有孟氏之儒，有漆雕氏之儒。……漆雕之議，不色撓，不目逃，行曲則違於臧獲，行直則怒於諸侯，世主以為廉而禮之。」又曰：「孔子之後，儒分為八。有子張氏、子思氏、顏氏、孟氏、漆雕氏、仲良氏、公孫氏、樂正氏之儒。」《孔子家語‧好生》：「孔子曰：『君子哉漆雕氏之子！其言人之美也隱而顯，言人之過也微而著，智而不能及，明而不能見，孰克如此。』」清熊賜履《學統》卷三十三列漆雕開於

〔註18〕孫啟治、陳建華：《中國古佚書輯本目錄解題》，上海古籍出版社，2009 年版，第 206 頁。

附統〔註19〕。馬國翰輯本序曰：「其說不色撓，不目逃，行曲則違於臧獲，行直則怒於諸侯。與孟子述北宮黝之養勇、曾子謂子襄自反而縮語意吻合，意孟子述其語，至言人性有善有惡，與宓子、世碩、公孫尼同旨。雖有異乎孟子性善之說，各尊所聞，初不害其爲儒宗也。」梁啓超（1873～1929）《漢書藝文志諸子略考釋》曰：「此蓋儒而兼俠者。」羅焌（1874～1932）《諸子學述》曰：「漆雕之議，與曾子、孟子所述相同，此儒家養勇之學也。至馬氏國翰所輯《孔子家語》中孔子問漆雕憑一節，王充《論衡》引漆雕開『性有善有惡』一語，陶潛《聖賢群輔錄》云『漆雕氏傳禮爲道，爲恭儉莊敬之儒』，皆編爲漆雕子書。疑未敢定，姑從略焉。」〔註20〕郭沫若（1892～1978）《十批判書‧儒家八派的批判》：「漆雕氏之儒是孔門的任俠一派。《顯學篇》言：『漆雕之議，不色撓，不目逃，行曲則違於臧獲，行直則怒於諸侯。』這種矜氣尙勇的態度和孟子所說的『北宮黝之養勇也』相彷彿，後者也是：『不膚撓，不目逃，思以一毫挫於人，若撻之於市朝。不受於褐寬博，亦不受於萬乘之君，視刺萬乘之君若刺褐夫。無嚴諸侯，惡聲至，必反之。』北宮黝雖然沒有『行曲則違於臧獲』的一層，但孟子所說的是他受了委屈時的態度，假使他不是受了委曲，毫無『一毫挫於人』的地方，我相信他對於『褐寬博』也是決不會侵犯的。孟子又說『北宮黝似子夏』，大約這位北宮先生也就是漆雕氏之儒的一人了。漆雕究竟是誰呢？孔門弟子中有三漆雕，一爲漆雕開，一爲漆雕哆，又一爲漆雕徒父，但從能構成爲一個獨立的學派來看，當以漆雕開爲合格。他是主張『人性有善有惡』的人，和宓子賤、公孫尼子、世碩等有同一的見解。王充《論衡‧本性篇》替我們保存了這項資料。……漆雕子與宓子雖同是孔子弟子，但前者少孔子十一歲，後者少孔子四十九歲，兩人之間可能是義兼師友的。兩人不僅學說相同，遭遇亦頗近似。《墨子‧非儒》篇言『漆雕刑殘』，《孔叢子‧詰墨》篇引作漆雕開，而《韓非‧難言》篇言『宓子賤不鬥而死人手』。這顯然是由於矜氣尙廉，藐視權威的原故所致了。又《禮記》有《儒行》篇盛稱儒者之剛毅特立，或許也就是這一派儒者的典籍吧。」〔註21〕

〔註19〕　《學統凡例》曰：「聖門群賢，歷代諸儒，見於傳記，言行可考者，君子論其世，想見其爲人，皆得與於斯文者也，名曰附統。於聖門得冉伯牛而下十六人；卜、曾、孟三子之門得公羊高而下六人；秦漢以後，得丁寬而下一百五十有六人，其僅存姓氏，無可考見者弗錄。」

〔註20〕　羅焌：《諸子學述》，嶽麓書社，1995 年版，第 147 頁。

〔註21〕　郭沫若：《十批判書》，人民出版社，2012 年版，第 113～114 頁。

《宓子》十六篇。名不齊，字子賤，孔子弟子。（師古曰：「宓讀與伏同。」）

【存佚著錄】

今亡佚。《隋書‧經籍志》、《舊唐書‧經籍志》、《新唐書‧藝文志》等皆未著錄，早已亡佚。《宓子》之輯本有二種：其一爲馬國翰所輯《宓子》一卷，見《玉函山房輯佚書》子編儒家類，馬國翰序曰：「《家語》、《韓非子》、《呂氏春秋》、《淮南子》、《說苑》諸書時引佚說，彼此互有同異。茲據參訂，錄爲一帙，記單父治績爲多，仁愛濟之以才智，可爲從政者法。」其二爲李峻之所輯《宓子》二條，見《古史辨》第六冊〈呂氏春秋中古書輯佚〉，據《呂氏春秋》〈具備〉、〈察賢〉二篇輯錄，其中〈察賢〉一條，馬國翰輯入《景子》，孫啓治等認爲「未標明爲景子所言，馬氏亦懸測而已」〔註22〕。

【作者情況】

《史記‧仲尼弟子列傳》：「宓不齊，字子賤。少孔子四十九歲。孔子謂：『子賤君子哉！魯無君子，斯焉取斯？』子賤爲單父宰，反命於孔子，曰：『此國有賢不齊者五人，教不齊所以治者。』孔子曰：『惜哉不齊所治者小，所治者大則庶幾矣。』」南朝宋裴駰《史記集解》引孔安國曰：「魯人。」唐張守節《史記正義》引《顏氏家訓》云：「兗州永昌郡城，舊單父縣地也。東門有子賤碑，漢世所立，乃云濟南伏生即子賤之後，是『宓』之與『伏』古來通，字誤爲『宓』，較可明矣。虙字從『虍』，音呼；宓從『宀』，音綿。下俱爲『必』，世傳寫誤也。」唐司馬貞《史記索隱》引《孔子家語》云：「魯人，字子賤，少孔子四十九歲。」《呂氏春秋‧具備》曰：「宓子賤治亶父，恐魯君之聽讒人，而令己不得行其術也。將辭而行，請近吏二人於魯君，與之俱至於亶父。邑吏皆朝，宓子賤令吏二人書。吏方將書，宓子賤從旁時掣搖其肘。吏書之不善，則宓子賤爲之怒。吏甚患之，辭而請歸。宓子賤曰：『子之書甚不善，子勉歸矣。』二吏歸報於君，曰：『宓子不可爲書。』君曰：『何故？』吏對曰：『宓子使臣書，而時掣搖臣之肘，書惡而有甚怒，吏皆笑宓子，此臣所以辭而去也。』魯君太息而歎曰：『宓子以此諫寡人之不肖也。寡人之亂子，而令宓子不得行其術，必數有之矣。微二人，寡人幾過。』遂發所愛，而令之

〔註22〕 孫啓治、陳建華：《中國古佚書輯本目錄解題》，上海古籍出版社，2009年版，第207頁。

亶父，告宓子曰：『自今以來，亶父非寡人之有也，子之有也。有便於亶父者，子決爲之矣。五歲而言其要。』宓子敬諾，乃得行某術於亶父。」又〈察賢〉曰：「宓子賤治單父，彈鳴琴，身不下堂而單父治。巫馬期以星出，以星入，日夜不居，以身親之，而單父亦治。巫馬期問其故於宓子。宓子曰：『我之謂任人，子之謂任力。任力者故勞，任人者故逸。』宓子則君子矣，逸四肢，全耳目，平心氣，而百官以治義矣，任其數而已矣。巫馬期則不然，弊生事精，勞手足，煩教詔，雖治猶未至也。」〈古今人表〉列「子賤」與第三等上下智人。清梁玉繩（1744～1819）《人表考》曰：「子賤，始見《論語》，即宓不齊，魯人，字子賤，宓羲之後，亦曰宓賤，亦曰宓子，亦曰密子，亦曰處生，亦曰季子。不鬥而死人手，葬鳳陽府壽州東南六十里。開元贈單伯，宋封單父侯。案《顏氏家訓》謂『伏』、『處』古通，俗誤以處爲宓，或復加山，考《淮南‧泰族》『密子』、《論衡‧本性》『密子賤』、《家語》『密不齊』，皆作『密』，而書傳中『處』字多寫『宓』，蓋古借『宓』爲『處』之省文，不定是誤。因宓元音覓畢切，遂轉誤作『密』，辨見《史記志疑》廿八。」又清熊賜履《學統》列宓不齊於卷三十三附統。

【學術大旨】

漢王充（27～97）《論衡‧本性篇》曰：「宓子賤、漆雕開、公孫尼子之徒亦論情性，與世子相出入，皆言性有善有惡。」梁啓超（1873～1929）《漢書藝文志諸子略考釋》引申曰：「據此可見，孔門討論人性問題，當以漆雕、宓二子爲最先。」羅焌（1874～1932）《諸子學述》曰：「宓子在孔門，蓋長於政治者，故其爲政，以任人尊賢爲要。用人則必專任之而不掣其肘，尊賢則必師事之而得盡其材，使民以義而絕彼幸災樂禍之心，教民以誠而化彼陽奉陰違之習。……《論語》云：『子謂子賤，君子哉若人！魯無君子者，斯焉取斯。』清劉氏寶楠正義曰：『孔子所云魯之君子，即指所父事、兄事、所友、所師者言。宓子爲政，在能得人。故《說苑》又載子賤告孔子以三得，終之以朋友益親。孔子贊美子賤能取人，而又以見魯多君子也。』今案：宓子實傳孔門誠此形彼之學。惟至誠爲能動物。故其事上也，則得魯君之信用，其取人也，則得賢才之輔助，其化民也，則得百姓之歡心。宜乎巫馬王稱其至德，孔子擬之塞受也。徒從治績論之，淺矣。」〔註23〕顧實（1878～1956）《漢

〔註23〕 羅焌：《諸子學述》，嶽麓書社，1995 年版，第 147～150 頁。

書藝文志講疏》三〈諸子略〉曰：「蓋孔子歿而儒分爲八，漆雕氏之儒居其一，此派實最與黃老道德之術相近者也。」張舜徽（1911～1992）《漢書藝文志通釋》卷三曰：「宓子賤在孔門，蓋長於政治者。其言論行事分載於《呂氏春秋》〈具備〉、〈察賢〉篇，賈誼《新書》〈審微〉篇，劉向《說苑》〈政理〉篇者，至爲詳贍，不能備引也。要其致治大歸，以任人、尊賢爲要。用人則必專任之而不掣其肘，尊賢則必師事之而得盡其材。使民以義，而絕彼此幸災樂禍之心；教民以誠，而化彼陽奉陰違之習。故其所治者雖小至單父一邑，可推之以爲天下，是以孔子亟稱之。」

《景子》三篇。說宓子語，似其弟子。

【存佚著錄】

今亡佚。《隋書・經籍志》、《舊唐書・經籍志》、《新唐書・藝文志》等已不著錄，早已亡佚。輯本有馬國翰所輯《景子》一卷，見《玉函山房輯佚書》子編儒家類，馬國翰序曰：「《漢志》儒家有《景子》三篇，說宓子語，似其弟子，《隋》、《唐志》不著錄，佚已久。考《韓詩外傳》、《淮南子》載宓子語各一節，俱有論斷，與班固所云『說宓子語』者正合。據補，依《漢志》與宓子比次，明其淵源有自云。」然所錄僅二則，所記皆宓子事，故梁啓超（1873～1929）《漢書藝文志諸子略考釋》斥之曰：「馬輯一卷，與所輯《宓子》重複，殊無取。」張舜徽（1911～1992）《漢書藝文志通釋》卷三曰：「馬國翰雖有輯本，然所錄僅二則，所記皆宓子事，不當別自爲書。」孫啓治等亦曰：「《韓詩外傳》二、《呂氏春秋》〈察賢〉等引宓子賤語二節，皆有評語附其後，馬國翰以爲即景子所記，與《漢志》注云『說宓子語』正合，故據以輯存。按此二節評語未明標爲景子所言，馬氏亦懸測而已。且其書久佚，《漢志》所謂『說宓子語』者，爲評宓子語邪？抑述宓子語邪？此未能詳也。」〔註24〕

【作者情況】

宋鄧名世《古今姓氏書辯證》卷二十七「三十八梗・景」曰：「出自姜姓，齊景公之後，以諡爲氏，景丑、景春皆其裔也。戰國時，景氏世爲楚相，景

〔註24〕孫啓治、陳建華：《中國古佚書輯本目錄解題》，上海古籍出版社，2009年版，第207頁。

翠、景鯉、景舍，尤其顯者。後有景差，能賦。或云楚之公族，別爲景氏。」
宋鄭樵《通志・氏族略》云：「昭、屈、景，楚之三族也。昭氏、景氏則以諡
爲族者也。」

【學術源流】

清沈欽韓（1775～1831）《漢書疏證》卷二十五曰：「《孟子》書有景子。」
今按：景子見《孟子・公孫丑下》：「孟子將朝王，王使人來曰：『寡人如就見
者也，有寒疾，不可以風。朝將視朝，不識可使寡人得見乎？』對曰：『不幸
而有疾，不能造朝。』明日，出弔於東郭氏，公孫丑曰：『昔者辭以病，今日
弔，或者不可乎？』曰：『昔者疾，今日愈，如之何不弔？』王使人問疾，醫
來。孟仲子對曰：『昔者有王命，有採薪之憂，不能造朝。今病小愈，趨造於
朝，我不識能至否乎？』使數人要於路，曰：『請必無歸，而造於朝！』不得
已而之景丑氏宿焉。景子曰：『內則父子，外則君臣，人之大倫也。父子主恩，
君臣主敬。丑見王之敬子也，未見所以敬王也。』曰：『惡！是何言也！齊人
無以仁義與王言者，豈以仁義爲不美也？其心曰是何足與言仁義也云爾，則
不敬莫大乎是。我非堯舜之道，不敢以陳於王前，故齊人莫如我敬王也。』
景子曰：『否，非此之謂也。禮曰：父召，無諾；君命召，不俟駕。固將朝也，
聞王命而遂不果，宜與夫禮若不相似然。』曰：『豈謂是與？』」顧實（1878
～1956）《漢書藝文志講疏》三〈諸子略〉曰：「兵形勢家《景子》十三篇，
蓋非同書。」

《世子》二十一篇。名碩，陳人也，七十子之弟子。

【存佚著錄】

今亡佚。《隋書・經籍志》、《舊唐書・經籍志》、《新唐書・藝文志》皆不
著錄，早已亡佚。輯本有馬國翰所輯《世子》一卷，見《玉函山房輯佚書》
子編儒家類，馬國翰序曰：「《漢志》儒家《世子》二十一篇，《隋志》不及著
錄，佚已久。唯董仲舒《春秋繁露》、王充《論衡》引之，並據採錄，附充說
以備參證。」

【作者情況】

宋鄧名世《古今姓氏書辯證》卷三十一稱：「世氏出自春秋衛世叔氏之後，

去『叔』爲世氏。《漢・藝文志》陳人世碩著《世子》二十一篇。」顧實（1878
～1956）《漢書藝文志講疏》三〈諸子略〉曰：「王充曰：『周人世碩以爲人性
有善有惡。舉人之善性，養而致之，則善長。惡性，養而致之，則惡長。如
此，則性各有陰陽善惡，在所養焉。故世子作《養書》一篇。』此以世子爲
周人，與班《注》異，蓋傳聞異詞。」錢穆（1895～1990）《先秦諸子繫年・
諸子攟逸》曰：「當孟子時論性者，告子曰『性無善無不善』，或曰『性可以
爲善，可以爲不善』，或曰『有性善，有性不善』。今《世子》則謂『性有善
有惡』，蓋出三說之外，兩取孟、荀以爲說。其書應出荀卿後。《春秋繁露・
俞序》篇亦引《世子》，其書據《春秋》發議，尤爲晚出一證，殆與公孫尼子
同時耳。班注以爲陳人，陳亡遠在前。《論衡》謂之周人，不知謂周代人耶？
抑周地人耶？與班異，無可定。」張舜徽（1911～1992）《漢書藝文志通釋》
卷三曰：「《論衡》以世子爲周人，蓋指其時，謂爲周末戰國時人也。班《注》
謂爲陳人，則指其所生之地。各言其一，非異辭也。」

【學術大旨】

　　漢王充（27～97）《論衡・本性》篇曰：「情性者，人治之本，禮樂所由
生也。故原情性之極，禮爲之防，樂爲之節。性有卑謙辭讓，故制禮以適其
宜；情有好惡喜怒哀樂，故作樂以通其敬。禮所以制，樂所爲作者，情與性
也。昔儒舊生著作篇章，莫不論說，莫能實定。周人世碩以爲，人性有善有
惡，舉人之善性，養而致之，則善長；惡性，養而致之，則惡長。如此，則
性各有陰陽善惡，在所養焉。故世子作〈養書〉一篇。宓子賤、漆雕開、公
孫尼子之徒亦論性情，與世子相出入，皆言性有善有惡。……自孟子以下至
劉子政，鴻儒博生，聞見多矣。然而論情性竟無定是。唯世碩、公孫尼子之
徒頗得其正。由此言之，事易知，道難論也。酆文茂記，繁如榮華，恢諧劇
談，甘如飴蜜，未必得實。實者，人性有善有惡，猶人才有高有下也。高不
可下，下不可高。謂性無善惡，是謂人才無高下也。稟性受命，同一實也。
命有貴賤，性有善惡，謂性無善惡，是謂人命無貴賤也。九州田土之性，善
惡不均，故有黃、赤、黑之別，上、中、下之差。水潦不同，故有清濁之
流，東、西、南、北之趣。人稟天地之性，懷五常之氣，或仁或義，性術乖
也。動作趨翔，或重或輕，性識詭也。面色或白或黑，身形或長或短，至老
極死，不可變易，天性然也。余固以孟軻言人性善者，中人以上者也；孫卿
言人性惡者，中人以下者也；揚雄言人性善惡混者，中人也。若反經合道，

則可以爲教，盡性之理，則未也。」梁啓超（1873～1929）《漢書藝文志諸子略考釋》據此認爲：「世子學說要點存者止此。《春秋繁露・俞序》篇亦引世子語。」馬國翰輯本序亦曰：「充謂世子言人性有善有惡云云，作〈養書〉一篇。又謂宓子賤、漆雕開、公孫尼子之徒，說情性與世子相出入。復舉孟子、荀卿、揚子雲、劉子政等說，皆言非實，而以世碩及公孫尼子爲得正。按碩亦聖門之徒，雖其持論與子輿氏不同，而各尊所聞，要亦如游、夏門人之論與？」陳朝爵（1876～1939）《漢書藝文志約說》卷二曰：「善惡陰陽之說，實宋程朱大儒理之說所自出，許叔重以陰陽言性情，亦一義也。」羅焌（1874～1932）《諸子學述》曰：「世子以陰陽言性，其說亦本孔子《易傳》云：『一陰一陽之謂道，繼之者善也，成之者性也。』惟言性有善有惡，與孔子之說稍異。然兩漢學者多採用之。其最著者如董仲舒云：『人之誠有貪有仁。仁貪之氣，兩在於身。身之名取諸天，天兩有陰陽之施，身亦兩有貪仁之性。』許氏愼云：『性，人之陽氣，性善者也。情，人之陰氣，有欲者也。』此皆言人性各有陰陽，又兩有善惡。殆遠承世王、宓王、漆雕開、公孫尼之學說，非爲孟、荀作調人也。」〔註25〕

《魏文侯》六篇。

【存佚著錄】

今亡佚。《隋書・經籍志》、《舊唐書・經籍志》、《新唐書・藝文志》皆不著錄，早已亡佚。《魏文侯》之輯本有二種：其一爲馬國翰所輯《魏文侯書》一卷，見《玉函山房輯佚書》子編儒家類，馬國翰序曰：「考《禮記・樂記》載〈魏文侯問樂〉一篇。案：劉向《別錄》，《樂記》三十三篇，〈魏文侯〉爲第十一篇。以《樂記》佚篇有〈季札〉、〈竇公〉例之，〈季札〉篇採自《左傳》，〈竇公〉篇取諸《周官》，知此篇爲文侯本書，而河間獻王輯入《樂記》也。又《戰國策》、《呂氏春秋》、《韓詩外傳》、《淮南子》、《新序》、《說苑》、《通典》諸書亟引《魏文侯》，皆佚文之散見者。並據裒輯，凡二十四節，錄爲一卷。」其二爲李峻之所輯《魏文侯》四條，見《古史辨》第六冊《呂氏春秋中古書輯佚》。孫啓治等曰：「《禮記・樂記》載魏文侯〈問樂〉一篇，馬國翰

〔註25〕 羅焌：《諸子學述》，嶽麓書社，1995 年版，第 152 頁。

以爲已採自文侯書者，因據以輯出，更從《戰國策》、《呂氏春秋》、《說苑》、《新序》等採得記文侯言行之文二十餘節附益之。李峻之僅從《呂氏春秋》採得四節，其文均已見馬輯。」〔註26〕

【作者情況】

　　《史記・魏世家》曰：「魏桓子與韓康子、趙襄子共伐滅智伯，分其地。桓子之孫曰文侯，都魏。文侯元年，秦靈公之元年也。與韓武子、趙桓子、周威王同時。……文侯受子夏經藝，客段干木，過其閭，未嘗不軾也。秦嘗欲伐魏，或曰：『魏君賢人是禮，國人稱仁，上下和合，未可圖也。』文侯由此得譽於諸侯。任西門豹守鄴，而河內稱治。三十八年，文侯卒。」南朝宋裴駰《史記集解》：「徐廣曰：『《世本》曰斯也。』」唐司馬貞《史記索隱》曰：「《系本》云：『桓子生文侯斯。』其傳云：『孺子㷭是魏駒之子。』與此繫代亦不同也。」馬國翰輯本序曰：「案《竹書紀年》：『周考王元年，魏文侯立。安王十五年，魏文侯卒。』侯封未改，史遷不繫之周，而繫之秦，非也。茲據《世本》，題周魏侯斯，不從《史記》。」《漢書・藝文志・六藝略・樂家類敍》曰：「六國之君，魏文侯最爲好古。」《漢書・古今人表》列魏文侯於第四等中上。清梁玉繩（1744～1819）《人表考》曰：「魏文侯，始見《禮・樂記》、《戰國・秦》、《魏策》，桓子孫，始見《史・魏世家》。名斯，亦曰孺子㷭，立二十一年爲侯，又十七年卒，凡三十八年，葬汾州孝義縣西五里。案《世本》，桓子生文侯。惟《世家》以文侯爲桓子孫，未定孰是。文侯之名，《史・表》、《世本》並作『斯』，《國策》吳注作『勘』，乃『斯』之訛也。《唐表》七十二中謂名都，殊非。蓋《世家》云：『桓子之孫曰文侯，都魏。』讀者誤絕『都』字爲句，以『魏』字連下『文侯元年』作一句，又各本攛徐廣注於『都』字下，遂錯認爲名耳。」清沈濤（約1792～1855）《銅熨斗齋隨筆》卷四「竇公」條曰：「《藝文志》云：『六國之時魏文侯最爲好古，孝文時得其樂人竇公獻其書，乃《周官・大宗伯》之樂章也。』是竇公乃魏文侯樂人。至漢猶存，獻書乃孝文時事。姓竇而失其名，故稱曰公。《廣韻》一東引《文字志》云：『魏文侯時有古樂人竇公氏，獻古文樂書一篇。』是以獻書爲魏文侯時事，且以竇公爲複姓，誤矣。師古注引桓譚《新論》云：『竇公年百八歲，兩目皆盲，文帝奇之云云。』正孟堅所本。」

〔註26〕孫啓治、陳建華：《中國古佚書輯本目錄解題》，上海古籍出版社，2009年版，第207頁。

【學術大致】

馬國翰序曰:「中多格言,湛深儒術,而容直納諫之高風,尊賢下士之盛德,尤足垂範後世焉。」清王先謙(1842～1917)《漢書補注》引葉德輝曰:「《樂記》引魏文侯問子貢樂;《魏策》載魏文侯辭韓索兵,疑樂羊烹子,命西門豹治鄴,與虞人期獵;《呂覽》〈期賢〉篇引魏文侯式段干木之閭,〈樂成〉篇引魏文侯與田子方論收養孤,〈自知〉篇引魏文侯問任痤君德;《淮南‧人間訓》引魏文侯不賞解扁索封上計;《韓詩外傳》引魏文侯問狐卷子;《說苑》〈君道〉篇引魏文侯賦鼓琴,〈復恩〉篇引樂羊攻中山,〈尊賢〉篇引魏文侯下車趨田子方及觴大夫子曲陽,〈善說〉篇引魏文侯與大夫飲酒,使公乘不仁為觴政,〈反質〉篇引御廩災,魏文侯素服避正殿;《新序》〈雜事二〉引魏文侯出遊,見路人負芻,〈雜事四〉引魏文侯與公季成議田子方,〈刺奢〉篇引魏文侯見箕季,問牆毀;其言皆近理,當在此六篇中。」清姚振宗(1842～1906)《漢書藝文志條理》卷二亦云:「魏文侯有《孝經傳》,王深甯氏以為在《孝經雜傳》四篇中,然亦疑在此六篇中也。」梁啓超(1873～1929)《漢書藝文志諸子略考釋》曰:「章學誠疑魏文侯、平原君之徒皆無著書,《漢志》所載,或他人著書之篇名,如《孟子》書中『梁惠王』之類,亦足備一說。」張舜徽(1911～1992)《漢書藝文志通釋》卷三曰:「今觀《禮記‧樂記》中,有魏文侯問樂於子夏一章,蔡邕《明堂月令論》引魏文侯《孝經傳》一條,足徵文侯深於經術,故有譽於當時。其為政能容直納諫,尊賢下士,皆自儒學中出,故其書列入儒家。章學誠嘗疑魏文侯、平原君之徒,皆無述造。《漢志》所錄,或他人著書之篇名,如《孟子》書中〈梁惠王〉之類耳。其說足備一解。」

《李克》七篇。子夏弟子,為魏文侯相。

【存佚著錄】

今亡佚。《隋書‧經籍志》、《舊唐書‧經籍志》、《新唐書‧藝文志》皆不著錄,早已亡佚。《李克》之輯本有二種:其一為馬國翰所輯《李克書》一卷,見《玉函山房輯佚書》子編儒家類,馬國翰序曰:「陸德明《經典釋文‧詩敘錄》云:『子夏傳曾申,申傳魏人李克,克傳魯人孟仲子。』〔註27〕陸璣《毛

〔註27〕梁啓超《漢書藝文志諸子略考釋》曰:「果爾,則克是子夏再傳弟子矣。」

詩疏》謂：『卜商爲之序，以授魯人申公，申以授魏人李克。』案：曾申，曾子之子，克先從曾申受《詩》，爲子夏再傳弟子。後子夏居魏，親從問業，故班固以爲子夏弟子也。其書隋、唐《志》不著錄，佚已久。惟劉淵林《魏都賦注》引一條，明標《李克書》。考《呂氏春秋》、《淮南子》、《韓詩外傳》、《史記》、《新序》、《說苑》亟引李克對文侯語，雖互有同異，要從本書取之。茲據輯錄，凡七節。」其二爲李峻之所輯《李克》二條，見《古史辨》第六冊〈呂氏春秋中古書輯佚〉。孫啓治等曰：「《文選・魏都賦》李善注引《李克書》一節，《史記》、《韓詩外傳》、《說苑》等引李克對文侯語，馬國翰並爲輯出，凡得七節。李峻之僅採《呂氏春秋》引二節，已見馬輯。」〔註28〕

【作者情況】

《呂氏春秋・離俗覽・適威》：「魏武侯之居中山也，問於李克曰：『吳之所以亡者何也？』李克對曰：『驟戰而驟勝。』武侯曰：『驟戰而驟勝，國家之福也。其獨以亡，何故？』對曰：『驟戰則民罷，驟勝則主驕。以驕主使罷民，然而國不亡者，天下少矣。驕則恣，恣則極物；罷則怨，怨則極慮。上下俱極，吳之亡猶晚，此夫差之所以自殁於干隧也。』」《史記・魏世家》曰：「魏文侯謂李克曰：『先生嘗教寡人曰：家貧則思良妻，國亂則思良相。今所置非成則璜，二子何如？』李克對曰：『臣聞之，卑不謀尊，疏不謀戚。臣在闕門之外，不敢當命。』文侯曰：『先生臨事勿讓。』李克曰：『君不察故也。居視其所親，富視其所與，達視其所舉，窮視其所不爲，貧視其所不取，五者足以定之矣，何待克哉！』文侯曰：『先生就舍，寡人之相定矣。』李克趨而出，過翟璜之家。翟璜曰：『今者聞君召先生而卜相，果誰爲之？』李克曰：『魏成子爲相矣。』翟璜忿然作色曰：『以耳目之所睹記，臣何負於魏成子？西河之守，臣之所進也。君內以鄴爲憂，臣進西門豹。君謀欲伐中山，臣進樂羊。中山以拔，無使守之，臣進先生。君之子無傅，臣進屈侯鮒。臣何以負於魏成子！』李克曰：『且子之言克於子之君者，豈將比周以求大官哉？君問而置相非成則璜，二子何如？克對曰：君不察故也。居視其所親，富視其所與，達視其所舉，窮視其所不爲，貧視其所不取，五者足以定之矣，何待克哉！是以知魏成子之爲相也。且子安得與魏成子比乎？魏成子以食祿千鍾，什九在外，什一在內，是以東得卜子夏、田子方、段干木。此三人者，

〔註28〕　孫啓治、陳建華：《中國古佚書輯本目錄解題》，上海古籍出版社，2009 年版，第 207 頁。

君皆師之。子之所進五人者，君皆臣之。子惡得與魏成子比也？』翟璜逡巡再拜曰：『璜，鄙人也，失對，願卒爲弟子。』」陸璣《詩疏》曰：「孔子刪《詩》，授卜商。商爲之序，以授魯人曾申。申授魏入李克。克授魯人孟仲子。仲子授根牟子。根牟子授趙人荀卿。」《漢書·古今人表》列李克於第四等中上。清梁玉繩《人表考》曰：「李克始見《呂覽·適威》，《史·魏世家》，又作里克，又作季充（《呂覽·舉難》。因形近而訛），子夏弟子。（本書〈藝文志〉。而《釋文》一云：『子夏傳《詩》曾申，申傳魏人李克。』則克是子夏門人也。）」陳朝爵（1876～1939）《漢書藝文志約說》卷二亦曰：「魏文侯師子夏，問子貢樂，式段干木之閭，實尊德樂義之賢主。克爲子夏弟子，爲文侯相。《經典釋文》云子夏傳《詩》於魯申，申傳魏人李克，則克爲子夏再傳弟子。觀此而孔門傳授源流可略睹。」

【學術源流】

　　宋王應麟（1223～1296）《漢藝文志考證》卷五曰：「《韓詩外傳》、《說苑》魏文侯問李克。《文選·魏都賦》注引《李克書》。」馬國翰輯本序曰：「其論『奪淫民之祿，以來四方之士』，與『不禁技巧，則國貧民侈』，皆能扼政術之要。敘次《文侯書》後，即君臣同心共治，可想見西河之教澤焉。」羅焌（1874～1932）《諸子學述》曰：「李克受業孔氏之門人，又得田王直、段干木諸賢爲之師友，其詩學傳諸孟仲子。其治術行乎魏文侯，實卓然儒家者流也。」〔註29〕顧實（1878～1956）《漢書藝文志講疏》三〈諸子略〉曰：「法家《李子》三十二篇，兵權謀家《李子》十篇，蓋俱非一書。」張舜徽（1911～1992）《漢書藝文志通釋》卷三亦曰：「李克既受業孔子之門人，又得田子方、段干木諸賢爲之師友。其詩學傳諸孟仲子，其治術行乎魏文侯，實卓然儒家者流。」今按：張舜徽此處與羅焌如出一轍。

《公孔尼子》二十八篇。七十子之弟子。

【存佚著錄】

　　今亡佚。《隋書·經籍志》、《舊唐書·經籍志》、《新唐書·藝文志》皆著錄一卷，《崇文總目》、《郡齋讀書志》、《直齋書錄解題》皆不著錄，當亡於宋

〔註29〕羅焌：《諸子學述》，嶽麓書社，1995年版，第156頁。

代。《公孫尼子》之輯本有三種：其一爲洪頤煊（1765～1837）所輯《公孫尼子》一卷，見《經典集林》；其二爲馬國翰所輯《公孫尼子》一卷，見《玉函山房輯佚書》子編儒家類，馬國翰序曰：「馬總《意林》引六節，標目云《公孫文子》一卷。『文』爲『尼』字之誤。《隋書・音樂志》引沈約奏答，謂〈樂記〉取公孫尼子。《禮記正義》引劉瓛云：『〈緇衣〉，公孫尼子作。』除二篇今存《戴記》外，餘皆佚矣。茲從《意林》、《御覽》及《春秋繁露》、《北堂書鈔》、《初學記》諸書輯錄。」其三爲顧觀光所輯《公孫尼子》，見《古書逸文》。孫啓治等曰：「沈約謂《禮記・樂記》篇取於《公孫尼子》（《隋書・音樂志》），劉瓛謂《禮記・緇衣》篇爲公孫尼子所作，洪頤煊、馬國翰、顧觀光均以此二篇明見《禮記》，故不具錄，別從《意林》及唐、宋類書等輯得佚文十餘節。洪採稍多，其中『良匠不能斲』、『屈到貙冠』、『樂者先王所以飾喜也』、『樂者審一以定和』四節爲馬所無，後二節則爲顧所無。唯馬採《春秋繁露》引一節，文多於洪採自《太平御覽》者。」〔註30〕梁啓超（1873～1929）《漢書藝文志諸子略考釋》亦曰：「《初學記》引《公孫尼子》『云：「樂者，審二以定和，比物以飾節。」《意林》引《公孫尼子》云：「樂者，先王所以飾喜也。」語皆在今《樂記》中，則沈約之說信矣。《北堂書鈔》、《文選注》皆引《公孫尼子》，則其書唐時尚存。」

【作者情況】

　　宋王應麟（1223～1296）《漢書藝文志考證》卷五曰：「《隋》、《唐志》一卷，似孔子弟子。沈約謂〈樂記〉取公孫尼子。劉瓛云：『〈緇衣〉，公孫尼子所作也。』馬總《意林》引之。」張舜徽（1911～1992）《漢書藝文志通釋》卷三曰：「今觀《初學記》、《意林》諸書所引《公孫尼子》，皆在〈樂記〉中，沈說可信。至於〈緇衣〉，乃出《子思子》，劉說非也。」錢穆（1895～1990）《先秦諸子繫年・諸子攟逸》曰：「《隋志》《公孫尼子》一卷，云『似孔子弟子』。又《隋書・音樂志》引沈約《奏答》，謂：『《樂記》取公孫尼子。』陸德明《經典釋文》引劉瓛云：『《緇衣》，公孫尼子作。』余考〈緇衣〉篇文多類《荀子》。（如：『子曰：禹立三年，百姓以仁遂焉，豈必盡仁。』姚恒際曰：『鄭氏謂非本性能仁，其言類《荀子》。』又：『子曰：小人溺於水，君子溺於口，大夫溺於民。』姚曰：『《荀子》：君舟也，民水也，水能載舟，亦猛覆

〔註30〕孫啓治、陳建華：《中國古佚書輯本目錄解題》，上海古籍出版社，2009年版，第207頁。

舟，此本其意，故以溺字爲說。』又：『子曰：君以民存，亦以民亡。』姚曰：
『即《荀子》水能載舟覆舟之義。』今按：〈緇衣〉襲《荀子》，猶不止此。
如：『爲上易事，爲下易知，則刑不煩。』又：『爲上可望而知，爲下可述而
志，則君不疑於其臣，而臣不惑於其君。』此《荀子》『主道利明不利幽，利
宣不利周』之說也。又：『君民者，章好以示民俗，愼惡以御民之淫，則民不
惑，臣儀行不重辭，不援其所不及，不煩其所不知，則君不勞。』又：『政之
不行，教之不成，爵祿不足勸，刑罰不足恥也。』此皆《荀》、《韓》之論。
又篇中屢言『壹德』，又曰：『義不壹，行無類。』壹字類字皆見《荀子》，類
字尤《荀》書所重，所謂統類者也。每節皆引《詩》、《書》煞尾，文體亦仿
《荀子》。上引姚說，均見杭世駿《續禮記集說》。）〈樂記〉勦襲《荀子》、《呂
覽》、《易‧繫》諸書，其議論皆出荀後。則公孫尼子殆荀氏門人，李斯、韓
非之流亞耶？沈欽韓曰：『《荀子‧強國》篇稱公孫子語。』則其爲荀氏門人
信矣。楊倞以公孫子爲齊相，殊無據。蓋本下文荀卿子說齊相而妄臆之爾。
又篇中譏之曰云云，正公孫子譏子發，而楊倞謂公孫子美子發，荀子譏之，
亦誤。《漢志》謂是七十子弟子者已失之。《隋志》乃謂其似孔子弟子，則所
失益遠矣。」孫啓治等曰：「公孫尼子事跡，史無明文，郭沫若以爲即公孫龍
（見《公孫尼子及其音樂理論》），純出臆測，似不可據信。」〔註31〕

【學術源流】

　　《禮記‧樂記》正義曰：「公孫尼子次撰〈樂記〉，通天地，貫人情，辨
政治。」馬國翰序曰：「王充謂其說情性與世碩相出入，皆言性有善有惡，與
孟子性善之旨不合。然董廣川引公孫之養氣，與孟子養氣互相發明，則其異
同可考也。中有兩引尼書，即〈樂記〉語，可證沈說之有據。朱子嘗舉〈樂
記〉『天高地下』六句，以爲『漢儒醇如仲舒如何說得到這裡去，想必古來流
傳得此個文字如此』，此雖不以沈說爲信，而觀於廣川誦述，則當日之心實見
折服，以斯斷尼書焉，可矣。」孫德謙（1869～1935）《諸子通考》卷一曰：
「《漢志》諸子一略，其用互見之法者如《公孫尼子》，既入儒家，而雜家又
錄其一篇；道家有《伊尹》五十一篇，《鬻子》二十二篇，而雜家之中亦載兩
家之說，此其重複互見。雖書有缺佚不傳者，無以考其分別部居之意。然執
是以觀，則若者爲儒，若者爲道，固可以辨其家數，而諸子之同源異流，於

此蓋亦可悟矣。」羅焌（1874～1932）《諸子學述》曰：「孔子之後，儒分爲八，有公孫氏之儒。陶潛《群輔錄》云：『公孫氏傳《易》爲道，爲絜靜精微之儒。』〈仲尼弟子傳〉有公孫龍字子石者，學說無聞。惟公孫尼子之學，以修心養氣爲宗，蓋有得於《易》理，而頗近於道家。意其絜靜精微之公孫氏歟？……明儒王陽明先生四句教法云：『無善無惡心之體，有善有惡意之動，知善知惡是良知，爲善去惡是格物。』後人多議王學墮入禪宗，而未考其說之原於公孫子也。」〔註32〕王錦民《古學經子》第九章〈儒家〉：「七十子傳學。本來均不著書；其所傳經藝與所傳孔門之微言大義，密而不可分。七十子後學，漸分爲傳經之儒與諸子之儒，諸子之儒皆是以顯白的方式傳授，至二傳、三傳後逐漸形成學派特色，弟子乃追記師言，著成篇什。除曾子、子思外，《漢志》著錄的《漆雕子》十三篇（孔子弟子漆雕啓後），《宓子》十六篇（名不齊，字子賤，孔子弟子），《景子》三篇（說宓子語，似其弟），《世子》二十二篇（名碩，陳人也，七十子之弟子），《魏文侯》六篇，《李克》七篇（子夏弟子，爲魏文侯相），《公孫尼子》二十八篇（七十子之弟子），《芊子》十八篇（名嬰，齊人，七十子之後），均屬此類。七十子之後，大約到了孟子的時代，儒家諸子才開始自己著書立說。」〔註33〕

《孟子》十一篇。名軻，鄒人，子思弟子，有《列傳》。（師古曰：「《聖證論》云軻字子居，而此志無字，未詳其所得。」）

【存佚著錄】

今佚四篇，存七篇，即〈梁惠王〉、〈公孫丑〉、〈滕文公〉、〈離婁〉、〈萬章〉、〈告子〉、〈盡心〉。《史記‧孟子荀卿列傳》稱「作《孟子》七篇」，不計外篇四篇。《隋書‧經籍志》子部儒家類著錄：「《孟子》十四卷。齊卿孟軻撰，趙岐注。」《舊唐書‧經籍志》子部儒家類著錄：「《孟子》十四卷。孟軻撰，趙岐注。」《新唐書‧經籍志》子部儒家類著錄：「趙岐注《孟子》十四卷。」《崇文總目》儒家類著錄：「《孟子》十四卷，趙岐注。」宋晁公武（1105～1180）《郡齋讀書志》子部儒家類著錄：「《孟子》十四卷。」宋陳振孫《直齋書錄解題》始著錄「《孟子》十四卷」於經部語孟類，曰：「前志《孟子》

〔註32〕羅焌：《諸子學述》，嶽麓書社，1995年版，第159～162頁。
〔註33〕王錦民：《古學經子》，華夏出版社，2008年版，第272頁。

本列於儒家，然趙岐固嘗以爲則像《論語》矣。自韓文公稱『孔子傳之孟軻，軻死，不得其傳』，天下學者咸曰孔、孟。《孟子》之書，固非荀、揚以降所可同日語也。今國家設科取士，《語》、《孟》並列爲經，而程氏諸儒訓解二書，常相表裏，故今合爲一類。」元馬端臨《文獻通考》因之，列《孟子》於經部，次《論語》之後。《宋史・藝文志》仍列《孟子》於子部儒家類，周中孚以爲「尚仍宋《國史》之舊耳」。明、清諸家目錄多列《孟子》於經部。顧實（1878～1956）《漢書藝文志講疏》三《諸子略》曰：「自南宋淳熙中，朱熹取《孟子》與《大學》、《中庸》、《論語》合爲《四書》，遂升入經部〔註34〕。故唐以前，周、孔並稱；宋以後，孔、孟並稱。此中國文化一大升降之機也。周公、孔子皆集前古獻典而製經，孟子則發表其一己所欲言而已。故自孟子之說橫流，而文化偏趨於簡單，豈非儒教之不幸哉？」孫啓治等曰：「經、史、諸子及類書所引，多有不見於今本，或其文與今本異者，諸家輯佚文者皆據以採摭，然眞僞混雜，甄別非易。蓋唐以前《孟子》未升爲經，故引者非如引經之愼，或隱括其文，或以意發揮，類皆有之，如一切視爲佚文，則採摭未免失之濫矣。周廣業輯本以漢、魏、六朝人所引者列於前，唐、宋類書所引僅附後，凡得五十餘節，多附考證，間亦辯說引文有不可據信者。故所輯雖未必可盡信爲《孟子》逸文，然視他家較爲審愼也。王朝琛除《遺文》所輯爲逸文外，又輯有《遺篇》，即趙岐所云之『《外書》四篇』。其〈性善〉一篇僅據《荀子》等採得四節以爲佚文，餘三篇但存其目而已。」〔註35〕《孟子》佚文之輯本有七種：其一爲明陳士元所輯《孟子逸文》（見《孟子雜記》卷三），其二爲清朱彝尊所輯《孟子遺句附逸篇目》（見《經義考・逸經下》），其三爲清李調元所輯《逸孟子》（見《函海》），其四爲周廣業所輯《孟子逸文考》（見《孟子四考》），其五爲黃奭所輯《逸孟子》（見《漢學堂經解》），其六、七爲王朝琛所輯《孟子遺篇》、《孟子遺文》（均見《十三經遺文》及《十三經拾遺》）。

【真僞考辨】

漢趙岐《孟子題辭》曰：「著書七篇。又有《外書》四篇：〈性善〉、〈辯

〔註34〕 從前目錄學者有一種傳統觀念，以爲經、子之別，不在性質之殊異，而爲地位之高低。

〔註35〕 孫啓治、陳建華：《中國古佚書輯本目錄解題》，上海古籍出版社，2009年版，第72～32頁。

文〉、〈說孝經〉、〈爲政〉，其文不能弘深，不與內篇相似，似非《孟子》本眞，後世依放而託之者也。」宋王應麟（1223〜1296）《漢藝文志考證》卷五曰：「《志》云十一篇，並《外書》也。《外書》今不傳。《論衡》云：『孟子作〈性善〉之篇，以爲人性皆善，及其不善，物亂之也。謂人生於天地，皆稟善性。長大與物交接，放縱悖亂，不善日以生矣。』《法言》引孟子曰：『夫有意而不至者有矣，未有無意而至者也。』《說苑》、《太平御覽》引『人皆知以食愈饑，莫知以學愈愚』，『人皆知糞其田，而莫知糞其心』。《顏氏家訓》引『圖景失形』。劉知幾《史通》引『堯、舜不勝其美，桀、紂不勝其惡』。李善注《文選》引『太山之高，參天入雲』。《史記‧六國表》注：皇甫謐曰：孟子稱『禹生石紐，西夷人也』。《漢‧伍被傳》引孟子曰：『紂貴爲天子，死曾不如匹夫，是紂先自絕久矣，非死之日，天去之也。』《藝文類聚》引滕文公葬及惠子諫。〈坊記〉注引『舜年五十而不失其孺子之心』。皆《外書》也。」元馬廷鸞《外書序》曰：「坊間有四家孟子注，曰揚子雲也，韓文公也，李習之也，熙時子也。《中興史志》以爲依託，信也。孟子《外書》四篇，趙臺卿不取也，故不顯於世。四家注依託不足傳，而孟子《外書》不可不傳也，故序而存之也。」清姚振宗（1842〜1906）《漢書藝文志條理》卷二曰：「《經義考》引應劭曰『孟子著書《中》、《外》十一篇』，蓋《中書》七篇，《外書》四篇。當劉中壘敘錄是書時，亦必如《晏子春秋‧外篇》云『不敢遺失』，仲遠據敘錄之言也。《外書》不知何人所輯，南匯吳省蘭刻入《藝海珠塵》中，曰〈性善辨〉凡十五章，曰〈文說〉凡十七章，曰〈孝經〉凡二十章，曰〈爲正〉凡八章，末注云以下闕。」清焦循《孟子正義》曰：「《漢書‧藝文志》：『《孟子》十一篇。』《風俗通‧窮通》篇云：『作書中外十一篇。』是七篇爲中，餘四篇爲外。王應麟《困學紀聞》云：『漢《七略》所錄，若《齊論》之〈問王〉、〈知道〉，孟子之《外書》四篇，今皆無傳。』孫奕《履齋示兒篇》云：『昔嘗聞前輩有云：親見館閣中有《孟子外書》四篇，曰〈性善辯〉，曰〈文說〉，曰〈孝經〉，曰〈爲政〉。』劉昌詩《蘆浦筆記》云：『予鄉新喻謝氏，多藏古書，有《性善辯》一帙。』翟氏灝《考異》云：『趙氏不爲《外書》章句，嗣後傳《孟子》者，悉以《章句》爲本，《外書》悉以廢閣致亡。南宋去趙氏時千有餘歲，不應館閣中能完然如故也。孫氏僅得耳聞，當日在館閣諸公，未有以目擊詳言之者，道聽途說，必不足爲按據。新喻謝氏所藏一帙，劉氏似及見之。《隋書‧經籍志》錄有梁綦毋邃《孟子注》九卷。他家注俱七

卷，獨綦毋氏多出二卷，豈所謂四篇者，在梁時嘗得其二，至宋乃僅存劉氏所見之一篇邪？但綦毋氏書，李善注《文選》，猶引用之，似流行於唐世。而其有無《外書》，唐人絕無片言論及，則又難以質言。且《外書》之篇目，自宜以〈性善〉爲一，〈辯文〉爲一，〈說孝經〉爲一，劉氏以所見之〈性善辯〉，遂以辯字上屬，而謂〈文說〉一篇，〈孝經〉一篇。據《論衡‧本性篇》但云孟子作〈性善〉之篇，不綴辯字，疑新喻謝氏所藏〈性善辯〉，又屬後人依放而作，非《外書》本眞也。』周氏廣業《孟子逸文考》云：『《史記‧十二諸侯表》云：荀卿、孟子、韓非之徒，各往往捃摭《春秋》之文以著書，不可勝記。今考《孟子》內書，言《春秋》者，止跡熄詩亡及知我罪我、無義戰三章，亦未嘗捃摭其文。至若《列女傳》擁楹之歎，《韓詩外傳》輟織殺豚及不敢去婦二條中，所載《孟子》之言，皆瑣屑不足述。明季姚士粦等所傳《孟子外書》四篇，云是熙時子注，友人吳騫板行，丁傑爲之條駁甚詳，顯屬僞託，概無取焉。』按熙時子相傳以爲劉貢父，此書前有馬廷鸞敍。夫《外書》四篇，趙氏斥爲依託，其亡已久；孫奕所聞新喻所藏，已難信據，況此又贗之尤者乎？顧氏炎武《日知錄》云：『《史記》、《法言》、《鹽鐵論》等所引《孟子》，今《孟子》書無其文，豈俱所謂《外篇》者邪？』是則然矣。」王錦民《古學經子》第九章〈儒家〉：「若《孟子》一書，則可視爲代表孟子一人一時的著作。《史記‧孟軻傳》云：『孟子與萬章之徒序《詩》、《書》，述仲尼之意，作《孟子》七篇。』《孟子》一書文字筆法統一，似出一人之手，當即孟子所述，弟子萬章、公孫丑等編定。」〔註36〕

【作者情況】

《史記‧孟子荀卿列傳》：「太史公曰：余讀《孟子書》，至梁惠王問『何以利吾國』，未嘗不廢書而歎也。曰：嗟乎，利誠亂之始也！……孟軻，鄒人也，受業子思之門人〔註37〕。道既通，遊事齊宣王，宣王不能用；適梁，梁惠王不果所言，則見以爲迂遠而闊於事情。當是之時，秦用商君，富國強兵；楚、魏用吳起，戰勝弱敵；齊威王、宣王用孫子、田忌之徒，而諸侯東面朝齊。天下方務於合從連衡，以攻伐爲賢，而孟軻乃述唐、虞、三代之德，是以所如者不合。退而與萬章之徒序《詩》、《書》，述仲尼之意，作《孟子》七篇。」唐張守節《史記正義》曰：「軻字子輿，爲齊卿。」司馬貞《史記索隱》

〔註36〕 王錦民：《古學經子》，華夏出版社，2008年版，第273頁。
〔註37〕 按：趙岐《孟子題辭》謂其師孔子之孫子思。王劭說，「門」下衍「人」字。

曰：「王劭以『人』爲衍字，則以軻親受業孔伋之門也。今言『門人』者，乃受業於子思之弟子也。」漢趙岐《孟子題辭》曰：「孟子，鄒人也，名軻，字則未聞也。或曰：孟子，魯公族孟孫之後。生有淑質，夙喪其父，幼被慈母三遷之教，長師孔子之孫子思，治儒術之道，通五經，尤長於《詩》、《書》。則慕仲尼，周流憂世，遂以儒道遊於諸侯，思濟斯民。時君終莫能聽納其說。於是退而論集，所與高第弟子公孫丑、萬章之徒難疑答問，又自撰其法度之言。」王肅《聖證論》曰：「學者不知孟軻字，按《子思書》及《孔叢子》有孟子居，則是軻也。軻少居坎軻，字子居也。」《漢書・古今人表》列孟子於第二等上中仁人。清梁玉繩《人表考》曰：「孟子，始見《孟子》書。孟氏出自魯桓公子仲孫之後，爲諱弒閔公之故，改爲孟氏。名軻，字子居。孟子居貧轗軻，故名軻，字子居。亦曰子車，亦曰子輿，亦曰孟叟，亦曰孟生，騶人。父名激，字公宜；母仉氏（一云李氏）。孟子於周烈王四年四月二日生，赧王二十六年十一月十五冬至日卒，年八十四。娶田氏。葬騶城北。宋神宗元豐六年追封鄒國公，明世宗嘉靖九年改稱亞聖孟子。元仁宗延祐三年詔封孟子父爲邾國公，母爲邾國宣獻夫人。按：孟子生卒年月日及父母妻姓名，無書傳可考。余嘗見名人所纂《孟氏譜》，其載年、名如此，以爲譜傳自孟子四十五代孫孟寧（寧，宋元豐時人）。又載元張𨍏《孟母墓碑》云：『𨍏讀廟碑，其稱母曰李氏，不知何據。』又後書《趙岐傳》曰：『作《要子章句》。』蓋『要』爲『黽』字之訛。本書《地理志》上黨郡沾縣注『大黽谷』，《水經》清漳水注作『大要谷』也。古『要』字作『㥑』，與『黽』相似，而『孟』與『黽』同。《爾雅・釋詁》『孟勉』即『黽勉』。《春秋・昭廿二》『王子猛』，《御覽》五百六十作『王子黽』。」張舜徽（1911～1992）《漢書藝文志通釋》卷三曰：「《史記》列傳言孟軻『受業子思之門人』。《索隱》引王劭說，以『人』爲衍文，則軻實受業於孔伋，與班說合。漢人書中，如趙岐《孟子題辭》、應劭《風俗通・窮通》篇，皆謂孟子嘗師事子思，則固承仲尼之傳以張大其緒者也。軻於仲尼，雖相距百數十年，然軻老壽，年至八十有四，意其幼時猶及見仲尼之孫而師事之，亦事之所宜有也。」

【學術源流】

漢趙岐《孟子章句・篇敘》曰：「〈孟子篇敘〉者，言《孟子》七篇所以相次敘之意也。孟子以爲聖王之盛，惟有堯、舜，堯、舜之道，仁義爲上，故以『梁惠王問利國，對以仁義』爲首篇也。仁義根心，然後可以大行其

政，故次之以『公孫丑問管、晏之政，答以曾西之所羞』也。政莫美於反古
之道，滕文公樂反古，故次以『文公為世子，始有從善思禮之心』也。奉禮
之謂明，明莫甚於離婁，故次以『離婁之明』也。明者當明其行，行莫大於
孝，故次以『萬章問舜往於田號泣』也。孝道之本，在於情性，故次以『告
子論情性』也。情性在內而主於心，故次以『盡心』也。盡己之心，與天道
通，道之極者也，是以終於『盡心』也。……蓋所以佐明六藝之文義，崇宣
先聖之指務，王制拂邪之隱括，立德立言之程序也。洋洋浩浩，具存乎斯文
矣。」清焦循《孟子正義》曰：「周氏廣業《孟子出處時地考》云：『建篇之
首〈梁惠王〉也，趙氏之說韙矣。〈題辭〉謂退自齊、梁而著作，其篇目各自
有名，則未盡然。古人得志，澤加於民；不得志，修身見於世。立言不朽，
雖聖人不能易，豈必窮愁始著書哉？特壯年志在行道，未遑專意耳。故其成
在遊梁之後，其著作斷非始此。大率起〈齊宣王〉至〈滕文公〉為三冊，記
仕宦出處；〈離婁〉以下為四冊，記師弟問答雜事。迨歸自梁，而孟子已老，
於行文既絕少，又暮年所述，故僅與魯事，分附諸牘末。其後門人論次遺
文，分篇列目，以仁義兩言為全書綱領，因割其六章冠首，而以〈梁惠王〉
題篇，於梁、齊之下，繼以鄒、滕、魯。蓋孟子生平所注意者，只此五國而
已。乃其在梁也，始以去利行仁義期之，終料其嗜殺而去。於齊宣王，始以
易牛之仁冀其王，終以伐燕之暴決於歸鄒。於仁政一言，行否未可知，而父
母之邦，君子重之，且與齊宣皆屬舊君，不容略也。滕文尊禮，孟子遇矣，
而國小多故，莫必其成功。魯則周公之後，孔子之鄉，平公乘五百里之地，
既知用樂正子，兼有見賢之意，似可與圖功矣，而卒不遇。孟子一生行藏，
首篇盡之矣。其曰天欲平治天下，捨我其誰，壯而欲行，厚望之辭也。功之
成否，身之遇否，皆歸之天。老不得志，絕望之辭也。首次二篇以天終，末
篇以天始，〈梁惠王〉以王道始，〈盡心〉以聖學終，〈公孫丑〉由王道推本聖
學，其為章二十有三，記齊事者十有五，餘八章皆言仁義，又王道也。而齊
之仕止，詳見起訖，明是篇為在齊之日，公孫識之矣。〈滕文公〉亦兼舉聖學
王道，而滕系弱小，故其言井田、學校雖較詳於齊、梁，但可新其國耳，王
非所能也。聖王不興於上，聖道將絕於下，於是力闢楊、墨以承之，許行、
夷之以至陳仲子，皆邪說詖行之害仁義者也，故以不得已好辯終焉。〈離
婁〉、〈萬章〉、〈告子〉、〈盡心〉，發端言堯舜心性，與〈滕文公〉同；其後皆
雜說訓言，而〈萬章〉一篇，又知人論世之林。此則七篇大致，可得而略言

者。趙氏以爲包羅天地，揆敍萬類，仁義道德，性命禍福，粲然靡所不載，信矣。』謹按：周氏所云，似較趙氏爲長。然探趙氏〈篇敍〉之恉，蓋恐後人紊亂其篇次，增損其字數，故假其義以示其信耳。如後稱字數，以五七不敢盈之義，則知三萬四千六百有奇非傳寫之訛，三萬五千二百有奇實增多之羨，詎眞以孟子取五七不盈之義爲此字數哉！」又曰：「《孟子》有不可詳者三：其一爲孟子先世，趙氏但云：『鄒人。或曰：魯公族孟孫之後。』《列女傳》、《韓詩外傳》雖詳說孟母之事，而不言何氏。《孟氏譜》言：『父曰激公宜，母仇氏。一云：孟子父名彥璞。』未知所據。其二爲孟子始生年月。陳士元《雜記》載《孟氏譜》曰：『孟子以周定王三十七年四月二日生，即今之二月二日；赧王二十六年正月十五日卒，即今之十一月十五日。壽八十四歲。』此《譜》不知定於何時，陳氏疑定爲安之訛。安王在位二十六年，是年乙巳；至赧王二十六年壬申，凡八十八年。《譜》謂孟子壽八十四，自壬申逆推之，當生於烈王己酉。周氏廣業《孟子出處時地考》駁之，以爲《譜》不足據，而擬爲『生於安王十七年丙申，卒於赧王十三年乙未』，其爲孟子作《年譜》者，紛紛更訂，或云年七十四，或云年九十七，大抵皆出於臆，全無實證可憑。其三爲孟子出遊，趙氏以爲先齊後梁，說者又以爲先梁後齊，或以梁惠王有後元，或以爲孟子先事齊宣，後事齊愍。考之《國策》、《史記》諸書，參差錯雜，殊難畫一。」又曰：「爲《孟子》作疏，其難有十：孟子道性善，稱堯舜，實發明羲、文、周、孔之學，其言通於《易》，而與《論語》、《中庸》、《大學》相表裏，未可以空悟之言臆之，其難一也。孟子引《書》辭，多在未焚以前，未辨今古文而徒執僞孔以相解說，往往鑿枘不入，其難二也。井田、封建，殊於《周禮》，求其畫一，左支右詘，其難三也。齊、梁之事，印諸《國策》、《太史公書》，往往齟齬，其難四也。水道必通〈禹貢〉之學，推步必貫《周髀》之精，六律、五音，其學亦造於微，未容空疏者約略言之，其難五也。棄躧招豚，折枝蹙頞，一事之微，非博考子史百家，未容虛測，其難六也。古字多，轉注、假借多，賴即懶，姑嘬即咀，嘑爾即呼，私淑即叔，凡此之類，不明六書，則訓故不合，其難七也。趙氏書名《章句》，一章一句，俱詳爲分析，陸九淵謂古注惟趙岐解《孟子》文義多略，眞謬說也，其注或倒或順，雅有條理，即或不得本文之義，而趙氏之意焉可誣也，其難八也。趙氏時所據古書，今或不存，而所引舊事，如陳不瞻聞金鼓而死，陳質娶婦而長拜之，苟有可稽，不容失引，其難九也。《孟子》本文，

見於古書所引者既有異同，而趙氏注各本非一，執誤文訛字，其趣遂舛，其難十也。」宋王令（1032～1059）《廣陵集》卷十三〈讀孟子〉曰：「予讀孟氏之書，一年而奮奮於旨中，二年而縮縮懼不能行，三年而退默以籲。嗚呼！孟氏之道可知矣。方周之衰，天下諸侯紛起以爭，強謀相弱，眾謀一寡。天下之士，鋒口以起，連兵交戈，相搖以鬥而不休，惟恐殺人之不殘，收地之不多，屠城滅國之在人後。……漢興，《孟子》與五經連置博士，而當世學者不知先此。自西漢賈誼、劉向輩號爲多言，又嘗爭出以謀憂天下，而於孟氏之學，不切切深造，則漢儒之學可語哉？自唐韓愈前倡之後，天下日知所向，至今則孔、孟之學盈門矣。」宋呂南公（1047～1086）《灌園集》卷十七〈讀孟子疏〉曰：「學者之於《孟子》，能言則以誦，能問則以疑。及其老也，顧有所苦焉，此世所以不能無也。蓋先王之道德，其至雖存乎吾心，而其達必自乎吾求。夫莫思則弗求，莫求則弗知，莫知則弗達，莫達則弗盡，學者之大戒常在乎此。而此書語約而意深，易見而難窮，固夫未出於戒者，於苦乎何逃？昔者三代之英，內無傳注之書，而外不應科試，然則講學不以一日置者，夫豈惡佚而願勞？凡欲以明吾心而致盡焉耳，士而出於三代，且不得志於講學，而況出於秦、漢以來哉？」明袁宗道（1560～1600）《白蘇齋類集》卷十九〈讀孟子〉曰：「《孟子》一書，只是以性善二字爲主。此善字，非善惡之善，如《大學》所謂至善也。性離文字，離言說，離心緣，不可見矣，見之於初發之情耳。……孟子生乎此時，何忍不方便救援，是以論天德，論王道，俱專提第一念，以惻隱、羞惡、辭讓、是非爲仁、義、禮、智，以禮義悅心爲心之所同然，以愛親敬長爲不慮不學之知能，以不失赤子之心爲大人，以充其有所不忍、有所不爲爲不可勝用之仁義，而取證於孩提稍長之年，乍見入井之時，嘑爾、蹴爾之頃。其論王道也，定天下則決之不嗜殺人之一念；王天下則決之不忍觳觫之一念；治天下如運掌，則決之怵惕赤子之一念。而總歸之曰性善。可謂香中蒸其牛頭，水中飲其甘露，其有功於斯世斯民大矣。」清廖志灝（1661～1706）《燕日堂錄七種》卷五〈讀孟子〉曰：「問：『孟子願學孔子，而實實能如孔子否？』曰：『孟子之願學，誠欲體其道，承其心，如闢楊、墨正人心之類。若其措置作用，各有其時，自不必強同耳。學聖人者，學其因時而制宜者也。如陳、蔡之厄，軍旅之對，燔肉之行，三子之告，陽貨之諾，南子之見，公山、佛肸之欲往，以及匡人圍之，而以後死者自命，是何等冲融，何等渾脫，所謂仲尼天地無不覆幬者也。若

孟子，則如兼金之饋，饋同而受異；以幣之交，受同而答異；弔於滕，弔於公行子，皆不與王驩一言，王召而辭疾，客留行而隱几，闢楊墨，薄管晏，捨夷惠，其立身甚峻，其與世甚嚴，蓋所謂泰山巖巖也。泰山巖巖有象，天地渾渾無跡，此聖賢造詣之別也。但其說大人則藐之，其意中尚有一大人在；不若聖人之入公門如不容，有自然之節度。當今之世，舍我其誰，其意中有一我在；不若聖人之文王既沒，而以後死者自任，有自然之擔當。然當戰國之時，日趨而下，不如是則與儀、衍、魯連何異？此又各有其時也。程子云：學聖人先學顏子始。蓋顏子一渾渾者也，若曾、思則在渾渾巖巖之間耳。孟子之時，世主喜爭奪，人民苦虐政，遊客好縱橫，處士多橫議，正氣衰壞，人紀阽危，幾幾率人類而禽獸。於是孟子出，而操性善一大本領，挽回造化生人之機，為聖門重揭生面，以繼唐虞精一之旨。卒之，許子之並耕，告子之義外，楊之為我，墨之兼愛，不能勝焉，自非義蘊之精，力量之大，工夫之堅，確焉能孤立以砥柱其間，而使之俱為我禽也哉？」清方苞（1668～1749）《望溪文集》卷一〈讀孟子〉曰：「余讀《儀禮》，嘗以謂雖周公生秦、漢以後，用此必有變通。及觀《孟子》，乃益信為誠然。孟子之言養民也，曰『制田里，教樹畜而已』；其教民，則『謹庠序之教，申之以孝悌之義』。凡昔之聖人所為深微詳密者，無及焉，豈不知其美善哉？誠勢有所不暇也。然由其道層累而精之，則終亦可以至焉。其言性也亦然。所謂踐形養氣，事天立命，間一及之；而數舉以示人者，則無放其良心以自異於禽獸而已。既揭五性，復開以四端，使知其實不越乎事親從兄，而擴而充之，則自無欲害人、無為穿窬之心始。蓋其憂世者深，而拯其陷溺也迫，皆昔之聖人所未發之覆也。嗚呼！周公之治教備矣。然非因唐、虞、夏、殷之禮俗，層累而精之，不能用也。而孟子之言，則更亂世，承污俗，旋舉而立有效焉。有宋諸儒之興，所以治其心性者，信微且密矣，然非士君子莫能喻也；而孟子之言，則雖婦人小子，一旦反之於心而可信為誠然。然則自事其心與治天下國家者，一以孟子之言為始事可也。」清惲敬（1757～1817）《大雲山房文稿》二集卷一〈讀孟子〉曰：「敬觀《中庸》求端於天命，其終篇所言皆性、道、教也。至末章，始要之曰：上天之載，無聲無臭，至矣。子思此言，蓋聖人之至極，天地以合，萬物以成，與異端所言本不同。然至此，則性、道、教無可言而歸之命，命無可言而歸之天，天無可言而歸之無聲無臭矣。使後人復附益之，何怪異端之揚其波而他流，煽其焰而旁燭哉？《孟子》七

篇，未嘗一言及之者，蓋不敢導其波之瀾而投其焰之薪也。此孟子善學子
思，而正人心、息邪說、距詖行、放淫辭之本，故曰功不在禹下。」又曰：「孟
子之教曰：『學問之道無他，求其放心而已矣。』曰：『無爲其所不爲，無欲
其所不欲，如此而已矣。』曰：『人之所不學而能者，其良能也；所不慮而知
者，其良知也。孩提之童，無不知愛其親也；及其長也，無不知敬其兄也。
親親，仁也；敬長，義也。無他，達之天下也敬。』少嘗疑焉：陸子耳自聰、
目自明之言，不有相若者乎？陽明先生求諸心、不求諸事物之言，不有相若
者乎？孟子，學孔子者也，而孔子之教如彼，孟子之教如此，是首變孔子醇
篤謹愼之尺度，以趨簡易，使後儒之異說得託之，皆由於孟子，而其末流之
弊，將有不勝究者也。既而思之：孟子言求放心，先之曰：『仁，人心也；義，
人路也。』言無爲不爲、無欲不欲，輔之曰：『人能充無欲害人之心，而仁不
可勝用也；人能充無穿窬之心，而義不可勝用也。』孟子皆以仁義言之，言
良知、良能亦然，則言實矣，豈如後儒之無畔岸哉？且時至戰國，人益誇誕
巧強，不可控抑，其視孔子博文約禮之教，必以爲卑陋迂小而不爲，故孟子
就其心之所達可以導之於聖賢者而示之，使之心明意豁，翻然有以自悔，然
後可以反循孔子之教，非謂爲學之道可不從博文約禮入也。故曰：『博學而詳
說之，將以反說約也。』明儒謂陸子及陽明先生之學出於孟子，而盡力附會
之，亦蔽之甚者已。」清潘德輿（1785～1839）《養一齋集》卷十七〈讀孟子〉
曰：「夫孔子之道統於時中，孟子之道統於集義，集義乃所以時中也，學者亦
集義而已矣。集義則喜怒哀樂中節而和矣，烏有一味和靜而以無怒爲貴、以
無爲爲宗、以主一不動爲能者哉？豪髮之差，名爲攘斥佛、老，其實沾染於
清虛寂滅之教，不能掃之以淨盡，而又何責乎象山、陽明之流哉？……孟子
與孔子同道而具體，而轉謂其非聖人，何哉？程子論孟子曰：『未敢便道他是
聖人，然學已到至處。夫學到至處，即聖人矣。』謂其學到至處而又不敢
謂其爲聖人，此騎牆之見也。若曰孟子大矣而未化也，故不足以爲聖。夫孟
子之幾微未化，恐非後儒所能窺也。以余觀其書，出處進退，辭受取與，辨
義行權，天理洞然，亦可謂化矣。其一生願學孔子，成就歸宿，專在是矣。
程朱欲學孔子，而不能不微抑孟子，此雖推尊孟子之書，與孔子並，而豈知
孟子之本量者哉？自程朱首發此論，王伯厚遂有孟子學伊尹之說，直疑孟子
與孔子不同道矣，妄之尤者也。綜而論之，二千餘年之儒者，漢鄭、唐孔，
不知孟子者也；宋陸、明王，竊孟子之說以文其佛、老之學，與孟子相背者

也。惟程朱欲接孟子之傳，而又不以孟子爲聖人，孟子之道不極尊，則孔子
之微言大義亦不克彰著於天下後世。偉哉韓子之論也！曰：『求觀聖人之道，
必自孟子始。』曰：『孔子傳之孟軻，軻之死，不得其傳焉。』可謂獨有千古
矣！惜乎韓子之學未忘乎文辭，而時以孟軻與荀卿、司馬遷之流並也。宋儒
司馬君實者，其實體力行不下於曾子，以不信孟子而信揚雄，其識遂迥出程
朱下，而爲後世之所詬病。明儒劉念臺者，知孔孟爲一，而敢刪掇《論》、《孟》
之書，名之曰《合璧》，其無識又在司馬君實下。今之世，人人言經學矣，鄭、
孔訓詁之末習耳。孟子之書，童而習之，而無一人肯究其微言大義，此六經
之所以愈詳說而愈不明也。稍知拔俗者，猶不知象山、陽明之爲非，勉而矯
之，篤信程朱之言，自以爲至矣、盡矣，聖人之道在乎此矣。吾懼其懵然
於孟子，必懵然於孔氏之書也。……余敢仿端木子立言之法，綜而斷之曰：
孔孟之道未墜於地，在人。程、朱，賢者識其大者；漢、唐諸儒，不賢者識
其小者。莫不有孔孟之道焉。後世有聖人作焉，不學而亦何常師之有？又曰：
見其文而知其識，聞其行而知其力，由百世之後，等百世之儒，莫之能違也。
自三代以後，未有孟子也。」馮友蘭（1895～1990）《中國哲學簡史》曰：「孟
子和儒家之中他的這一流派認爲，宇宙從根本來說，是一個道德的宇宙。人
間的道德原則也是流行於宇宙之中的形而上學原理，人性便是這些原理的實
證。……『浩然之氣』是孟子的一個專有用語。後世，孟子的思想影響逐漸
上升，使用這個術語的思想家逐漸增多，在先秦，『浩然之氣』只見於《孟
子・公孫丑章句上》。至於它的含義，連孟子也說：『難言也。』這段對話的
上下文是講兩個武士培養勇敢精神的不同方法。……培養浩然之氣的辦法分
兩方面：一個方面是『明道』，提高人對『道』的領悟；另一方面是孟子所稱
的『積義』，即堅持不懈地做『天民』所當做的事情。這兩方面結合起來就是
孟子所說的『配義與道』。一個人如果從體驗中懂得了道，又長期行義，在他
身上自然就有浩然之氣；但如果有一點勉強，浩然之氣就消逝了。」〔註38〕
宗白華（1897～1986）《中國哲學史提綱》：「孟子哲學間接受孔子學說的影
響。孔門弟子中可分前輩與後輩。……孟子之學原出於曾子、子思一派。曾
子重反省（『吾日三省吾身』，荀子謂子思『善射而好思』，射覆之射），乃是
個人的一種修善方法，孟子的『反身而誠』，『萬物皆備於我』，把曾子的『反

〔註38〕　馮友蘭：《中國哲學簡史》，天津社會科學院出版社，2007 年版，第 71～72
頁。

省』（忠恕之道）推廣到宇宙論方面。曾子講『不可以不弘毅』，『臨大節而不可奪』，與孟子的『富貴不能淫，貧賤不能移，威武不能屈』，也是這種精神。曾子講『忠恕』，孟子講『善推其所爲』，『舉斯心加諸彼』，『老吾老以及人之老，幼吾幼以及人之幼，治天下可運於掌』，推其側隱之心，即是行『王政』的基礎，也是曾子之學的擴大。孟子的〈養氣〉章也曾到『曾子守約』。孟子與子思的關係，古人也曾說到與陰陽五行之說有關，又與『中庸』之說有關。基本上這些說法是正確的。」〔註39〕「孟子的哲學基本上是唯心論，並且是站在統治階級立場而發言的。如關於勞心與勞力的看法，野人與君子的看法，以及對於天、命的看法。他的哲學也有進步的一些方面，雖然他的進步性的理論中已蘊藏了保守、唯心的因素。一、『王政』的政治主張，是從唯心論出發的『忠恕之道』擴大而成爲王道政治。二、在道德上、人的品質上人人平等，從此以後更加使人注意到理性的地位及重要性，而且予教育以有力的基礎。三、孟子著重個人在社會中所能引起的作用，使人在社會改造中發揮其主動性，是他的長處。四、孟子的哲學，其唯心成分，應當歸於他的階級性的限制，唯心論發生的基本原因是不能面對現實，要保持舊的統治階級的現狀。但是孟子也不完全是保守的，他又有其代表新的階級發言的地方，並且對舊的剝削階級予以嚴酷的批評，這種面對現實的唯物論的立場，使他的哲學包含了進步性。」〔註40〕韋政通（1927～？）《中國思想史》第八章〈孟子〉曰：「毫無疑問，他在孔子思想的承繼和發揚上是第一功臣，其中最重要的是心性和民本思想的發展和道統觀念的形成，他發展了孔學，但由於先驗主義的觀點，使後來儒學的發展造成了很大的局限。儒家對中國的科學幾乎沒有什麼直接的貢獻，孟子的框架作用，要負很大的責任。……孟子思想所表現的第一個特徵，我們稱之爲『內在理性』，它具有兩個特性：一是先天。說它是先天的，是因孟子所說的理性，如仁、義、禮、智之類，是先於經驗的存在，對每一個人而言，這種理性都是與生俱來，無待於後天的學習。……由於內在理性的發現，才使前儒家的人文思想，以及儒家推動的人文運動，找到了真正的依據和動力，也才使儒家逐漸能徹底地擺脫了天神信仰傳統的糾纏，爲中國傳統文化奠定下不拔之基。」〔註41〕

〔註39〕宗白華：《中國哲學史提綱》，重慶出版社，2014年版，第41～42頁。
〔註40〕宗白華：《中國哲學史提綱》，重慶出版社，2014年版，第49～51頁。
〔註41〕韋政通：《中國思想史》，上海書店出版社，2003年版，第175～177頁。

《孫卿子》三十三篇。名況，趙人，爲齊稷下祭酒，有《列傳》。（師古曰：「本曰荀卿，避宣帝諱，故曰孫。」）

【存佚著錄】

今存，即今本《荀子》三十二篇。劉向《別錄》云：「〈勸學篇〉第一至〈賦篇〉第三十二，右孫卿《新書》定著三十二篇。護左都水使者、光祿大夫臣向言：所校讎中《孫卿書》凡三百二十二篇，以相校，除重複二百九十篇，定著三十二篇，皆以定殺青簡，書可繕寫。」其三十二篇篇目爲：〈勸學篇第一〉、〈修身篇第二〉、〈不苟篇第三〉、〈榮辱篇第四〉、〈非相篇第五〉、〈非十二子篇第六〉、〈仲尼篇第七〉、〈成相篇第八〉、〈儒效篇第九〉、〈王制篇第十〉、〈富國篇第十一〉、〈王霸篇第十二〉、〈君道篇第十三〉、〈臣道篇第十四〉、〈致仕篇第十五〉、〈議兵篇第十六〉、〈強國篇第十七〉、〈天論篇第十八〉、〈正論篇第十九〉、〈樂論篇第二十〉、〈解蔽篇第二十一〉、〈正名篇第二十二〉、〈禮論篇第二十三〉、〈宥坐篇第二十四〉、〈子道篇第二十五〉、〈性惡篇第二十六〉、〈法行篇第二十七〉、〈哀公篇第二十八〉、〈大略篇第二十九〉、〈堯問篇第三十〉、〈君子篇第三十一〉、〈賦篇第三十二〉。宋王應麟《漢藝文志考證》卷五謂「當云三十二篇」，陳直《周秦諸子述略》云：「案《後漢書‧荀淑傳》，荀卿子著書三十二篇，與王說合。」唐楊倞《荀子序》亦曰：「以文字煩多，故分舊十二卷三十二篇爲二十卷，又改《孫卿新書》爲《荀卿子》，其篇第亦頗有移易，使以類相從雲。」即今本《荀子》也，其三十二篇篇目爲：〈勸學篇第一〉、〈修身篇第二〉、〈不苟篇第三〉、〈榮辱篇第四〉、〈非相篇第五〉、〈非十二子篇第六〉、〈仲尼篇第七〉、〈儒效篇第八〉、〈王制篇第九〉、〈富國篇第十〉、〈王霸篇第十一〉、〈君道篇第十二〉、〈臣道篇第十三〉、〈致士篇第十四〉、〈議兵篇第十五〉、〈強國篇第十六〉、〈天論篇第十七〉、〈正論篇第十八〉、〈禮論篇第十九〉、〈樂論篇第二十〉、〈解蔽篇第二十一〉、〈正名篇第二十二〉、〈性惡篇第二十三〉、〈君子篇第二十四〉、〈成相篇第二十五〉、〈賦篇第二十六〉、〈大略篇第二十七〉、〈宥坐篇第二十八〉、〈子道篇第二十九〉、〈法行篇第三十〉、〈哀公篇第三十一〉、〈堯問篇第三十二〉。《隋書‧經籍志》、《舊唐書‧經籍志》、《新唐書‧藝文志》等皆著錄《孫卿子》十二卷，爲舊本。晁公武《郡齋讀書志》、陳振孫《直齋書錄解題》等著錄楊倞注《荀子》二十卷，爲楊倞注本。《荀子》版本流傳情況可參考高正《荀子版本源流考》（中華書局，2010年版）。

【校讎源流】

宋唐仲友（1136～1188）《悅齋文鈔補·唐楊倞注荀子後序》曰：「皇朝熙寧初，儒官校上，詔國子監刊印頒行之。中興搜補遺逸，監書寖具，獨《荀子》猶闕，學者不見舊書，傳習閩本，文字舛異。仲友於三館睹舊文，大懼湮沒，訪得善本，假守餘隙，迺以公帑鋟木，悉視熙寧之故。」錢佃《荀子跋》曰：「舊嘗患此書無善本，求之國子監，並未嘗版行。比集諸家所藏，得二浙、西蜀本凡四，增寡同異，莫適取正，末乃於廬陵學官藏書中得元豐國子監刻者，遂取以為據。然猶有謬誤，用諸本參校，凡是正一百五十有四字；其有疑而未決者，並世俗所習熟而未定。如『青出於藍而青於藍』者，監本所出而文義或非；如『美善相樂』者，皆不敢沒其實，著之卷末，又一百二十有六條。雖未敢以為盡善，然耳目所及已特為精好，謹刻之江西計臺，俾學者得以考訂而誦習焉。」（見《荀子考異》附錄）陳振孫（1179～1262）《直齋書錄解題》卷九曰：「《隋志》為十二卷，至倞始分為二十卷，而注釋之。淳熙中，錢佃耕道用元豐監本參校，刊之江西漕司。其同異著之篇末，凡二百二十六條，視他本最為完善。」元吳師道（1283～1344）《禮部集》卷十八〈書荀子後〉曰：「吳郡錢佃耕道刊此書於江西漕司，據元豐監本參校，自謂特為精好，而陳振孫《書錄》亦推其視他本最為完善。今考之，則文字訛舛甚多，二公蓋未嘗細察也。校刻之難，可不慎歟？嘉定中權知隆興滕強恕再取漫滅者新之，亦未及此。」清謝墉（1719～1795）《聽鍾山房集》卷九〈荀子序〉曰：「此書自來無解詁善本，唐大理評事楊倞所注已為最古，而亦頗有舛誤。向知同年盧抱經學士勘核極為精博，因從借觀，校士之暇，輒用披尋，不揆樗昧，間附管窺，皆正楊氏之誤，抱經不我非也。其援引校讎，悉出抱經，參互考證，往復一終，遂得蕆事。」清錢大昕（1728～1804）〈荀子跋〉曰：「《荀卿子》書，世所傳唯楊倞注本，明人所刊，字句踳訛，讀者病之。少宗伯嘉善謝公視學江蘇，得餘姚盧學士抱經手校本，歎其精審，復與往復討論，正楊注之誤者若干條，付諸剞劂氏，而此書始有善本矣。」（載《湖海文傳》卷七十一）王念孫（1744～1832）《王石臞先生遺文》卷三〈讀荀子雜志敘〉曰：「《荀子》一書，注者蓋鮮，獨楊評事創通大義，多所發明，洵蘭陵之功臣也。而所據之本，已多訛錯，未能釐正。又當時古音久晦，通借之字，或失其讀，後之學者，諷誦遺文，研求古義，其可不加以討論與？盧抱經學士據宋呂夏卿本校刊，而又博訪通人，以是正之。劉端臨廣文又補

盧校之所未及，已十得其六七矣，而所論猶有遺忘，不揣固陋，乃詳載諸說，而附以鄙見，凡書之訛文、注之誤解，皆一一剖辨之。又得陳碩甫文學所抄錢佃本、龔定庵中翰所得龔士卨本，及元、明諸本，以相參訂，而俗本與舊本傳寫之訛，胥可得而正也。汲深綆短，自信未能，所望好此學者，重爲研究焉。」又〈讀荀子雜誌補遺敘〉曰：「余昔校《荀子》，據盧學士校本而加案語，盧學士校本則據宋呂夏卿本而加案語。去年，陳碩甫文學以手錄宋錢佃校本異同郵寄來都，余據以與盧本相校，已載入《荀子雜志》中矣。今年顧澗薲文學又以手錄呂、錢二本異同見示，余乃知呂本有刻本、影鈔本之不同，錢本亦有二本，不但錢與呂字句多有不同，即同是呂本，同是錢本，而亦不能盡同。擇善而從，誠不可以已也。時《荀子雜志》已付梓，不及追改，乃因顧文學所錄而前此未見者，爲《補遺》一編，並以顧文學所考訂及余近日所校諸條，載於其中，以質於好古之士云。」清顧廣圻（1770～1835）《思適齋書跋》卷三曰：「嘉慶初年，借得景抄大字宋本，校世德堂本，及覆校盧抱經本。今年又從藝芸書舍藉此印本（宋刻本）對勘，訂正景抄之誤，細驗避諱，不特在熙寧、元豐後，且在淳熙之後多年。或板有修改致然耶？所補寫各卷失葉，則皆非善，與錢耕道刊本既互有短長，又互有失葉，殊未可相補也。在宋世別有建本，爲王厚齋所見。又有二浙西蜀本，爲耕道所見。今皆無可訪得，因附識於此。」又曰：「《荀子》向唯明世德堂本最行於世，乃其本即從元纂圖互注本出，故重意之刪而未盡者，猶存兩條於楊注中，下又何怪乎本之不精也。餘姚盧抱經學士彙諸本，參以己意，校定重梓，首列影抄宋大字本，即今此本，從朱文遊家見之也。考《困學紀聞》所引，殆監本是已。探用頗多，咸足正世德堂之誤。」又曰：「藝芸書舍藏宋槧《荀子》二，北宋則呂夏卿監本，南宋則錢佃江西漕司本也。佃字耕道，陳直齋稱其本最爲完善，指同時建、浙、蜀諸本而言。若較監本互有短長，正以合之乃成兩美耳。近者王石渠先生《讀書雜志》內有《荀子》一種，屬訪此兩本，將採擇焉，當必各盡其所長矣。」清楊守敬（1839～1915）《日本訪書志》卷七「荀子二十卷」條曰：「今世中土所傳《荀子》宋本有二：一爲北宋呂夏卿熙寧本，一爲南宋錢佃江西漕司本，而唐與政所刊於台州，當時爲一重公案者，顧無傳焉。嘉慶間，盧抱經學士據朱文遊所藏影抄呂夏卿本，合元、明本校刊行世，王懷祖、顧澗薲皆有異議。然呂、錢兩本至今無重刊者。余初來日本時，從書肆購得此書雙鉤本數卷，訪之，乃知爲狩谷望之舊藏台州本，此其所擬

重刊未成者。厥後從島田篁村見影摹全部，因告知星使黎公求得之，以付梓人，一仍其舊，逾年乃成。按：此本後亦有呂夏卿等銜名，又別有熙寧元年中書舍子曾公亮等銜名，據與政自序『悉視熙寧之故』，則知其略無校改。案：王伯厚所舉四條，惟『君子知向矣』此本仍作『如響』，不相應，因知伯厚所舉者『向』、『響』之異，非『知』、『如』之異，此自校刊《紀聞》者之失。何校本仍作『如』。若盧抱經所勘，以此本照之，其遺漏不下數百字，又不第顧澗薲所舉〈君道〉篇『狂生者不胥時而樂』之不作『落』也。此間別有朝鮮古刊本，亦略與此本同。余又合元纂圖本、明世德堂本及王懷祖、劉端臨、郝蘭皋諸先生之說，更參以日本物茂卿（有《讀荀子》四卷）、冢田虎（有《荀子斷》四卷）、久保愛（有《荀子增注》二十卷）、豬飼彥博（有《荀子補遺》一卷）所訂，別爲札記，以未見呂、錢兩原本，將以有待，故未附刊焉。」清王先謙（1842～1917）《虛受堂文集》卷五〈荀子集解序〉曰：「國朝儒學昌明，《欽定四庫全書提要》首列《荀子》儒家，斥好惡之詞，通訓詁之誼，定論昭然，學者咸知崇尙，顧其書僅有楊倞注，未爲盡善。近世通行嘉善謝氏校本，去取亦時有疏舛，宿儒大師，多所匡益，家居少事，輒旁采諸家之說，爲《荀子集解》一書，管窺所及，間亦附載，不敢謂於荀書精意有所發明，而於析楊、謝之疑詞，酌宋、元之定本，庶幾不無一得。」繆荃孫（1844～1919）《荀子考異跋》曰：「荀子世傳有宋本二：一北宋呂夏卿熙寧本，一南宋錢佃淳熙本。而世間現行本則以盧抱經所刊爲最善。盧本所據校宋本出於呂夏卿，日本黎星使所刻唐仲友台州公庫本，亦有王子韶、呂夏卿銜名，則皆出於一源矣。錢佃本久無人見，想已亡佚。……是書雖屬鈔本，爲惠定宇、盧抱經、王懷祖、顧澗薲所未見。……蓋輾轉傳抄，不無訛脫，而別無他本可校，只仍其誤而附識於此。其他與盧本不合之處，讀者當自得之。」（見王天海《管子校釋》附錄八）徐仁甫（1901～1988）《乾惕居論學文集》卷一〈對雨樓本〈荀子考異〉跋〉曰：「宋錢佃《荀子考異》，鈔本一卷，江陰繆藝風刻入《對雨樓叢書》中。其跋語謂是書爲惠定宇、盧抱經、王懷祖、顧澗薲所未見。余案惠、盧兩氏誠未見，若王若顧，不可謂之未見也。何以言之？王氏道光十年《荀子補遺序》：『去年陳碩甫文學，以手錄宋錢佃校本異同，郵寄來都。余據以與盧本相較，已載《荀子雜志》中矣。今年顧澗薲文學又以手錄呂、錢二本異同見示，余乃知錢本有二本，而不能盡同，擇善而從，爲《補遺》一編，並以顧文學所考訂，載於其中。』此王、顧已

見錢本之明文也。然此僅云校本，猶可謂非《考異》，蓋錢氏於《荀子》有校本、《考異》之分。其《考異》跋語自稱得浙西蜀本、元豐國子監本，用諸本參校，凡是正一百五十有四字，此所謂校本者也。其有疑而未決者，著之末卷，又一百二十有六條，即此所謂《考異》也。惟諸家徵引，統謂之校本。今以王、顧兩家之書，徵引校本，而文與《考異》相合者校之。……顧氏且云錢佃本卷末，其指《考異》無疑也，安得謂之未見哉？」袁克文（1889～1931）《纂圖互注荀子跋》曰：「《纂圖互注荀子》，為南宋建陽坊刻之一，傳世者多元時覆刻謂宋。宋本惟天祿、平津有之，皆《六子全書》。天祿所藏未見流出，平津故物曾見數種，即元覆本。予獲其〈沖虛〉，足以成《六子》。視此宋刻，流動精整，則判若霄壤矣。雖以此中補板較之，亦不能及，蓋補板猶出於宋末，故刀法尚不失宋之規度。此雖當時帖括之書，而宋刻者頗罕，偶見於廠市，亟購置『後百宋一廛』中。」梁啓雄（1900～1965）《荀子柬釋自敘》曰：「漢文帝時，《孟子》列於學官，立博士教授，推崇有加，而荀子以與孟子微異其撰，既揚孟，必抑荀，軒輊之判，自此始矣！且先秦舊籍多賴漢儒箋注以行世，《孟子》有趙岐為之注，以是傳誦者眾，而《荀子》則闕如也。兼斯二因，遂使《荀子》棄置高閣，垂九百餘載。延及中唐，乃有楊倞創為之注。惟楊去古既遠，時或安其意以失其真，殊不足以饜人欲。益以宋、明之間揚孟抑荀之風倍甚於前，故其書終以蒙世詬屬，湮抑沈薶，無法復其光焉。迄清中葉，注之者驟增，盧召弓、汪容甫、王懷祖、郝恂九、劉端臨諸碩儒均有讎釋。光緒初，王益吾裒錄諸家，間下己意，為《荀子集解》。見行注《荀》善本，當獨推此矣！」王叔岷（1914～2008）《荀子斠理序》曰：「荀子之學，博於孟子，亦雜於孟子。前賢、近人於《荀子》書，或發明義蘊；或定正字句，立說繁多，咸有裨於研討。岷亦時有斠理，足補諸家漏略。因據《古逸叢書》影宋台州本，條理成篇。」

【作者情況】

　　孫卿即荀卿。《史記‧孟子荀卿列傳》曰：「荀卿，趙人，年五十始來遊學於齊。……田駢之屬皆已死。齊襄王時，而荀卿最為老師。齊尚修列大夫之缺，而荀卿三為祭酒焉。齊人或讒荀卿，荀卿乃適楚，而春申君以為蘭陵令。春申君死而荀卿廢，因家蘭陵。李斯嘗為弟子，已而相秦。荀卿嫉濁世之政，亡國亂君相屬，不遂大道而營於巫祝，信機祥，鄙儒小拘，如莊周等又猾稽亂俗，於是推儒、墨、道德之行事興壞，序列著數萬言而卒，因葬蘭

陵。」劉向《別錄》曰:「孫卿,趙人,名況。方齊宣王、威王之時,聚天下賢士於稷下,尊寵之。若鄒衍、田駢、淳于髡之屬甚眾,號曰列大夫,皆世所稱,咸作書刺世。是時,孫卿有秀才,年五十,始來遊學。諸子之事,皆以為非先王之法也。孫卿善為《詩》、《禮》、《易》、《春秋》。至齊襄王時,孫卿最為老師,齊尚修列大夫之缺,而孫卿三為祭酒焉。齊人或讒孫卿,乃適楚,楚相春申君以為蘭陵令。人或謂春申君曰:『湯以七十里,文王以百里。孫卿,賢者也,今與之百里地,楚其危乎!』春申君謝之,孫卿去,之趙。後客或為春申君曰:『伊尹去夏入殷,殷王而夏亡;管仲去魯入齊,魯弱而齊強。故賢者所在,君尊國安。今孫卿,天下賢人,所去之國,其不安乎!』春申君使人聘孫卿,孫卿遺春申君書,刺楚國,因為歌賦,以遺春申君。春申君恨,復固謝孫卿,孫卿乃行,復為蘭陵令。春申君死,而孫卿廢,因家蘭陵。李斯嘗為弟子,已而相秦。及韓非號韓子,又浮丘伯,皆受業,為名儒。孫卿之應聘諸侯,見秦昭王,昭王方喜戰伐,而孫卿以三王之法說之,及秦相應侯,皆不能用也。至趙,與孫臏議兵趙孝成王前。孫臏為變詐之兵,孫卿以王兵難之,不能對也。卒不能用。……孫卿卒不用於世,老於蘭陵。疾濁世之政,亡國亂君相屬,不遂大道,而營乎巫祝,信機祥。鄙儒小拘,如莊周等又滑稽亂俗,於是推儒、墨、道德之行事興壞,序列著數萬言而卒,葬蘭陵。」漢應劭《風俗通義‧窮通》亦曰:「齊威、宣王之時,聚天下賢士於稷下,尊寵之,若鄒衍、田駢、淳于髡之屬甚眾,號曰列大夫,皆世所稱,咸作書刺世。」宋唐仲友(1136~1189)《悅齋文鈔補‧唐楊倞注荀子後序》曰:「向博極群書,序卿事大氐本司馬遷,於遷書有三不合:春申君死當齊王建二十八年,距宣王八十七年。向言卿以宣王時來遊學,春申君死而卿廢。設以宣王末年遊齊,年已百三十七矣。遷書記孟子以惠王三十五年至梁,當齊宣王七年。惠王以叟稱孟子,計亦五十餘。後二十三年,子之亂燕,孟子在齊。若卿來以宣王時,不得如向言後孟子百餘歲。田忌薦孫臏為軍師,敗魏桂陵,當齊威王二十六年,距趙孝成王七十八年。臨武君與卿議兵於王前,向以為孫臏,倞以敗魏馬陵疑年,馬陵去桂林又十三年矣。《崇文總目》言卿楚人,楚禮為客卿,與遷書、向序駁,益難信。」清全祖望(1705~1755)《鮚埼亭集外編》卷三十一〈讀荀子〉曰:「太史公傳荀子,謂行年五十,始至齊遊學。顏黃門《家訓》因之,而劉中壘《說苑》作十五,相去懸絕,無可折衷。考〈儒林傳〉:齊威王招天下之士於稷下,而荀子客焉。威王在位三十六

年，不知荀子以何年至。姑弗論，但以歷事之君計之，則宣王十九年當齊極盛之時，愍王四十年當齊大亂之時，襄王十九年當齊中興之時，星移物換，前此田駢之屬皆死，而老師獨存，尚修列大夫之缺，三爲祭酒，固已百齡有餘。然而齊王建之三年，春申君方相楚，又歷八年，荀卿仕焉。春申柄政二十四年，死於李園之難。荀卿失官，卒葬於楚。即如《說苑》所云，已極年齒之永者矣。又據《說苑》，荀卿歸卒於趙，亦與《史記》不同。荀子生於趙，見《史記》。卒於趙，見《說苑》。然終身未嘗立趙之朝，以齊始，而以楚終，乃曾與趙臨武君論兵於孝成王之前，頗不可解。方荀子之由趙而齊，孝成未立，及其由楚而趙，孝成已亡，太抵當在去齊適楚之交，其年數頗相合。《通鑒》所載頗爲得之，此雖無甚關係，然亦讀史者所當考也。」《漢書・古今人表》列「孫卿」於第二等上中仁人。清梁玉繩《人表考》曰：「孫卿，始見《荀子・儒效》篇，本姓荀。荀之爲孫，語音之轉也。卿者，時人相尊而號之。名況，趙人，故曰荀子，亦曰荀卿，亦曰孫子，亦曰孫卿子。葬蘭陵。宋神宗元豐七年，封蘭陵伯。案孫卿之爲人，宋蘇軾《東坡集》有論甚確。觀其非史鰌、子思、孟子，又以禮義爲僞，人性爲惡，豈大醇而小疵者耶？《表》仍遷史孟、荀同傳之文，遂與子輿氏並居第二，學林已非之。元豐時，因禮官言錫封從祀孔廟。至明世宗，始黜而不祀，宜哉！」清謝墉（1719～1795）《聽鍾山房集》卷九〈荀子序〉曰：「荀卿又稱孫卿，自司馬貞、顏師古以來，相承以爲避漢宣帝諱，故改荀爲孫。考漢宣帝名詢，漢時尙不諱嫌名，且如後漢李恂與荀淑、荀爽、荀悅、荀彧，俱書本字，詎反於周時人名見諸載籍者而改稱之？若然，則《左傳》自荀息至荀瑤多矣，何不改邪？且即《前漢書》任敖、公孫敖俱不避元帝之名驁也。蓋荀音同孫，語遂移易。如荊軻在衛，衛人謂之慶卿，而之燕，燕人謂之荊卿。又如張良爲韓信都，《潛夫論》云：信都者，司徒也。俗音不正，曰信都，或曰申徒，或勝屠，然其本一司徒耳。然則荀之爲孫，正如此比。以爲避宣帝諱，當不其然。」清姚振宗（1842～1906）《漢書藝文志條理》卷二曰：「荀、孫乃音聲遞轉之誤。或謂漢人稱孫卿以宣帝諱詢避嫌名者，殊不然也。」又清胡元儀（1848～1908）有《郇卿別傳》及《考異》。

【學術大旨】

劉向《別錄》曰：「孫卿道守禮義，行應繩墨，安貧賤。孟子者，亦大儒，以人之性善。孫卿後孟子百餘年，孫卿以爲人性惡，故作〈性惡〉一篇，以

非孟子。蘇秦、張儀以邪道說諸侯，以大貴顯。孫卿退而笑之曰：『夫不以其道進者，必不以其道亡。』……唯孟軻、孫卿爲能尊仲尼。蘭陵多善爲學，蓋以孫卿也。……觀孫卿之書，其陳王道甚易行，疾世莫能用。其言悽愴，甚可痛也。嗚呼！使斯人卒終於閭巷，而功業不得見於世。哀哉！可爲霣涕。其書比於記傳，可以爲法。」東漢徐幹（170～217）《中論・審大臣第十六》曰：「昔荀卿生乎戰國之際，而有叡哲之才，祖述堯舜，憲章文武，宗師仲尼，明撥亂之道，然而列國之君以爲迂闊不達時變，終莫之肯用也。」又無名氏《徐幹〈中論〉序》曰：「予以荀卿子、孟軻懷亞聖之才，著一家之法，繼明聖人之業。……君以爲縱橫之世，乃先聖所厄困也，豈況吾徒哉？有譏孟軻不度其量，擬聖行道，傳食諸侯；深美顏淵、荀卿之行，故絕跡山谷，幽居研幾。」唐楊倞《荀子序》曰：「陵夷至於戰國，於是申、商苛虐，孫、吳變詐，以族論罪，殺人盈城，談說者又以慎、墨、蘇、張爲宗，則孔氏之道，幾乎息矣。有志之士所爲痛心疾首也。故孟軻闡其前，荀卿振其後，觀其立言指事，根極理要，敷陳往古，掎挈當世，撥亂興理，易於反掌，眞名世之士、王者之師。又其書亦所以羽翼六經，增光孔氏，非徒諸子之言也。蓋周公製作之，仲尼祖述之，荀、孟贊成之，所以膠固王道，至深至備，雖春秋之四夷交侵，戰國之三綱弛絕，斯道竟不墜矣。」唐韓愈（768～824）《讀荀子》曰：「及得荀氏書，於是又知有荀氏者也。考其辭，時有若不醇粹；要其歸，與孔子異者鮮矣。抑其猶任軻、雄之間乎？孔子刪《詩》、《書》，筆削《春秋》，合於道者著之，離於道者黜之，故《詩》、《書》、《春秋》無疵。余欲削荀氏之不合者，附於聖人之籍，亦孔子之志歟？孟氏醇乎醇者也，荀與揚大醇而小疵。」宋歐陽修（1007～1072）《居士集》卷四十一〈鄭荀改名序〉曰：「三代之衰，學廢而道不明，然後諸子出。自老子厭周之亂，用其小見，以爲聖人之術止於此，始非仁義而詆聖智。諸子因之，益得肆其異說。至於戰國，蕩而不反，然後山淵齊高、堅白異同之論興，聖人之學幾乎其息。最後，荀卿子獨用詩書之言，貶異扶正，著書以非諸子，尤以勸學爲急。荀卿，楚人，嘗以學干諸侯，不用，退老蘭陵，楚人尊之。及戰國平，三代《詩》、《書》未盡出，漢諸大儒賈生、司馬遷之徒，莫不盡用荀卿子，蓋其爲說最近於聖人而然也。」宋王安石（1021～1086）〈荀卿論〉曰：「楊、墨之道，未嘗不稱堯、舜也，未嘗皆不合於堯、舜也。然而孟子之所以疾之若是其至者，蓋其言出入於道而已矣。荀卿之書，備仁義忠信之道，具禮樂政刑之紀，上祖

堯、舜，下法周、孔，豈不美哉？然後世之名遂配孟子，則非所宜矣。夫堯、舜、周、孔之道，亦孟子之道也；孟子之道，亦堯、舜、周、孔之道也。荀卿能知堯、舜、周、孔之道，而乃以孟子雜於楊朱、墨翟之間，則何知？彼而愚於此乎？昔墨子之徒亦譽堯、舜而非桀、紂，豈不至當哉？然禮、樂者，堯舜之所尚也，乃欲非而棄之，然則徒能尊其空名爾，烏能知其所以堯、舜乎？荀卿之尊堯、舜、周、孔，亦誠知所尊矣。然孟子者，堯、舜、周、孔之徒也，乃以雜於楊朱、墨翟而並非之，是豈異於譽堯、舜而非禮、樂者耶？昔者聖賢之著書也，將以昭道德於天下，而揚教化於後世爾，豈可以託尊聖賢之空名，而信其邪謬之說哉？今有人於此，殺其兄弟，戮其子孫，而能盡人子之道，以事其父母，則是豈得不爲罪人耶？荀卿之尊堯、舜、周、孔，而非孟子，則亦近乎是矣。昔告子以爲性猶杞柳也，義猶桮棬也。孟子曰：率天下之人而禍仁義者，必子之言矣。夫杞柳之爲桮棬，是戕其性而後可以爲也。蓋孟子以爲人之爲仁義，非戕其性而後可爲，故以告子之言爲禍仁義矣。荀卿以爲人之性惡，則豈非所謂禍仁義者哉？顧孟子之生，不在荀卿之後焉爾，使孟子出其後，則辭而辟之矣。」（載《宋文選》卷十）宋蘇軾（1037～1101）《東坡應詔集》卷九〈荀卿論〉曰：「昔者嘗怪李斯師事荀卿，既焚滅其書，盡變古先聖王之法，於其師之道，不啻若寇讎。及今觀荀卿之書，然後知李斯之所以事秦者，皆出於荀卿，而不足怪也。荀卿者，喜爲異說而不讓，敢爲高論而不顧者也。其言愚人之所驚，小人之所喜也。子思、孟軻，世之所謂賢人君子也，荀卿獨曰：『亂天下者，子思、孟軻也。』天下之人如此其眾也，仁人、義士如此其多也，荀卿獨曰：『人性惡，桀紂性也，堯舜僞也。』由是觀之，意其爲人，必也剛愎不遜，而自許太過。彼李斯者，又特甚者耳。今夫小人之爲不善，猶必有所顧忌，是以夏、商之亡，桀、紂之殘暴，而先王之法度禮樂刑政猶未至於絕滅而不可考者，是桀、紂猶有所存而不敢盡廢也。彼李斯者，獨能奮而不顧，焚燒夫子之六經，烹滅三代之諸侯，破壞周公之井田，此亦必有所恃者矣。彼見其師歷詆天下之賢人，自是其愚，以爲古先聖王皆無足法者，不知荀卿特以快一時之論，而荀卿亦不知其禍之至於此也。其父殺人報仇，其子必且行劫。荀卿明王道，述禮樂，而李斯以其學亂天下，其高談異論有以激之也。孔、孟之論，未嘗異也，而天下卒無有及者。苟天下果無有及者，則尚安以求異爲哉！」程子曰：「荀卿才高學陋，以禮爲僞，以性爲惡，不見聖賢，雖曰尊子弓，然而時相去甚遠。聖人之道，

至卿不傳。」（見《二程外書》卷十）又曰：「荀卿才高，其過多；揚雄才短，其過少。韓子稱其大醇，非也。若二子，可謂大駁矣，然韓子責人甚恕。」（見《二程遺書》卷十八）宋晁公武（1105～1180）《郡齋讀書志》卷十曰：「其書以性爲惡，以禮爲僞，非諫諍，傲災祥，尙強伯之道。論學術，則以子思、孟軻爲飾邪說、文奸言，與墨翟、惠施同詆焉。論人物，則以平原、信陵爲輔拂，與伊尹、比干同稱焉。其指往往不能醇粹，故後儒多疵之云。」宋韓元吉（1118～1187）《南澗甲乙稿》卷十七〈荀子論〉曰：「夫孔、孟之說，其於當世，不翅如水火之殊科，方圓之異鑿也。惟其所守不爲天下所移，而亦不務於求合，此後世之士跂望而不可及也。若夫荀卿子之書，其亦未免於求合者歟？何則？卿所負者，儒術也；所遭者，戰國也。戰國之時，非富不安，非強不立，非兵不雄也。故世之遊士持是三者以要諸侯，曰：吾足以富爾國，吾足以強爾國，吾足以用兵決勝而謀爾國。戰國之君，非是三者亦莫之聽焉。而卿之書，皆有之卿之意，以爲吾所謂富國者非彼之所謂富國者也，吾所謂強國者非彼之所謂強國者也，吾所謂用兵者非彼之所謂用兵者也。由吾之說，亦足致富強而善用兵矣。故富國之說曰節用、裕民，而善藏其餘，強國之說曰道德之威成乎安強，用兵之說曰兵要在乎附民而已。卿之言非不正也，其所以爲言者，將以求合也。彼其見戰國之士以是得君，則亦懼其言之不入也。飾仁義之說，以附於三者焉。然其論雄深而辯博，此其所以使李斯之徒學之而失其所後先哉？」宋唐仲友（1136～1188）《悅齋文鈔》卷八〈荀卿論〉曰：「戰國之際，七雄以詐力相傾，處士橫議，申子、商君、蘇秦、張儀、虞卿、犀首、吳起、孫臏之流，既以富強約闔之術徼時好以取富貴。淳于髡、鄒衍、列禦寇、莊周、田駢、慎到、楊朱、墨翟之徒，又相與造爲異端，充塞天下。聖人之道，不絕如線。所幸者，孟軻闢其前，荀卿振其後。雖周遊天下，窮老無所致用，而垂世教，孟子之書七篇，荀卿之書二十二篇，觀其立言指事，根極理要，專以明王道，黜霸功，辟異端，息邪說，皇皇乎仁義禮樂、性命道德之旨。二書蓋相表裏矣，後世學者推尊之曰孟、荀，莫敢少貶。或皆稱其優入聖域，或皆許以王者之師，以爲誠然。以吾觀之，孟子而用，必爲王者之佐；荀卿而用，不過霸者之佐。二子不可同日而語也。王霸之道，起於用心誠與不誠之間。至其所就，乃有霄壤之異。故自其外而觀之：王者爲仁，霸者亦爲仁；王者爲義，霸者亦爲義；王者有禮信，霸者亦有禮信；王者有刑政，霸者亦有刑政。及自其內而觀之：王者之心一出於誠，故正其誼不謀

其利，明其道不計其功；霸者之心雜出於詐，故假仁以爲利，利勝而仁衰，仗義以牽人，人從而義廢。湯武、威文由此分也。商自契至於成湯，周自后稷至於文武，積功累仁，其來也遠，豈有心於得天下哉？正心誠意於閨門之內，而道化行於萬里；發政施仁於朝廷之上，而德澤溢乎四海。其植本固，其流波遠，天下欣然歸之，有不可辭者。後世憑藉其德，斯民愛戴之心，至數百年而未已，是豈出於僞爲者哉？若威文之霸也，救邢卦衛，以竊存亡之仁；伐楚會世子，以假尊王之義；伐原以示之信，大搜以示之禮，類非出於誠心，故葵丘之會，振矜而失諸侯；河陽之狩，以臣而召天子。不終其身而德業俱喪，僞爲之事，可暫而不可以久故也。吾觀荀卿之書，若尊王而賤霸矣。至於論王霸之說，則不一而足。既曰：『粹爲王，而駁爲霸。』又曰：『義立而王，信立而霸。』又曰：『隆禮尊賢而王，重法愛民而霸。』又曰：『善日者王，善時者霸。』是何說之多端耶？以卿之不知本故也。卿之言性曰：『人性惡，其善者僞也。』夫善之可以僞爲，則仁義禮信何適而非僞？四者既出於僞，何適而非霸者之心？其去王者不亦遠乎！吾以是知卿之用，必爲霸者之佐也。卿之言既不用於世，而李斯之學實出於卿。斯用於秦，卒鹻六國而夷之，又佐始皇焚詩書，殺學士，以愚黔首，卿之僞蓋有以啓之。使卿用，雖未如斯之過，其不能爲王者之佐，固昭然矣。或曰：卿之書言誠多矣，若曰『君子養心莫善於誠』，又曰『誠者，君子之所守，而政事之本也』，卿豈不知王道之出於誠哉？曰：子以爲誠者，自外至耶？將在內耶？性者與生俱生，誠者天之道，初非一物也。既以性爲惡，則誠當自外入，外入則僞，烏睹所謂誠乎？……然則荀卿者，告子之儔，非孟子比也。」又《悅齋文鈔補・唐楊倞注荀子後序》曰：「自戰國爭富強，儒道絀，孟子學孔子言，王可反掌致，卒不見用。卿後孟子，亦尊孔氏。子思作《中庸》，孟子述之，道性善。至卿，以爲人性惡，故非子思、孟軻，揚雄以爲同門異戶。孟子與告子言性，卒絀告子。惜卿不見孟子，不免異說。方說士徼時好，卿獨守儒議，兵以仁義，富以儒術，彊以道德之盛，旨意與孟子同。見應侯，病秦無儒。昭王謂儒無益人之國，極明儒效。秦併天下以力，意儒果無用，至於坑焚，滅不旋踵。漢奮布衣，終假儒以定，卿言不用而後驗。自董仲舒、韓愈皆美卿書，言王道雖不及孟子，抑其流亞，廢於衰世，亦命矣夫。學者病卿，以李斯、韓非。卿老師，學者已眾，二子適見世，晝寢餔啜，非師之過。使卿登孔門，去異意，書當與七篇比，此君子所爲太息！」宋陳造（1133〜1203）《江湖長

翁集》卷三十一〈題荀子〉：「書出乎秦之前，六經之外，惟《孟》、《荀》理之寓乎文。渾厚嚴密，與經表裏。其他書言非不工，然不自儒出，故舛駁雜亂，過目之具爾，習之則疵。吾學荀子之書，違道百一，孟氏之流歟？揚雄固多愧，況王通氏乎？」宋孫奕《示兒編》卷十一「荀子反經」條曰：「三代以後，儒者敢於自信而好異，莫荀卿若也。堯、舜，揖遜之主，而以爲非禪；周公，恭儉之臣，而以爲不恭不儉。子思，人所不可非，則非之；孟子，人所不敢非，則非之。禮義本不僞，則以爲僞；人性本不惡，則以爲惡。六經有親出夫子之筆舌，有實載聖人之本文，卿猶一切反之。故〈議兵〉篇曰：『堯殺一人，刑二人，而天下治。』楊倞釋之謂：『一人爲鯀，二人爲共工、驩兜矣。』又自曰：『堯伐驩兜，禹伐共工。』非惟與《舜典》『四罪』、《左氏》『舜去四凶』之說異，又且自相背馳。甚者，《正論》有曰：『象刑非生於治古，並起於亂今。』則又直不以『典謨象刑，惟明之言』爲可信，而好異甚矣。究而言之，象刑之制，即《周禮》『垂刑象之法於象魏』是也。畫刑爲象者，無非畫墨劓、荆、宮、大辟之刑，用刀鋸、斧鉞之狀以示於人，使之懲於未然而知畏耳。苟知畏，則不復犯刑，乃刑期於無刑之本意矣，烏得謂之『非生於治古者』哉？就如卿言，是敢於殺人，而不敢於刑人也。然而李斯、韓非之慘刻，不當罪韓、李，而當罪卿，其亦作俑者與？」宋唐仲友（1136～1188）《荀卿論》曰：「荀卿而用不過霸者之佐。自外而觀之，王者有仁義，霸者亦有仁義；王者有禮信，霸者亦有禮信。自內而觀之，王者之心一出於誠，霸者之心雜出於詐，荀卿以善爲僞，則仁義禮信何適而非僞也。或曰：『卿言君子養心莫善於誠。』又曰：『誠者君子之所守，卿豈不知誠哉。』曰：『子以爲誠者自外至邪，將在內邪。以性爲惡，則誠將自外入，外入則僞。』」宋黃震（1213～1280）《黃氏日鈔》卷五十五曰：「余讀荀卿書，然後知昌黎公之不可及。……大抵誦述正論於義理開明之日易，辨明正理於是非迷謬之世難。自戰國縱橫之說興，而處士橫議之風熾。極而至於莊周，並收一世之怪，大肆滑稽之口以戲薄堯、舜、禹、湯、文、武、周公、孔子之道，而天下之正理，世無復知。於斯時也，知尊王而賤霸，知尊孔氏而黜異端，孟子之後，僅有荀子一人。」又曰：「昌黎稱荀子大醇小疵，世之因而指實其小疵者，曰非子思、孟子也，曰謂性爲惡而謂爲善者僞也。若然，則豈止小疵而已哉？余觀其非子思、孟子，蓋其妄以知道自任，故欲排二子而去之，以自繼孔子之傳，其意盡於篇末可見，其失正坐不自量耳。至其以爲善爲僞，則其說雖

可驚，其意猶可錄。蓋彼所以僞者，人爲之名，而非詐僞之謂。若曰人性本惡，修爲斯善，其意專主習而不主性，其說遂墮一偏。而又古今字義漸變不同，如古以媚爲深愛，而後世以爲邪；古以佞爲能言，而後世以爲諂。荀子之所謂僞，殆類《中庸》之所謂『矯而擇言不精，遂犯眾罵』。不然，何至以爲善爲詐僞之僞也哉？惟其本意之所指，初不其然，此昌黎姑恕其說而指爲小疵歟？抑荀子之小疵，雖其議論之近理者，亦或不免，不但非孟言性而已也。大抵荀子之所主者在禮，而曰『禮之敬文也』，則禮之本於內心者，卿殆未之深考。故其議禮之效，惟欲辨分以足用。其於論王伯曰：『粹而王，駁而伯。』曰：『義立而王，信立而伯。』幾謂王伯無異道，特在醇不醇之間，至於內心義利之分，則略不之及。又謂能治其國，則文繡爲當然，而厚葬爲無害，其與他日譏齊威淫泆，而猶許其有大節者，無以異。然則使荀卿而用於世，亦不過富國強兵、善致鄰國、成霸功爾。」宋王應麟（1223～1296）《困學紀聞》卷十曰：「荀卿《非十二子》，《韓詩外傳》引之，止云十子，而無子思、孟子。愚謂荀卿非子思、孟子，蓋其門人如韓非、李斯之流託其師說以毀聖賢，當以《韓詩》爲正。」明宋濂（1310～1381）《諸子辨‧荀子》：「況之爲人，才甚高而不見道者也。由其才甚高，故立言或弗悖於孔氏；由其不知道，故極言性惡，及譏訕子思、孟軻不少置。學者其亦務知道哉！至若李斯，雖師卿，於卿之學懵乎未之有聞。先儒遂以爲病，指卿爲剛愎不遜、自許太過之人，則失之矣。」明方孝孺（1357～1402）《遜志齋集》卷四〈讀荀子〉：「若荀卿者，剽掠聖人之餘言，發爲近似中正之論，肆然自居於孔子之道而不疑，沛乎若有所宗淵乎，執之而無窮，尊王而賤霸，援堯、舜，擴湯、武，鄙桀、紂，儼若儒者也。及要其大旨，則謂人之性惡，以仁義爲僞也，妄爲蔓衍不經之辭，以蛆蟲孟子之道，其區區之私心，不過欲求異於人，而不自知卒爲斯道讒賊也。蓋數家者偏駁不倫，故去之也易；荀卿似乎中正，故世多惑之。惜無孟子者出以糾其謬，故其書相傳至今。孔子曰：『惡紫，爲其亂朱也；惡鄭聲，爲其亂雅樂也。』夫欲擯悖道之書而不用，必自荀卿始。何者？其言似是而實非也。」明敖英《綠雪亭雜言》曰：「荀子以禮爲僞，宋儒多疵之，殊不知荀子蓋指禮之末流之弊而言也，非言禮之本體也。嘗試觀之，魯國禘自既灌而往之禮，王莽謙恭下士之禮，蘇章杯酒待故人之禮，曹丕受禪之禮，桓溫拜表輒行之禮，謂之非僞也，而可乎？故傳說曰：『禮煩則亂。』孔子曰：『禮，與其奢也寧儉。』老子曰：『禮者，忠信之薄，而亂之

首也。』皆即末流之弊而言也。孰謂蘭陵老令，曾不知禮乎？不然，其著書
何以曰『學至乎禮而止』？何以曰『人無禮則不生，事無禮則不成，國家無
禮則不寧』？何以曰『禮者所以正身也，師者所以正禮也』？」明陸粲（1494
～1551）《陸子餘集》卷一〈注荀卿子序〉曰：「吾讀荀卿子書，高其文辭，
而怪今之君子之好之何少也。或曰：荀卿者，意廣而為學闊疏，議論大抵矯
亢失中，又時譏切孟子，以故近世儒者或頗黜其書。吾亦甚恨卿之不遭孟子
也，使夫得遊從焉，與相切磋，而去其蔽，則卿固可為醇儒哉！然自孔氏沒，
七十子之徒散亡既盡，教益衰，學士大夫爭騖於權利，而卿獨修先王之言，
卓然不阿時好，彼所謂豪傑士也，非耶？戰國之世，儒者阨窮，孟子既困於
齊、梁以終，而卿亦老無所遇，晚乃適楚，楚既衰矣，而黃歇當國，未見其
有可仕者也。方天下日被秦虐，吳之故墟，去中國稍闊遠，兵車不及，卿將
託焉，以卒老歟？非有意於干謁也。卿沒後，李斯相秦，以併天下，斯雖嘗
遊其門，而卒叛去，乃用異說以殘民，廢先王之道，蓋其徒之不肖者也。而
或者謂卿之學有以使之。夫學焉而失其真，自孔氏之門不能無雜，而獨卿歟？
其師善醫，其弟子蓄蠱以殺人，非師之罪也。議者以斯故病卿，亦良過矣。
卿之書三十二篇，其〈禮〉、〈樂〉二篇，多《戴記》中語，餘篇自〈大略〉
以下，文辭不類，往往雜見於《家語》諸書中，將後來者勦焉以附益之乎？」
明歸有光（1507～1571）《震川集》卷一〈荀子序錄〉曰：「當戰國時，諸子
紛紛著書，惑亂天下，荀卿獨能明仲尼之道，與孟子並馳。顧其為書者之體，
務富於文辭，引物連類，蔓衍誇多，故其間不能無疵。至其精造，則孟子不
能過也。自揚雄、韓愈皆推尊之，以配孟子。迨宋儒，頗加詆黜。今世遂不
復知有荀氏矣。悲夫！學者之於古人之書，能不惑於流俗而求自得於心者，
蓋少也。」明王世貞（1526～1590）《讀書後》卷五〈讀荀子〉曰：「吾讀荀
氏書，其言性惡、禮矯，大抵多憤嫉過中之旨，則豈唯小疵已哉？至云『養
心莫善乎誠』，有味乎有言之也。」明李贄（1527～1602）《藏書》卷三十二
「荀卿」曰：「荀與孟同時，其才俱美，其文更雄傑，其用之更通達而不迂，
不曉當時何以獨抑荀而揚孟軻也。中間亦尊周、孔，然非俗所以尊者；亦排
墨子，亦非十二子，然亦非世俗之所以排、所以非者，故曰『荀、孟』。吁！
得之矣。」明李贄（1527～1602）《焚書》卷五「宋人譏荀卿」又曰：「宋人
謂卿之學不醇，故一傳於李斯，即有坑儒焚書之禍。夫弟子為惡而罪及師，
有是理乎？若李斯可以累荀卿，則吳起亦可以累曾子矣！」明姚希孟（1579

～1636）《松瘿集》卷一〈讀荀子〉曰：「荀卿書多微言奧旨，而大要推本儒術，其〈勸學〉、〈修身〉、〈儒效〉等篇，擇其精醒，雜之《戴記》、《家語》中，無辨也。其爲《戴記》所摭實者最多，禮、樂諸論，半入經籍。余向者讀《禮記・三年問》，迴環反覆，涕泗交頤，謂非至人不能道，乃全出《荀子》。不瞀者反疑《荀子》襲《禮記》。夫《禮記》賴漢儒補綴成書，而荀卿生於戰國，其遊學於齊，從騶衍、淳于之徒，舌辨相高，非洙泗之傳也何襲焉？獨其尊孔氏而垺於子弓，斥游、夏爲賤儒，詆訶子思、孟軻以爲聞見雜博，而其獲罪天下萬世者，尤在性惡一論。性惡之旨，本於告子而暢言之，其意亦欲彰古聖人輔世立教之功，乃詘天以伸人，不知非荄不葩，非氾不濬，鵠白烏玄，可如黝堊變亂其質哉？蓋習聞淳于諸子之說，敢於抨擊孟氏，其於儒術，又曙末而眯本，遂至譸張亡忌，以胎李斯之禍，而不可救。千古昭明性學，以孟氏稱元功，卿不得不爲戎首矣。其文詞多婀嬝，婕婡可愛，自成篇法，小恨綿弱耳，亦往往得精摯語。至於雲、蠶諸小賦，眞屈、宋之亞，而江、鮑之鼻祖也。讀書者不以辭害志，亦不可以志害辭，各有取爾矣。」清任啓運（1670～1744）《清芬樓遺稿》卷三〈荀卿論〉曰：「韓退之曰：『孟、荀以道鳴。』又曰：『孟氏醇乎醇者也，荀與楊大醇而小疵。』其說當矣。余觀楊氏身爲莽大夫，其說亦比附影響，少精實，如是而撤去從祀，宜也。獨惜荀子特以性惡一言，遂與楊氏並撤，而曾不察其意。孔子曰：『繼之者善，成之者性。』子思曰『天命』，孟子曰『性善』，而荀子獨曰『性惡』，且甚其詞曰：『亂天下者子思、孟子。』其立說誠過。然吾以爲荀子特欲矯子思、孟子之偏，而不自知其言之過者也。性之文，從生從心，言生而有此心也。夫生固不能有道心而無人心，則口之於味，目之於色，詎得謂之非性？荀子誠懼率性之說一倡，天下後世必有任其欲味之性，而至於紾兄；任其欲色之性，而至於摟處子，且曰：『此吾性之眞，此即吾性之善。』直以惡爲善，而先王之禮樂名教直以爲苦人之具，必至盡蕩滅而後已。故遂謂性爲惡，而謂必從先聖人仁義之訓，然後可以爲人，故曰『善者僞也』。僞也者，人爲之謂也，後人不解荀子之意，而以僞爲假，夫亦昧乎其義矣。且夫荀子之意，未嘗不以性爲善也，其言曰：『今人之性，生而有好利焉，順是，故予奪生而辭讓亡；生而有疾惡焉，順是，故殘賊生而忠信亡。』亡之爲言，固有而失之之謂也。然則荀子以辭讓忠信爲固有明矣。彼蓋以辭讓忠信爲孔子所云繼之之善，以好利疾惡爲成之之性也。子思、孟子之言性，由繼善而更上之；荀子之言性，

自成性而又下之。其所謂性者不同，則其所謂善惡亦異，而其意則未嘗異也。雖然，由子思、孟子之說，人之爲仁義也，樂之；由荀子之說，人之爲仁義也，苦之。使人以仁義爲苦，非荀子之意也。然其弊必至於此也，立言而弊，是固荀子之過也夫。」清汪由敦（1692～1758）《松泉文集》卷十五〈讀荀子書後〉曰：「荀子言根乎道，而行文委曲紆徐，以暢其旨。孟子而外，卓乎爲諸家冠。蓋老子謹嚴，莊、列恣肆，惟荀氏理近正而辭大醇，不獨唐、宋名家多從此出，即漢京、賈、董亦多依仿其文辭。愚謂學文之士，讀六經、《論語》而外，當讀《荀子》。《荀子》熟，秦、漢以及八家舉包孕其中矣。」清劉大櫆（1698～1780）《海峰文集》卷四〈刪錄荀子序〉曰：「孔子沒，聖人之道衰，譎詭權變之士，爭以其言干世主，著書者紛紛出焉。楚有環淵，鄭有申不害，宋有墨翟，趙有公孫龍、慎到，齊有鄒忌、鄒衍、鄒奭、田駢、接子、淳于髡之徒，皆各得一術以自喜，以詆諆孔子爲務。而荀卿獨爲晚出，疾世之治方術之士皆愚者，一物一偏，而自謂知道，實無知。治國者，不能飾動以禮義，論德定次，量能授官，使賢不肖得其位，能不能得其職，而欲以求治，猶立枉木而求其影之直。於是推本堯、舜以來相承之意，辨儒、墨之分，明王業，以爲有亂君，無亂國，爲國必本之修身，國無禮則不正，禮之於國，猶衡之於輕重，繩墨之於曲直，規矩之於方圓，卒述〈王制〉，著〈勸學〉、〈修身〉、〈議兵〉、〈禮〉、〈樂論〉十餘萬言，雖於聖人性命精微之旨未能具見其源流，考其言多所紕繆，然亦可謂好學篤志君子者矣。」清全祖望（1705～1755）《經史問答》卷十曰：「荀子醇疵相間，然不可謂非孟子而下一人。故《史記・孟荀列傳》可謂有見。……荀子之參差於孟子，自是其病，而正亦是其本色所在，不肯附會。」《四庫全書總目》卷九十一〈荀子提要〉曰：「況之著書，主於明周、孔之教，崇禮而勸學。其中最爲口實者，莫過於〈非十二子〉及〈性惡〉兩篇。……至其以性爲惡，以善爲僞，誠未免於理未融。然卿恐人恃性善之說，任自然而廢學，因言性不可恃，當勉力於先王之教。故其言曰：『凡性者，天之所就也，不可學，不可事；禮義者，聖人之所生也，人之所學而能，所事而成者也。不可學、不可事而在人者，謂之性；可學而能、可事而成之在人者，謂之僞。是性、僞之分也。』其辨白『僞』字甚明。楊倞注亦曰：『僞，爲也。凡非天性而人作爲之者，皆謂之僞。故僞字人旁加爲，亦會意字也。』其說亦合卿本意。後人昧於訓詁，誤以爲『眞僞』之僞，遂譁然掊擊，謂卿蔑視禮義，如老、莊之所言。是非惟未睹其全

書，即〈性惡〉一篇，自篇首二句以外，亦未竟讀矣。平心而論，卿之學源出孔門，在諸子之中最爲近正，是其所長；主持太甚，詞義或至於過當，是其所短。韓愈『大醇小疵』之說，要爲定論，餘皆好惡之詞也。」《四庫全書簡明目錄》卷九亦曰：「況亦孔氏之支流，其書大旨在勸學，而其學主於修禮，徒以恐人恃質而廢學，故激爲性惡之說，受後儒之詬厲。要其宗法聖人，誦說王道，終以韓愈『大醇小疵』之評爲定論也。」清謝墉（1719～1795）《聽鍾山房集》卷九〈荀子序〉曰：「荀子生孟子之後，最爲戰國老師。太史公作傳，論次諸子，獨以孟子、荀卿相提並論，餘若談天、雕龍、炙轂及愼子、公孫子、尸子、墨子之屬，僅附見於孟、荀之下。蓋自周末歷秦、漢以來，孟、荀並稱久矣。……愚竊嘗讀其全書，而知荀子之學之醇正、文之博達，自四子而下，洵足冠冕群儒，非一切名、法諸家所可同類共觀也。觀於〈義兵〉篇對李斯之問，其言仁義與孔、孟同符，而責李斯以不探其本而索其末，切中暴秦之弊。乃蘇氏譏之，至以爲『其父殺人，其子必且行劫』。然則陳相之從許行，亦陳良之咎歟？此所謂『欲加之罪』也。荀子在戰國時，不爲遊說之習，鄙蘇、張之縱橫，故《國策》僅載諫春申事，大旨勸其擇賢而立長，若早見及於李園棘門之禍，而爲『厲人憐王』之詞，則先幾之哲固異於朱英策士之所爲。故不見用於春申，而以蘭陵令終，則其人品之高，豈在孟子下？顧以嫉濁世之政，而有〈性惡〉一篇，且詰孟子性善之說而反之，於是宋儒乃交口攻之矣。嘗即言性者論之：孟子言性善，蓋勉人以爲善而爲此言；荀子言性惡，蓋疾人之爲惡而爲此言。要之，繩以孔子相近之說，則皆爲偏至之論：謂性惡，則無上智也；謂性善，則無下愚也。韓子亦疑於其義，而爲三品之說，上品、下品蓋即不移之旨，而中品則視習爲轉移，固勝於二子之言性者矣。然孟子偏於善，則據其上游；荀子偏於惡，則趨乎下風。由憤時疾俗之過甚，不覺其言之偏也。然尚論古人，當以孔子爲權衡，過與不及，師、商均不失爲大賢也。」清錢大昕（1728～1804）《荀子跋》﹝註42﹞曰：「蓋

﹝註42﹞　錢大昕《潛研堂文集》卷二十七〈跋荀子〉一文與此大同小異，其文曰：「《荀子》三十二篇，世所共訾警之者，惟〈性惡〉一篇，然多未達其旨趣。夫孟子言性善，欲人之盡性而樂於善；荀子言性惡，欲人之化性而勉於善。言性雖殊，其教人以善，則一也。世人見篇首云『人之性惡，其善者僞也』，遂掩卷而大詬之，不及讀之終篇。今試平心而讀之，荀子所謂『僞』，只作『爲善』之『爲』非『誠僞』之『僞』，故曰：不可學、不可事而在人者，謂之性；可學而能、可事而成之在人者，謂之僞。古書『僞』與『爲』通，〈堯典〉『平秩南訛』，《史記》作『南爲』，《漢書・王莽傳》作『南僞』，此其證也。若讀

自仲尼既歿，儒家以孟、荀爲最醇，太史公敘列諸子，獨以孟、荀標目，韓退之於荀氏雖有『大醇小疵』之譏，然其云『吐辭爲經』、『優入聖域』，則與孟氏並稱，無異詞也。宋儒所訾議者，唯〈性惡〉一篇。愚謂孟言性善，欲人之盡性而樂於善；荀言性惡，欲人之化性而勉於善。立言雖殊，其教人以善，則一也。宋儒言性，雖主孟氏，然必分義理與氣質而二之，則已兼取孟、荀二義，至其教人以變化氣質爲先，實暗用荀子『化性』之說，然則荀子書詎可以小疵訾之哉？古書『僞』與『爲』道，荀子所云『人之性惡，其善者僞也』，此『僞』字即『作爲』之『爲』，非『詐僞』之『僞』，故又申其義云：『不可學、不可事而在人者，謂之性；可學而能、可事而成之在人者，謂之僞。』〈堯典〉『平秩南訛』，《史記》作『南爲』，《漢書・王莽傳》作『南僞』，此『僞』即『爲』之證也。」（見《湖海文傳》卷七十一）清汪中（1744～1794）《述學補遺・荀卿子通論》曰：「荀卿之學，出於孔氏，而尤有功於諸經。《經典敘錄・毛詩》：『徐整云：子夏授高行子，高行子授薛倉子，薛倉子授帛妙子，帛妙子授河間人大毛公，毛公爲《詩故訓傳》於家，以授趙人小毛公。一云：子夏傳曾申，申傳魏人李克，克傳魯人孟仲子，孟仲子傳根牟子，根牟子傳趙人孫卿子，孫卿子傳魯人大毛公。』由是言之，《毛詩》，荀卿子之傳也。《漢書・楚元王交傳》：『少時嘗與魯穆生、白生、申公同受《詩》於浮丘伯。伯者，孫卿門人也。』《鹽鐵論》云：『包丘子與李斯俱事荀卿。』（包丘子即浮丘伯。）劉向敘云：『浮丘伯受業爲名儒。』《漢書・儒林傳》：『申公，魯人也，少與楚元王交，俱事齊人浮丘伯，受《詩》。』又云：『申公卒以《詩》、《春秋》授，而瑕丘江公盡能傳之。』由是言之，《魯詩》，荀卿子之傳也。《韓詩》之存者，《外傳》而已，其引《荀卿子》以說《詩》者四十有四。由是言之，《韓詩》，《荀卿子》之別子也。《經典敘錄》云：『左丘明作《傳》以授曾申，申傳衛人吳起，起傳其子期，期傳楚人鐸椒，椒傳趙人虞卿，卿傳同郡荀卿，名況，況傳武威張蒼，蒼傳洛陽賈誼。』由是言之，《左氏春秋》，荀卿子之傳也。〈儒林傳〉云：『瑕邱江公受《穀梁春秋》及《詩》於魯申公，傳子，至孫爲博士。』由是言之，《穀梁春秋》，荀卿子之傳也。荀卿所學，本長於禮。〈儒林傳〉云：『東海蘭陵孟卿善爲《禮》、《春秋》，授

『僞』如『爲』，則其說本無悖矣。後之言性者，分義理之性與氣質之性而二之，而戒學者以變化氣質爲先，蓋已兼取孟、荀二義，而所云『變化氣質』者，實暗用荀子『化性』之說，是又不可不知也。」

后蒼、疏廣。』劉向敘云：『蘭陵多善爲學，蓋以荀卿也。長老至今稱之，曰蘭陵人喜字爲卿，蓋以法荀卿。』又《二戴禮》並傳自孟卿，《大戴》〈曾子立事〉篇載〈修身〉、〈大略〉二篇文。《小戴》〈樂記〉、〈三年問〉、〈鄉飲酒義〉篇載〈禮論〉、〈樂論〉篇文。由是言之，〈曲臺〉之禮，荀卿之支與余裔也。蓋自七十子之徒既歿，漢諸儒未興，中更戰國、暴秦之亂，六藝之傳賴以不絕者，荀卿也。周公作之，孔子述之，荀卿子傳之，其揆一也。故其說『霜降逆女』，與毛同義。〈禮論〉、〈大略〉二篇，《穀梁》義具在。又〈解蔽〉篇說〈卷耳〉，〈儒效〉篇說〈風〉、〈雅〉、〈頌〉，〈大略〉篇說〈魚麗〉、〈國風〉好色，並先師之逸典。又〈大略〉篇『《春秋》賢穆公善胥命』，則爲《公羊春秋》之學。楚元玉交本學於浮丘伯，故劉向傳《魯詩》、《穀梁春秋》；劉歆治《毛詩》、《左氏春秋》，董仲舒治《公羊春秋》，故作書美荀卿，其學皆有所本。劉向又稱荀卿善爲《易》，其義亦見〈非相〉、〈大略〉二篇。蓋荀卿於諸經無不通，而古籍闕亡，其授受不可盡知矣。《史記》載孟子受業於子思之門人，於荀卿則未詳焉。今考其書，始於〈勸學〉，終於〈堯問〉，篇次實仿《論語》。〈六藝論〉云：『《論語》，子夏、仲弓合撰。』《風俗通》云：『穀梁爲子夏門人。』而〈非相〉、〈非十二子〉、〈儒效〉三篇，每以仲尼、子弓並稱。子弓之爲仲弓，猶子路之爲季路，知荀卿之學實出於子夏、仲弓也。〈宥坐〉、〈子道〉、〈法行〉、〈哀公〉、〈堯問〉五篇，雜記孔子及諸弟子言行，蓋據其平日之聞於師友者，亦由淵源所漸，傳習有素而然也。故曰：荀卿之學出於孔氏，而尤有功於諸經。」清嚴可均（1762～1843）《鐵橋漫稿》卷三文類一〈荀子當從祀議〉曰：「孔子之道在六經，自七十子後，紹明聖學，振揚儒風者，無逾孟子、荀子。而孟子配食於孔子廟堂，荀子有《性惡》一篇，爲宋儒所詬病，前明黜其從祀，此非萬世之公議也。……臣竊惟劉向，漢世通人；謝墉、錢大昕，乾嘉見善讀書者，其敘錄與跋足袪宋儒積疑，荀子自是孟子後第一人。……孔子之道在六經，自《尚書》外，皆由荀子得傳。臣學淺位卑，不合上議，敬具草，置之篋中，謂荀子當從祀，實萬世之公議也。」清淩廷堪（1755～1809）《校禮堂文集》卷十〈荀卿頌並序〉曰：「降而七雄並爭，六籍皆闕，而禮爲尤甚。從橫捭闔之說，堅白異同之辨，殽然而不可紀，雜出而不可窮。守聖人之道者，孟、荀二子而已。孟子長於《詩》、《書》，七篇之中，稱引甚廣。至於《禮經》，第曰嘗聞其略。考其父命厥子，已與〈士冠〉相違；往送之門，又與〈士昏〉不合。蓋僅得禮之大端焉耳。若夫荀卿

氏之書也，所述者皆禮之逸文，所推者皆禮之精意，故戴氏取之以作記，鄭氏據之以釋經。遺編具在，不可誣也。夫孟氏言仁，必申之以義；荀氏言仁，必推本於禮。推本於禮者，譬諸鳧橐之有模範焉，輪梓之有繩墨焉，其與聖人節性防淫之旨，威儀定命之原，庶幾近之。然而節文器數，委曲繁重。循之者難，則緗之者便；好之者鮮，則議之者眾。於是乎荀氏漸緗性道，始麗於虛，而仁為杳渺不可知之物矣。孔子之論仁曰：『克己復禮。』又曰：『非禮勿視，非禮勿聽，非禮勿言，非禮勿動。』顏淵曰：『夫子循循然善誘人，博我以文，約我以禮。』然則荀氏之學，其不戾於聖人可知也。後人尊孟而抑荀，無乃自放於禮法之外乎？頌曰：『七姓虎爭，禮去其籍。異學競鳴，榛蕪疇闢。卓哉荀卿，取法後王。著書蘭陵，儒術以昌。本禮言仁，厥性乃復。如范范金，如繩繩木。金或離范，木或失繩。徒手成器，良工不能。韓氏有言，大醇小疵。不學群起，屬聲訛之。孟曰性善，荀曰性惡。折衷至聖，其理非鑿。善固上智，惡亦下愚。各成一是，均屬大儒。小夫咋舌，妄分軒輊。中風狂走，是謂自棄。史遷合傳，垂之千年。敬告後人，毋岐視焉。』」清郝懿行（1757～1825）《曬書堂文集》卷二〈與王伯申侍郎論孫卿書〉曰：「近讀《孫卿書》而樂之，其學醇乎醇，其文如《孟子》，明白宣暢，微為繁富，益令人入而不能出。頗怪韓退之謂為『大醇小疵』，蒙意未喻，願示其詳。推尋韓意，豈以孟道性善，荀道性惡，孟氏尊王賤霸，荀每王霸並衡？以是為疵，非知言也。何以明之？孟遵孔氏之訓，不道桓、文之事；荀矯孟氏之論，欲救時世之急。〈王霸〉一篇，剴切諄于，沁人肌骨，假使六國能用其言，可無暴秦併吞之禍。因時無王，降而思霸。孟、荀之意，其歸一耳。至於性惡、性善，非有異趣。性雖善，不能廢教；性即惡，必假人為。『為』與『偽』古字通，其云『人之性惡，其善者偽也』，『偽』即『為』耳。孟、荀之恉，本無不合，惟其持論，各執一偏。準以聖言，『性相近』即兼善、惡而言，『習相遠』乃從學染而分。後儒不知此義，妄相毀詆。……孫卿與孟時勢不同，而願得所藉手，救弊扶衰，其道一也。本圖依託春申，行其所學。迨春申亡，而蘭陵歸，知道不行，發憤著書，其恉歸意趣盡在〈成相〉一篇，而託之瞽蒙之詞以避患也。」清張惠言（1761～1802）《茗柯文編》初編〈讀荀子〉曰：「一言而本末具者，聖人之言也。有所操有所遺，然而不虛言，言以救世者，賢人之言也。操其本者不弊，操其末者未有不甚弊者也。孔子之言性，曰『性相近，習相遠』，上知與下愚不移，所謂一言而本末具者也。孟子之言性善，

所謂操其本也；荀子之言性惡，所謂操其末也。其言殊，其所以救世之意一也。孟子曰：『口之於味，目之於色，鼻之於臭，耳之於聲，四肢之於安佚，是性也。』不亦與荀子言人之性饑而欲飽，寒而欲暖，勞而欲休者同乎哉？荀子曰：『無性則偽之無所加，無偽則性不能自美。』又曰：『義與利者，人之所兩有也。雖堯、舜不能去民之欲利，雖桀、紂亦不能去民之好義。』不亦與孟子言『民之秉彝，故好是懿德』者同乎哉？公都子問孟子曰：『告子曰：性無善無不善。或曰：性可以為善，可以為不善。或曰：有性善，有性不善。三說皆非歟？』孟子曰：『乃若其情，則可以為善矣，乃所謂善也。』然則孟子不以三說皆非者，豈不以上知之性善，下愚之性不善，而中人可以為善可以為不善者哉？雖然，由孟子之說，則人得自用其為善之才，而道甚邇，事甚易。由荀子之說，則道者聖人所以撟揉天下之具，而人將厭苦而去之。故荀子之意與告子異，而其禍仁義與告子同，則操其末者之弊，必至於此也。雖然，孔子言仁，而孟子益之以義，荀子則約仁義而歸之禮。夫義者，人之裁制也。禮者，仁義之檢繩也。孟子之教，反身也切；荀子之教，檢身也詳。韓子曰：『求觀孔子之道，必自孟子始。』後之學者，欲求其途於孟子，自荀子始焉可也。」清沈欽韓（1775～1831）《幼學堂詩稿》卷一〈讀荀子〉曰：「余讀《荀子》書三十二篇，其中雖支蔓之言時有紕繆，然反覆其意，明王道，述先聖，嫉世也，憂世也，殆將用世，能使亂者也治，危者也安，而齟齬秦、魏之間，宛轉蘭陵之調，儌詩告戒，睹時相之酖毒志惛，能不歊暗窣欷乎？昭于寘潔於污，卒不得百里之地，以展其才，汶汶而沒，惜哉！其所著述，亦足以表襮矣。其與子思、孟子譬諸歡歙山谷，一噂一應，斯道孤立，可以係援。自漢、唐以來，千有餘載，吾儒之學，惟董仲舒、揚雄、韓愈數人，然亦未有過荀卿者。眉山蘇氏文致之論，不足取也。自宋以後，孟子、子思之道大行，而荀卿展轉湮沒。明嘉靖時，遂斥荀卿於國學，並及戴聖、鄭玄等。余嘗論此數人者，遭絕學之後，苦心孤詣，發明經義，皆素王功臣，而當時沒其包羅綜貫之功，掎摭一孔之失，亦異乎既行其道理合褒崇之旨矣。余獨惜荀卿既顛躓蹭蹬於虎捌梟磔之主，而復忍詬攘尤於千百年之後也。為擔卷太息焉。『荀卿明王道，戰國推老師。刻意尚危行，憤世作詭辭。濟濟門牆內，錄錄固無奇。猙獰欲搏人，座側有李斯。嗚呼商周法，蕩然無復遺。斯文自不幸，胡乃歸咎為。紛然輕薄徒，舞文巧詆欺。儒者弗深考，目論頷其非。宮牆仍舊觀，廊廡忽新規。重輕何足係，要皆璁萼私。我愛周秦書，

敝簏常自隨。平心一尙論，瑕瑜稍有差。昌黎予所信，大醇而小疵。天地遭陽九，聖教否塞時。江河一簀障，周孔百世思。豈非豪傑士，不爲俗習移。崎嶇蘭陵令，用世竟數奇。方柄入圓鑿，高致良足悲。』」清劉開（1784～1824）《劉孟塗文集》卷一〈荀卿論〉曰：「蘇子瞻以李斯之亂天下，出於荀卿。吾師惜抱先生辨之，以爲秦壞先王之制，始於商鞅，不始於李斯。斯之相秦，並未用荀卿之道，其論明且篤矣。然子瞻豈不知荀卿過不及是，而故欲文致其罪哉？彼意不在荀卿，假荀卿而發也。夫荊公之學，雖不及荀子，然其所本者王道，所稱者禮樂，其高言激論，未嘗不相似也。子瞻見荊公欲興三代之治，而執拗不通，終以僨事，故論荀卿而直指之曰：意其爲人必剛愎自用，而自許太過。此非切中介甫之失乎？新法之立，託於先王，其意本以治天下，而非以亂天下。其黨章惇等假其說以快報復，卒至病國害民，流毒海內，此雖群小之罪，未始非荊公爲之階也。故因李斯之禍，而追咎於荀卿，亦事之適相類者也。荊公廢夫子之《春秋》，以天下之賢人君子爲不足用，特激於一往之意氣，以孤行己見。其後紹述之者乃欲舉天下之善類而悉去之，忠良盡矣，國亦旋壞，此固荊公所不及料者也。故曰：『其父殺人報仇，其子必且行劫。』又曰：『荀卿特以快一時之論，不知其禍之遽至此也。』嗚乎！是亦可謂垂涕泣而言之矣。子瞻論古之文多，借諷時事，如始皇論及此篇是也。彼言法宜平易，以戒人主之果殺，此則隱指執政亂國，而推原致禍之由，其意一也。吾師所論者，明荀卿之賢，以斥其誣，爲是非之公言之也。余所謂者，原子瞻之心，而略其辭兼時事之實言之也。《劉孟塗文集》卷一〈讀荀子〉曰：「荀卿有云：『主好要則百事詳，主好詳則百事荒。』痛哉言也！古之論治者，未有如此之切要也。三代以下，家國天下之得失，盡乎是矣。夫古勵治之君，救時之吏，於民生國是無不備求至熟，然用力勤而成功少者，則以其好詳之過也。荀卿之學，其醇雖不及孟子，而明於禮制，曉於世務，有管子之通達，而無其挾私用術之見，蓋正而不失之迂者也。其推闡道義，稱說先王，於儒術多有發明，特其辭過激耳。至論治理之當否，則切中事情，得其大體，眞經世有識之言，惜身不見用，未展其所學。夫儒者之言治詳矣，世變時殊，其說即不能行，荀卿一言而百世之利病悉見。然非生於亂世，激發當時，亦不能爲此議也。且諸儒之言多文，而荀卿獨簡直捷當，痛快深切，則與其人之性亦適相類云。」清朱琦（1803～1861）《怡志堂文初編》卷二〈荀子書後〉曰：「古書僞者眾矣，《荀子》要爲近道。大抵讀周末諸子之書，皆當區別觀

之，不可以一端之蔽而棄之也。」清方濬頤（1815～1889）《二知軒文存》卷十三〈讀荀子〉曰：「孟子言性善，救世之言也；荀卿言性惡，憤世之言也。救世者其論正，足以信今而傳後；憤世者其論矯，未免飾智而驚愚。三十二篇中，以〈勸學〉、〈不苟〉、〈非相〉、〈正名〉、〈堯問〉五篇為最。精理名言，層見迭出，取其醇，去其疵，程子謂循之可以入道。亮哉！乃其徒則倡焚書坑儒之禍。佼遜乎卿，而斯劣乎軼。卿以堯、舜為偽，以子思、孟子為亂天下，而教斯若此，果孰偽耶？果孰亂天下耶？吾甚惜夫如卿之才之學，乃畔聖侮賢，自屏於名教之外，幾若天性使然，智乎？愚乎？必有能辨之者，然後知聖人之言，洵為至當不易也。」清蔣超伯（1821～1875）《南漘楛語》卷七〈讀荀子〉曰：「《荀子》一書，於戰國形勢最詳。」清李慈銘（1830～1894）《越縵堂讀書記》卷三子部儒家類又曰：「荀子生衰周，力尊仲尼，與孟子之識學無稍差。而其〈非十二子〉篇兼及子思、孟子，遂大為宋、明儒者口實。後之善荀子者，謂其門人竄入之言，非荀子意，以是為荀子辨。予謂孟子之學，一傳以後無聞者，即弟子中惟樂正子稍能自見，餘亦無有單詞片語闡發先生之學者，荀子殆因其徒之不善而咎其師。其云『略法先王而不知其統，猶然而材劇志大，聞見雜博』云云者，萬章、公孫丑之徒皆不免此。荀子固確有所見，而以為是子思、孟軻之罪，其於十子皆曰是某某，而此獨曰是某某之罪，則詞固有所輕重矣。其下云子張氏、子夏氏、子游氏之賤儒，皆非無所指而言者也。戰國士習多僻，諸賢之門人守道不篤，流為偽儒，固必然之理，無足怪者。荀子道醇學博，固不當求之於字句，然其文亦自嶄絕可喜，諸子中亦惟荀與管兩家最多奇字。」清吳汝綸（1840～1903）《桐城吳先生文集》卷一〈讀荀子〉曰：「自太史公以孟、荀合傳，其後劉向、楊雄、韓愈、歐陽修之徒皆並稱孟、荀。程、朱繼出，孟子之傳始尊。而初漢之時，荀氏獨為言禮之宗，其傳尤盛。荀氏宗旨，亦歸於聖人，其異孟子者，惟謂人性惡，以善為偽耳。然世言孟子論性，本有未備，故宋儒輔以氣質之說，實已兼用荀子。要之，聖人皆未言此。吾謂孟子固嘗以聲色臭味安佚為性矣，其言性善蓋本氣質純美，又病學者外仁義不為，而溺於聲色臭味安佚之中，故曰君子不謂性，是亦榜檠矯直之意。而荀子則氣質不如孟子，由困勉而得，遂專以化性教人，夫亦各言其性之所近而已。且孟、荀之言皆貴學，不恃性。孟子曰：『人皆可以為堯舜。』荀子亦曰：『塗之人可為禹。』其以善為偽，而自釋以『可學而能，可事而成』，又即孟子『孳孳為善』之指。此其所以同

也。昔孔子罕言命、仁，以《詩》、《書》執禮爲教，當時列徒親炙聖人。一傳而後，言禮者已各不同，其與聞性道，則曾氏一人而已。孟子晚出，私淑而得其宗，然於禮樂之意鮮所論列。而荀卿則以爲人不能生而爲聖人，必由勉強積漸而至；勉強積漸，必以禮爲之經緯蹊徑。故其爲學達乎禮樂之原，明乎先王以禮制治天下之意。其言皆程於櫽括，非知和無節、明自然流極放恣者比。而謂養欲給求、知通統類，又未嘗以禮爲桎梏也。非得聞於孔子之文章者歟？至其《非十二子》，或據《韓詩外傳》，無子思、孟子，此又非荀氏之舊，且其言不足爲卿病也。夫學者之傳，源遠則末益分，故孔子之後，儒分爲八，當孫卿之世，吾意子思、孟子之儒，必有索性道之解不得，遂流爲微妙不測之論者，故以僻違閉約非之。又其時驕衍之徒皆自託儒家，故《史記》以附孟子。卿與共處稷下，所謂聞見博雜，案往舊造說五行者，謂是類也。卿又言法後王，與其平日小五霸師聖王之意不合，然謂五帝之外無傳人，五帝之中無傳政，則亦病驕衍之徒遠推上古、窈冥怪迂而爲是說耳。所謂後王，即三代之聖王也，豈嘗繆於聖人哉？大抵孟、荀之學皆出孔子，故子雲譏其同門異戶。荀子好言仲尼、子弓，子弓特其傳《易》師，而卿之學要爲深於禮。其〈非十二子〉又並稱仲尼、子游，子游亦深於禮，吾意卿者其學於子游之徒歟？孟氏傳自曾子，而〈檀弓〉記子游論禮，曾子每不能逮，此孟、荀之傳所自分也。」清王先謙（1842～1917）《虛受堂文集》卷五〈荀子集解序〉曰：「昔唐韓愈氏以荀子書爲大醇小疵，逮宋，攻者益眾，推其由，以言性惡故。余謂性惡之說非荀子本意也。其言曰：『直木不待櫽括而直者，其性直也；枸木必待櫽括烝矯然後直者，以其性不直也。今人性惡必待聖王之治，禮義之化，然後皆出於治，合於善也。』夫使荀子而不知人性有善惡，則不知木性有枸直矣。然而其言如此，豈眞不知性邪？余因以悲荀子遭世大亂，民胥泯棼，感激而出此也。荀子論學，論治，皆以禮爲宗，反覆推詳，務明其指趣，爲千古修道立教所莫能外。其曰：『倫類不通，不足謂善學。』又曰：『一物失稱，亂之端也。』探聖門一貫之精，洞古今成敗之故，論議不越凡席，而思慮浹於無垠，身未嘗一日加民，而行事可信，其放推而皆準。而刻覈之徒詆諆橫生，擯之不得與於斯道。余又以悲荀子術不用於當時，而名滅裂於後世流俗人之口爲重屈也。」馬其昶（1855～1930）《抱潤軒文集》卷一〈荀卿論〉曰：「孟子之言性曰善，荀子之言性曰惡，何所言之異甚耶？曰：不異也，是皆本孔子。孔子曰：『繼之者善，成之者性。』又曰：『性相

近，習相遠，唯上知下愚不移。』孟子之言性，天命之性也，無不善也；荀子之言，性氣質之性也，不能無惡。雖然，孟子曰『形色天性』，非即所謂氣質者耶？荀子曰『塗之人可以爲禹』，非即所謂天命者耶？……荀子之教也，始於勤學，終於崇禮，可謂深得先王經世宰物之原矣，懼人之不吾從，乃矯爲性惡之說，使人勉焉以就吾學、範吾禮。夫所謂就學、範禮者是也，而抑知非性之善，則學與禮皆後起，而強人以本，無尚安必其從哉？吾於是知孟子之說之卒不可易也。」又《抱潤軒文集》卷二〈讀荀子〉曰：「荀卿書，崇王道，小霸業，其於經，善《詩》、《易》、《春秋》，尤致隆於禮，最推周、秦間老師。前代皆擬孟子，其黜自宋儒，以不知性，謂『性故惡，其善者僞也』。解之者曰：卿之意，在彊學不恃性，此與宋儒言氣質貴變化者曷異？卿又非子思、孟子，或據韓嬰《詩外傳》無子思、孟子，故卿書稱孟子能自彊，又載其軼事，攻宣王邪心。然孟、荀要爲牴牾，子雲譏其同門異戶，以此蘇子瞻尤病其高論。抑予以謂卿所言特獷耳。孟子達天人之原，闡性善；卿言性，主資樸。孟子稱唐虞三代，卿言法後王，宜其論卑而易行。」蔡元培（1868～1940）《中國倫理學史》第六章「荀子」曰：「荀子學說，雖不免有矛盾之跡，然其思想多得之於經驗，故其說較爲切實。重形式之教育，揭法律之效力，超越三代以來之德政主義，而近接於法治主義之範圍。故荀子之門，有韓非、李斯諸人，持激烈之法治論，此正其學說之傾向，而非如蘇軾所謂由於人格之感化者也。荀子之性惡論，雖爲常識所震駭，然其思想之自由，論斷之勇敢，不愧爲學者云。」章太炎（1869～1936）《訄書》初刻本〈尊荀第一〉曰：「荀子之道古：聲則凡非雅聲者舉廢，色則凡非舊文者舉息，械用則凡非舊器者舉毀。以是不過三代，不貳後王。法後王矣，何古之足道？曰：近古曰古，大古曰新，慕文理於新，不能無因近古，曰後王。所謂後王者，上非文、武，下非始皇帝。……荀子所謂後王者，則素王是；所謂法後王者，則法《春秋》是。《春秋》作新法，而譏上變古易常。使文質興廢，若畫丹之與墨，若大山之與深壑，雖驟變可矣。變不斗絕，故與之莎隨以道古。古也者，近古也，可因者也。漢因於秦，唐因於周、隋，宋因於周，因之曰以其法爲金錫，而己形範之，或益而宜，或損而宜，損益曰變，因之曰不變，仲尼、荀卿之於周法，視此矣。其儷古也，禔以便新也。」《訄書》重訂本〈訂孔第二〉又曰：「荀卿以積僞俟化治身，以隆禮合眾治天下。不過三代，以絕殊瑰；不貳後王，以慕文理。百物以禮穿敍，故科條皆務進取而無自戾者。

其正名也，世方諸認識論之名學，而以爲在瑣格拉底、亞歷斯大德見。由斯道也，雖百里而民獻比肩可也。其視孔子，長幼斷可識矣！夫孟、荀道術，皆踔絕孔氏，惟才美弗能與等比，故終身無魯相之政，三千之化。才與道術，本各異出，而流俗多視是崇墮之。……況於孔氏尙有踔者！孟軻則躓矣，雖荀卿卻走，亦職業。（荀卿學過孔子，尙稱頌以爲本師。）」其〈後聖〉又曰：「自仲尼而後，孰爲後聖？曰：水精既絕，製作不紹，浸尋二百年，以踵相接者，惟荀卿足以稱是。非侈其傳經也，其微言通鬼神，彰明於人事，鍵牽六經，謨及後世，千年而不能闡明者，曰〈正名〉、〈禮論〉。……是故〈禮論〉以鍵六經，〈正名〉以鍵《春秋》之隱義。其他王制之法，富強之論，議兵之略，得其枝葉，猶足以比成、康。歸乎，非後聖孰能不見素王而受其鬲翼銅瑉者乎！……夫治孟學以慸荀氏者，始宋程、蘇。蘇與程相敵述，其慸荀氏則合從，彼蘇氏尤昌狂妄言。（近人或謂蘇詆荀卿，乃藉以詆荆公，大謬。忿疾荀卿，自是宋世習俗。即如子雲文人，偶有撰述，特與徐幹等耳，於學術何足輕重。自唐韓氏以揚擬荀，宋人遂以『才高多過』、『才短少過』並譏，要只爲楬櫫孟學，並忘荀、揚之絕非倫比。若謂蘇以詆荀卿者詆荆公，然則詆揚雄者，亦可云藉以詆溫公邪？）推其用意，且曰：『死而操金椎以葬，下見荀卿，將敲其頭矣。』利祿小生，不可與道古。其文學以程、蘇爲寶祐，從而和之，使後聖之學，終於閉錮伏匿；仲尼之志，自是不得見。悲夫！並世之儒者，誦說六藝，不能相統一。章炳麟訂之曰：同乎荀卿者與孔子同，異乎荀卿者與孔子異。」梁啓超（1873～1929）《漢書藝文志諸子略考釋》曰：「《荀子》全書，大概可信，惟〈君子〉、〈大略〉、〈宥坐〉、〈子道〉、〈法行〉、〈哀公〉、〈堯問〉七篇，疑非盡出荀子手，或門弟子所記，或後人附益也。」梁啓超（1873～1929）《清代學術概論》二十五又曰：「啓超謂孔門之學，後衍爲孟子、荀卿兩派，荀傳小康，孟傳大同。漢代經師，不問今文家、古文家，皆出荀卿（汪中說）。二千年間，宗派屢變，一皆盤旋荀學肘下，孟學絕而孔學亦衰。於是專以絀荀申孟爲標幟，引《孟子》中誅責『民賊』、『獨夫』、『善戰服上刑』、『授田制產』諸義，謂爲大同精意所寄，日倡道之。」其《論支那宗教改革》又曰：「大同教派之大師，莊子、孟子也；小康教派之大師，荀子也。而自秦、漢以後，政治、學術皆出於荀子，故二千年皆行小康之學，而大同之統殆絕之所由也。今先將《荀子》全書，提其綱領，凡有四大端：一、尊君權。其徒李斯傳其宗旨，行之於秦，爲定法制。自漢以後，君相因

而損益之，二千年所行，實秦制也。此爲荀子政治之派。二、排異說。荀子有〈非十二子〉篇，專以攘斥異說爲事。漢初傳經之儒，皆出荀子，故襲用其法，日以門戶水火爲事。三、謹禮儀。荀子之學，不講大義，而惟以禮儀爲重，束身寡過，拘牽小節。自宋以後，儒者皆蹈襲之。四、重考據。荀子之學，專以名物、制度、訓詁爲重。漢興，群經皆其所傳，斷斷考據，寖成馬融、鄭康成一派。至本朝（清）而大受其毒。此三者爲荀子學問之派。由是觀之，二千年政治，既皆出荀子矣；而所謂學術者，不外漢學、宋學兩大派，而實皆出於荀子。然則二千年來，只能謂爲荀學世界，不能謂之爲孔學世界也。」王國維（1877～1927）《荀子之學說》曰：「荀子之非子思、孟子也，曰：『猶然而材劇志大……幽隱而無說，閉約而無解。』於是關窮理之事，則唾而不顧，唯先王之禮是由。其言曰：『其於天地萬物也，不務說其所以然，而致善用其材。』其主義可見也。又曰：『道不過三代，法不貳後王。』故其所言，止於經驗界，且但關於禮耳。是故責荀子以哲學，非得其正鵠者也。然其思想之精密正確，實從來儒家中所未嘗有，而開韓非子法家之論者也。」顧實（1878～1956）《漢書藝文志講疏》三〈諸子略〉曰：「王應麟云：『當作三十二篇。』蓋傳刊之誤也。荀書〈議兵〉篇稱孫卿子，此自著其氏也。《史記》作荀卿，謝墉曰：『漢不避嫌名，荀淑、荀爽俱用本字。《左傳》荀息以下，並不改字，何獨於荀卿改之？蓋荀、孫二字同音，語遂移易，如荊卿又爲慶卿也。（《荀子校敘》）自孟子道性善，荀子反之而言性惡。後世性善之說勝，遂伸孟而黜荀。」呂思勉（1884～1957）《經子解題·荀子》曰：「《荀子書》多精論，然頗凌雜無條理，今爲料揀之。按《荀子》書宗旨，犖犖大者，凡有八端：曰法後王，見〈不苟〉、〈非相〉、〈儒效〉、〈王制〉諸篇。曰主人治，見〈王制〉、〈君道〉、〈致士〉諸篇。曰群必有分，見〈王制〉、〈富國〉諸篇。曰階級不能無，見〈榮辱〉、〈富國〉諸篇。曰性惡，見〈榮辱〉、〈性惡〉諸篇。曰法自然，見〈天論〉、〈解蔽〉諸篇。曰正名，見〈正名〉篇。此外攻擊儒、墨、名、法，與權謀諸家之語，散見〈非十二子〉、〈儒效〉、〈王霸〉、〈君道〉、〈議兵〉、〈強國〉、〈正論〉、〈樂論〉諸篇。要之《荀子》書於諸家皆有詰難；語其宗旨，實與法家最近；而又蒙儒家之面目者也。全書中最精者，爲〈天論〉、〈正論〉、〈解蔽〉、〈正名〉四篇。」劉咸炘（1896～1932）《子疏》定本卷上〈孔裔第二〉：「其學長於禮而亦止於禮，偏詳於群道，而於人道則淺。其言學也，不過化性起僞；其言治也，不過明分和群。此二義

實一貫，皆由禮出者也。其總旨見於〈榮辱〉篇末（夫貴爲天子一段）及〈王制〉篇（分均則不偏，水火有氣而無生二段）、〈富國〉篇首、〈禮論〉篇首。大旨謂人道在能群，群須和一。然物有限而欲無窮，縱慾則必爭。而荀以欲爲性，故謂性惡。止爭則必分，而荀謂禮之用在分，故主隆禮。其言禮與性與他儒家殊者，由其止注意於群之爭也。〈君道〉曰：道者何？君道也。君者何？能群也。可知其所謂道止於此矣。得分之大理而以是正諸子，故〈天論〉謂萬物爲道一偏，諸子皆有見於此，無見於彼。〈解蔽〉謂道者體常而盡變曲，知觀一隅而自以爲足。然其所以攻諸子，亦不過曰：不足以合文通治，明大分，容辨異，縣君臣，經國定分，群眾無門，貴賤不分，政令不施而已。是止知群道之證也。荀卿之言分則誠精矣，〈非相〉曰：人之所以爲人者，以其有辨也，辨莫大於分。〈王制〉曰：『人何以能群？曰分。分何以能行？曰義。』〈大略〉曰：『有分義則容天下而治，無分義則一妻一妾而亂。』〈王制〉曰：『分均則不偏，勢齊則不壹，眾齊則不使。有天有地，而上下有差，是天數也。』〈書〉曰：『雜齊非齊。』〈榮辱〉曰：『斬而齊，枉而順，不同而壹。』然其實則如何，亦不過曰農分出而耕，賈分貨而販，百工分事而勸，士大夫分職而聽，建國諸侯之君分土而守，三公總方而設，則天子共己而已。天下莫不平均，莫不治辨，是百王之所同，而禮法之大分。如是而已。……惟偏主於敬，故其言學無過修飭，其言克治最力。……復古則大異於法家矣。蓋荀子之說雖近法家，而終與法家異，則在於主類、主人。夫守文定分，固近法家。……吾則惜荀子未知天人之合之尤當明也。道歧於天人之離，即自然與當然之相反。以自然爲善者，主放任，道家是也。以自然爲惡者，主矯制，法家是也。矯制之說始於荀子，偏主當然而排自然，不惟與莊周爲兩極端，即與孟子之言充達亦正相反對。故其於禮亦偏主於制度之節，以等差爲主，以榮辱爲要，凡皆主當然之末，而不言自然之本。夫言當然而離自然，則所謂當然者失其不能必然而成勉然。既出於強，則禮固不如法之有效矣。」江瑔（1888～1917）《讀子巵言》第九章〈論荀子之姓氏名字〉：「荀子爲儒家之宗師，其學足與孟子相敵，董仲舒當『作書美荀卿』，劉向亦言『人君能用荀卿，庶幾於王』，其爲大儒所推重如此。蓋其學爲百家之首出，而非諸子所能頡頏者也。然其書自劉向校定，傳之於世，唐楊倞復爲之注，前清諸儒又各校訂箋釋，厥義遂大明。余亦著有《荀子發微》一書，頗有所發明。」梁啓雄（1900～1965）《荀子柬釋·自敘》曰：「孟子言性善，荀子言性惡；孟子

重義輕利，荀子重義而不輕利；孟子專法先王，荀子兼法後王；孟子專尙王道，荀子兼尙霸道；二子持義雖殊，而同爲儒家宗師，初無判軒輊也。」陳朝爵（1876～1939）《漢書藝文志約說》卷二曰：「《荀子》書專言禮，其言性惡，乃在以禮義矯正性中之惡；孟子言性善，而宋儒兼言氣質之性，以相參究。是兩家之說，未嘗絕不相容。世子則在孟、荀之間。」楊東蓴（1900～1979）《中國學術史講話》第二講〈學術思想的解放與分野〉曰：「性善是孟子學的中心。……既言性善，則必然的結果，就要歸到先天的良知良能論。……後此王陽明的良知說，即祖述於此，而略有變更。」張舜徽（1911～1992）《漢書藝文志通釋》卷三曰：「孟、荀同爲儒學之宗，咸歸於師法聖人，誦說王道，大張仲尼之說於後世。顧儒學自有孟、荀，道遂分而爲二：孟主於尊德性，荀主於道問學。論其終詣，則孟子多衛道之語，荀子有傳經之功。其後兩千餘年儒學，皆二途並騖，爭議遂多。孟、荀之說，實其先導。孟、荀二家之書，在漢世並列諸子。自宋以後既入《孟子》於經，《荀》猶與百家伍，而學者遂妄分軒輊矣。其實《荀子》三十二篇，多與兩戴《禮記》相表裏。如《小戴禮記》之〈三年問〉，全出《荀子·禮論》篇；〈樂記〉、〈鄉飲酒義〉所引，俱出〈樂論〉篇；〈聘義〉貴玉賤珉語，亦與〈法行〉篇大同。《大戴禮記》之〈禮三本〉篇，出〈禮論〉篇；〈勸學〉篇即《荀子》首篇，而以〈宥坐〉篇末見大水一則附之；哀公問五義，出〈哀公〉篇之首。可見其書醇粹以精，直與傳記比重。唐人楊倞始爲之注，乃謂『荀子之書，羽翼六經，增廣孔氏，非諸子之言』，良不誣也。」日人久保愛（1759～1835）《荀子增注序》曰：「觀秦、漢諸儒之所錄，荀子之德隆矣哉！至乃當時之人，以成湯、文王、伊尹、管仲比之孟子，聒而語之，議其好辯者有之，不聞其許之者，亦唯自以聖賢居而已。豈況學在行事，而軻才止口舌也？夫遊其門受其業者，亦皆效其師之所行，或爲一時奪席之言，或述軍國經略之言。萬章、公都子輩所爭辯，李斯、韓非子等所筆記，章章於殺青之餘，如觀二叟家學之風也。若夫性善、性惡殊異，稱堯舜、順後王之不同，非有優劣。道術爲天下裂，有以虛無者，有以恬憺者，有以非鬥、非樂者，有以堅白同異者，學士各據其所見，以立流派，互相競爭，則孟、荀亦以此與當世之人辯而已。」勞思光（1927～2012）《新編中國哲學史》曰：「荀子學說之基源問題可說爲『如何建立一成就禮義之客觀軌道』，蓋荀子之價值哲學，於主體殊無所見，故其精神落在客觀秩序上。然以主體之義不顯，所言之『客觀化』亦無根。茲自

性惡論著毛,逐步展示其理論。……性惡及師法之說,爲荀子之心性論之基本理論;論心與天則爲荀子心性論尋求出路之迴旋過程;論君與禮則爲荀子心性論之歸宿,至此,其價值理論之人歧途,即成定局。」〔註43〕金觀濤、劉青峰《中國思想史十講》第一講〈先秦諸子及中國文化的超越突破〉曰:「如是僅僅看荀子大講人性惡,講道德意志指向和規範產生是外在於普遍人心的,偏離了孔孟強調道德主體性的心性論傳統,確實有點不太像正統儒家思想家。因此,至今當代新儒家仍然嚴厲批評荀學。但是,荀子強調通過教化、學習,人人都可以克服性惡,讓向善的意志凸顯出來,做個有道德的人,道德當然也是可欲的。荀學的本質是把道德價值和道德規範的來源區別開來,這一點在儒學的政治實踐中非常重要,儒家講教化百姓遵法守禮、維護社會秩序,天下觀講以夏變夷,其前提都是教化是可行的。爲什麼可行?背後正是道德的可欲性呵。荀子奠定了教化天下的理論基。荀子學說的旨意,正是在認識到人性惡以後,仍然要在性惡論的基礎上重建儒家的道德哲學。從這個意義上說,荀子當然是儒家。」〔註44〕楊國榮《中國哲學史》曰:「荀子的哲學思想涉及多重方面,對天人、名實關係等作了深入的考察,其思想在先秦哲學的發展中具有總結性的意義。在天人關係上,荀子提出了一個著名命題,即『明於天人之分』。……就總的趨向而言,從孔子到孟子,儒家的人道原則主要表現爲內在之仁的泛化;相形之下,荀子以禮爲人道之極,則更側重於人道原則的外在性:『上莫不致愛其下,而制之以禮。』(〈王霸〉)在此,禮既體現了自上而下的關懷(愛),又表現爲社會對個體的約束,而二者均具有外在的性質。……這種趨向如果進一步發展,往往容易使人倫規範衍化爲強制性的準則。儘管兩漢以降的正統儒學在形式上一直揚孟抑荀,但荀子的如上思維趨向事實上卻從一個方面構成了其理論先導並深深地滲入了其價值體系之中。」〔註45〕

【學術淵源】

　　韋政通《中國思想史》第九章〈荀子〉曰:「荀子是先秦思想的批判者,也是先秦思想的綜合者。天道自然觀,由道家的天道觀而改進;名辯思想中

〔註43〕勞思光:《新編中國哲學史》,廣西師範大學出版社,2005年版,第251頁。
〔註44〕金觀濤、劉青峰:《中國思想史十講》,法律出版社,2015年版,第28～29頁。
〔註45〕楊國榮:《中國哲學史》,中國人民大學出版社,2012年版,第85～87頁。

有墨家、名家的成分；重禮而不輕法，形成由儒到法之間的一道橋梁，兩個法家大人物，一個是行動者李斯，一個是思想家韓非，皆出於其門。……荀子是先秦思想的綜合者，綜合的意義，不只是因爲他吸納了各家的成分，而是在從接受到批判的過程中，他磨煉到一種新的思考的訓練。他的基本信念是宗於儒家的，所以討論的問題從修身到治國，與孔、孟並無二致，但由於新的訓練，使他思考這些問題的方式與孔、孟大不相同，甚至可以說，他把先在的儒學，移向一個新的精神基礎上，從這個基礎上，開出一個儒學的新系統。這個新的精神基礎，我們叫它理智主義。」〔註46〕

《芉子》十八篇。名嬰，齊人，七十子之後。（師古曰：「芉音彌。」）

【存佚著錄】

其書亡佚。《隋書・經籍志》、《舊唐書・經籍志》、《新唐書・藝文志》等已不著錄，早已亡佚。

【作者情況】

王念孫《讀書雜志》漢書第七「芉子」條曰：「《史記・孟子荀卿列傳》：『楚有尸子、長盧，阿之籲子焉。』《索隱》云：『籲音芉，《別錄》作芉子，今籲亦如字。』《正義》云：『《藝文志》《芉子》十八篇，顏云音弭。案：是齊人，阿又屬齊，恐顏誤也。』《正義》說是也。芉有籲音，故《別錄》作《芉子》，《史記》作《籲子》，作『芉』者字之誤耳。」

【學術源流】

《史記・孟子荀卿列傳》：「趙有公孫龍、劇子之言，魏有李悝，楚有尸子、長盧，阿之籲子焉。自如孟子至於籲子，世多有其書，故不論其傳云。」王念孫云：「是齊人，阿又屬齊，恐顏誤也。」清沈濤（1792～1855）《銅熨斗齋隨筆》卷四「芉子」條曰：「芉、籲並同，故《史》與《別錄》亦相異而相同。芉亦作芉，籲亦或作芉，《楚世家》陸終生子六人，六曰季連，芉姓，楚其後也。此芉子蓋與楚同姓，或楚人而居於齊之東阿者。」清沈家本（1840～1913）《諸史瑣言》卷三曰：「阿之籲子焉。《正義》：《藝文志》籲子十八篇，

〔註46〕 韋政通：《中國思想史》，上海書店出版社，2003 年版，第 205～207 頁。按：關於荀學的影響，詳見韋氏之書第 232～235 頁。

名嬰，齊人，七十子之後。顏師古云：音弭。按是齊阿又屬齊，恐顏公誤也。按：《漢志》作芉子，故師古音弭。《索隱》以顏爲誤，豈以芉實楚姓，不得爲齊人歟？」顧實（1878～1956）《漢書藝文志講疏》三〈諸子略〉曰：「七十子無姓芊者，不知爲誰之後。」蔣伯潛（1892～1956）《諸子通考·諸子著述考·儒家之書六──亡佚之書》曰：「七十子之後者，言芊子爲七十子之後學也。」〔註47〕

《內業》十五篇。不知作書者。

【存佚著錄】

今亡佚。《隋書·經籍志》、《舊唐書·經籍志》、《新唐書·藝文志》等已不著錄，早已亡佚。輯本有馬國翰所輯《內業》一卷，見《玉函山房輯佚書》子編儒家類，馬國翰序曰：「『《內業》一卷，周管夷吾述。《漢志》儒家有《內業》十五篇，注『不知作書者』。……考《管子》第四十九篇標題《內業》，皆發明大道之蘊旨，與他篇不相類。蓋古有成書，而管子述之。案《漢志》，《孝經》十一家有《弟子職》一篇，今亦在《管子》第五十九。以此類推，知皆誦述前人。故此篇在《區言》五，《弟子職》在《雜篇》十，明非管子所自作也。茲據補錄，仍釐爲十五篇，以合《漢志》。不題姓名，闕疑也。」孫德謙（1869～1935）《漢志藝文略·蓋闕略》曰：「《漢志》有不詳作者名字，並不定爲何世者。《易》之〈古五子〉，《禮》之〈明堂陰陽〉、〈中庸說〉，《春秋》之〈太古以來年紀〉，《論語》之〈孔子徒人圖法〉，《孝經》之〈小爾雅〉、〈古今字〉，小學之《別字》，皆所未詳。今以班氏標明者錄之，撰《蓋闕略》。」

【作者情況】

宋王應麟（1223～1296）《漢藝文志考證》卷五曰：「《管子》有〈內業〉篇，此書恐亦其類。」羅焌（1874～1932）《諸子學述》：「馬氏本此，遂定《管子·區言》之〈內業〉篇即《漢志》儒家之〈內業〉十五篇。其說是已。惟考《漢志》顏注引應劭曰：『《弟子職》管仲所作，在《管子》書。』則〈內業〉在《管子》書，疑亦管子所作。蓋管子學術，上承伊、呂，下啓李、孔。

〔註47〕 蔣伯潛：《諸子通考》，上海古籍出版社，2013年版，第286頁。

今所傳書，如〈心術〉上下、〈白心〉、〈內業〉、〈弟子職〉諸篇，實能貫通儒、道二家之微言大義者。《漢志》列《管子》於道家，列《弟子職》於孝經家，列《內業》於儒家，其識卓矣。近世述周、秦哲學者，絕不齒及儒家之《內業》，不無遺恨。」〔註48〕

【學術大旨】

梁啓超（1873～1929）《漢書藝文志諸子略考釋》曰：「《管子》書乃戰國末人雜掇群書而成，〈內業〉篇純屬儒家言，當即此十五篇中之一篇。」羅焌（1874～1932）《諸子學述》：「內，猶心也。業，謂所學之事業。揚子《太玄》云：『秉道德仁義而施之之謂業也。』《內業》者，述儒家養心之學也。」〔註49〕又曰：「《內業》一書，言性情，言道德，言仁、義、禮、智，而皆歸本於一心，其卓然爲儒家者流，無可疑義。儒家固出於道德家者也。是以專氣得一，老子述之；知止中得，曾子述之；全中察和，子思之述之；善心浩氣，孟子述之；執一節欲，荀子述之。漢時董子循天之道，嘗取以養身；《淮南‧泰族》之篇，猶掇其粹語，至於心以藏心、思通鬼神諸說，尤爲儒者心學之精誼也。惟其言昭知萬物，定心靜意，修身正形，以及天下服聽，而不一言國家，與《大學》八條目不同，此即孔子天下爲公之意也。其稱引古籍，但言《詩》與《禮》、《樂》，而不及《易》、《書》、《春秋》，諸子傳記六經並舉者不同。蓋此書作於孔子刪、訂、贊、修以前也，否則，不容不涉及於《易》矣。書中屢言精、氣、神，後世神仙家稱曰三寶，用爲修養性命之術。又言不喜不怒，平正擅匈，與後世禪家所謂不思善、不思惡者，大旨相類。其言內靜、外敬、復性、定性，實爲唐、宋諸儒學說之權輿，學焉而各得其一偏，不若《內業》之具全體大用矣。諦觀本篇，其文辭之爾雅，義蘊之閎深，與道家上下經不相上下也。」〔註50〕顧實（1878～1956）《漢書藝文志講疏》三〈諸子略〉亦曰：「《管子》有〈內業〉篇，古書多重複，或此竟包彼書也。」張舜徽（1911～1992）《漢書藝文志通釋》卷三曰：「馬氏據王說，遂定《管子‧區言》之〈內業〉篇，即《漢志》儒家之〈內業〉十五篇，所見甚是。並爲分析篇章，以合《漢志》之數。其表章之意，有足多者。惟近世述周、秦哲學者，鮮見涉及〈內業〉，間有究繹及此，則亦牽引唐、宋以

〔註48〕　羅焌：《諸子學述》，嶽麓書社，1995 年版，第 244～245 頁。

〔註49〕　羅焌：《諸子學述》，嶽麓書社，1995 年版，第 245 頁。

〔註50〕　羅焌：《諸子學述》，嶽麓書社，1995 年版，第 255～256 頁。

來理學諸儒復性、主靜之說以傅會之。穿鑿惑亂，莫甚於此。且謂某語爲李翱復性之書所由成，某語爲周子主靜之說所自出，程子得某語而爲定性之論，朱子得某語而爲主敬之義。牽強至此，原意盡失。余嘗反覆籀繹遺文，始悟是篇所言，與《管子》書中〈心術〉上下及〈白心〉篇，實相表裏，皆爲君道而發。舉凡後起傅會之說，悉非此文本旨也。今取〈心術〉上下及〈白心〉篇，與是篇彼此印證，則其所言乃人君南面之術，昭昭甚明。《管子》雖爲糅雜之書，而言人君南面之術者，往往在焉。若〈心術〉上下、〈白心〉、〈內業〉四篇，其尤著者也。斯固不出管仲手，要皆裒集舊文，以入管子書中耳。其間精義要旨，足與《道德》五千言相發明。余早歲嘗抽出此四篇，爲之疏證，既已刊佈於世矣。其中以〈內業〉名篇者，內猶心也，業猶術也。篇題既與〈心術〉義近，故所言亦表裏相依。同爲主術之綱領，道論之菁英。余於《疏證》中已發其蘊奧，今僅辨正其大義於此，其詳則不復及矣。」

《周史六弢》六篇。惠、襄之間，或曰顯王時，或曰孔子問焉。（師古曰：「即今之《六韜》也，蓋言取天下及軍旅之事。弢字與韜同也。」）

【存佚著錄】

今亡佚。《隋書・經籍志》、《舊唐書・經籍志》、《新唐書・藝文志》等已不著錄，早已亡佚。今有《六韜》六卷，自《隋書・經籍志》及《四庫全書總目》皆載子部兵家類。《四庫全書總目》子部兵家類〈六韜提要〉曰：「考《莊子・徐无鬼》篇，稱『金版六弢』。《經典釋文》曰：『司馬彪、崔撰云，金版、六弢皆周書篇名。』本又作《六韜》。謂《太公六韜》，〈文〉、〈武〉、〈虎〉、〈豹〉、〈龍〉、〈犬〉也。則戰國之初，原有是名。然即以爲《太公六韜》，未知所據。《漢書・藝文志》兵家不著錄，惟儒家有周史《六弢》六篇。班固自注曰：『惠、襄之間，或曰顯王時，或曰孔子問焉。』則《六弢》別爲一書。顏師古注以今之《六韜》當之，毋亦因陸德明之說而牽合附會歟？」清孫星衍（1753～1818）《六韜序》則曰：「《六韜》六篇，列在《藝文志・儒家》，稱《周史六弢》。注云：『惠、襄之間，或曰顯王時，或曰孔子問焉。』班固以爲或惠、襄王時，或顯王時史臣所述武王、太公之言，又疑周史述此以答孔子問，是爲適周問禮所得書也。顏師古注云：『即今之《六韜》

也，蓋言取天下及軍旅之事。弢字與韜字同也。』考之《莊子・徐无鬼》篇，女商稱《金版》、《六韜》。陸氏德明《音義》引司馬崔云：『《金版》、《六韜》皆《周書》篇名，或曰《秘讖》也。本又作《六韜》，謂太公《六韜》，〈文〉、〈武〉、〈虎〉、〈豹〉、〈龍〉、〈犬〉也。』《六弢》出於周顯王之前，宜魏武侯時女商見之。《淮南子・精神訓》篇：『〈金縢〉、〈豹韜〉，周公、太公陰謀圖王之書也。』袁宏《後漢紀》：『或說何進曰：太公《六韜》，有天子將兵事以示四方。』《三國志》注引先主遺詔稱：『閑暇歷觀諸子及《六韜》、《商君書》，益人志意。』又云：『聞丞相爲寫《申》、《韓》、《管子》、《六韜》一通已畢。』是漢、魏時見此書，其即《藝文志》《六韜》明矣。」又曰：「明刻本互有脫誤，因與家侍御志祖互相僻校，項佐州塘爰付之梓，其《開元占經》、《意林》、《通典》、《太平御覽》等書引《六韜》或稱《太公陰符》，或爲今本所無，待御子同元又輯《佚文》一卷，刊附於後。」今按：孫同元《六韜佚文》見《平津館叢書》。

【真偽考辨】

　　宋王應麟（1223～1296）《漢藝文志考證》卷五曰：「今《六韜》六卷六十篇。《尙書正義》以爲後人所作，非實事也。《館閣書目》謂《周史六弢》恐別是一書。《通鑑外紀》云：『《志》在儒家，非兵書也。今《六韜》文王、武王問太公兵戰之事，其言鄙俚煩雜，不類太公之語，蓋後人依託爲之。』唐氏曰：『春秋以前，中國未有騎戰，計必起於戰國之時。今《六韜》言其戰最詳，決非太公所作。當出於孫、吳之後謀臣策士之所託也。』」清沈濤（1792～1855）《銅熨斗齋隨筆》卷四「六韜」條曰：「今《六韜》乃文王、武王問太公兵戰之事，而此列之儒家，則非今之《六韜》也。『六』乃『大』字之誤。〈人表〉有周史大弨。古字書無『弢』字，《篇韻》始有之，當爲『弢』字之誤。《莊子・則陽》篇：『仲尼問於太史大弢，蓋即其人。』此乃其所著書。故班氏有『孔子問焉』之說。顏以爲太公《六韜》，誤矣。今《六韜》當在《太公》二百三十七篇之內。」清姚振宗（1842～1906）《漢書藝文志條理》卷二亦曰：「《莊子》有『仲尼問於太史大弢』，則確爲大弢無疑。沈氏（即沈濤──引者注）所考，信有徵矣。孫伯淵先生校刊《六韜》，編入《平津館叢書》，其序反覆辯證，謂即此《周史六弢》，蓋考之未審，不可從也。」梁啓超（1873～1929）《漢書藝文志諸子略考釋》亦曰：「沈（即沈濤──引者注）說是，但今之《六韜》實亦偽書。」

【作者情況】

《漢書‧古今人表》列「周史大弢」於第六等中下，清梁玉繩《人表考》曰：「太史大弢，惟見《莊子‧則陽》。案大弢、伯常騫二人與孔子論衛靈公，未知何國之史。此云周史者，豈亦如騫之去周適齊歟？《藝文志》有《周史六弢》六篇。或曰：孔子問焉。又《廣韻》：弢，平義切。音義俱別，疑此訛。」清姚振宗（1842～1906）《漢書藝文志條理》卷二曰：「周史大弢，見《人表》第六等中下，列周景王、悼王時，爲春秋魯昭公之世，與孔子同時。上距惠、襄之間，下至顯王之際，皆一百數十年，實不相及。唯云『孔子問焉』，則與〈人表〉敘次時代相合。」

【學術源流】

清章學誠（1738～1801）《校讎通義》卷三曰：「儒家部《周史六韜》六篇，兵家之書也。劉恕以謂『《漢志》列於儒家，恐非兵書』。今亦不可考矣。觀班固自注：『或曰孔子問焉。』則固先已有所不安，而附著其說，以見劉部次於儒家之義耳。雖然，書當求其名實，不以人名分部次也。《太公》之書有武王問，不得因武王而出其書於兵家也。《漢志》歸道家。劉氏《七略》道家、兵家互收。《內經》之篇有『黃帝問』，不得因黃帝而出其書於方技也。假使《六韜》果有夫子之問，問在兵書，安得遂歸儒家部次邪？」葉長青（1902～1948）《漢書藝文志問答》：「問：『《周史大弢》既爲孔子所問，不列《晏子》之前，而次《內業》之後，何邪？』答：『自《子思》至《內業》十三家，皆孔子弟子，或七十子弟子，所以明傳授之淵源。《周史大弢》以下，雖皆亦儒家，而非出於孔門傳授故也。』」

《周政》六篇。周時法度政教。

《周法》九篇。法天地，立百官。

【存佚著錄】

今亡佚。《隋書‧經籍志》、《舊唐書‧經籍志》、《新唐書‧藝文志》等已不著錄，早已亡佚。

【學術源流】

　　清章學誠（1738～1801）《校讎通義》卷三曰：「儒家有《周政》六篇，《周法》九篇，其書不傳。班固注《周政》云『周時法度政教』，注《周法》云『法天地，立百官』，則二書蓋官禮之遺也。附之禮經之下為宜，入於儒家非也。大抵《漢志》不立史部，凡遇職官、故事、章程、法度之書，不入六藝部次，則歸儒、雜二家。故二家之書類附率多牽混，惜不能盡見其書校正之也。夫儒之職業，誦法先王之道，以待後之學者。因以所得，自成一家之言，孟荀諸子是也。若職官故事章程法度，則當世之實跡，非一家之立言，附於儒家，其義安取？故〈高祖〉、〈孝文〉諸篇之入儒，前人議其非，是也。」清姚振宗（1842～1906）《漢書藝文志條理》卷二駁之曰：「班氏仍《錄》、《略》之舊，列於儒家，必有其故，後人未見其書，未可斷以為非。」葉長青（1902～1948）《漢書藝文志問答》：「本志除上列二書外，尚有《河間周制》十八篇，自注云『似河間獻王所述也』，而《金樓子・說蕃篇》則直云『王又為《周制》二十篇』，雖篇數不同，而言《周制》則一。其所以不列於《禮》者，周時法度政教或異《禮經》所載『法天地立百官』，非三百六十之目，《禮》則不合，其言則儒家也。」張舜徽（1911～1992）《漢書藝文志通釋》卷三亦曰：「古之以周名書者，本有二義：一指朝代；一謂周備。故凡由包羅甚廣而寓周備、周普、周遍之意，如後世叢鈔、雜纂之屬，皆可以周名之。在《六藝略》中，若官制彙編之名《周官》，其尤顯著者也，遠古文獻，散在四方。自官制彙編之外，遺言逸制未經收錄者猶多。儒生各取所見，分類輯比以存之。儒家之《周政》、《周法》，蓋所載乃布政立法之餘論。以其同出儒生之手，故列之儒家。若道家之《周訓》，小說家之《周考》、《周紀》、《周說》，猶後世雜抄、從考、說林之類耳。學者當推此意以求之，不必拘泥為專言姬週一代之書也。」

《河間周制》十八篇。似河間獻王所述也。

【存佚著錄】

　　今亡佚。《隋書・經籍志》、《舊唐書・經籍志》、《新唐書・藝文志》等已不著錄，早已亡佚。孫德謙（1869～1935）《漢志藝文略・存疑略》曰：「《漢志》之稱『似』稱『或』，皆不能定作者之名也。」

【學術源流】

清姚振宗（1842～1906）《漢書藝文志條理》卷二曰：「《周史六弢》及《周政》、《周法》、《周制》四書，似皆河間獻王所奏進，而《周制》又似獻王綜述爲書也。周之故府，篇籍多矣，家邦既隕，或亦有散在民間者，獻王購以金帛，遂多爲所得，如《毛詩經》及《故訓傳》、《禮古經》、《古記》、《明堂陰陽》、《王史氏記》、《周官經傳》、《司馬法》、《樂記》、《雅歌詩》、《左氏經傳》、《三朝記》，皆獻之漢朝，此亦其類也歟？又案《禮樂志》言：『叔孫通既沒之後，河間獻王採禮樂古事，稍稍增輯，至五百餘篇。今學者不能昭見，但推士禮以及天子，說義又頗謬異，故君臣長幼交接之道寖以不章。』此或五百餘篇之殘剩，亦未可知也。」梁啓超（1873～1929）《漢書藝文志諸子略考釋》曰：「以上三種今佚，《隋志》皆已不著錄。蓋皆秦、漢間人述周代制度之書，既不能入《六藝略》，則以附諸儒家也。竊疑《周官》六篇其性質正與此同類。或劉歆將《周政》六篇改頭換面，作爲《周官》，亦未可知。要之戰國、秦、漢間儒者喜推論周制，人各異說，如《河間周制》，即河間獻王之徒所論列，《周政》、《周法》當亦此類也。」〔註51〕張舜徽（1911～1992）《漢書藝文志通釋》卷三曰：「河間獻王修學好古，搜求遺書。既取古代經傳獻之朝廷，又輯錄與經傳相表裏之逸文遺典，裒纂爲書。此編殆即其一，大抵分屬儒生爲之，而非出自己手。班氏自注所云：『似河間獻王所述』，亦存疑之辭也。」

《讕言》十篇。不知作者，陳人君法度。（如淳曰：「讕音燦爛。」師古曰：「說者引《孔子家語》云孔穿所造，非也。」）

【存佚著錄】

今亡佚。《隋書・經籍志》、《舊唐書・經籍志》、《新唐書・藝文志》等已不著錄，早已亡佚。輯本有馬國翰所輯《讕言》一卷，見《玉函山房輯佚書》子編儒家類，輯本據《孔叢子》輯錄《公孫龍》、《儒服》、《對魏王》三篇爲《讕言》一卷，馬國翰序曰：「茲即從《孔叢子》錄出凡三篇，依舊說題周孔穿撰，先聖家學可於此探其淵源云。」孫啓治等曰：「班固注已云不知作者，

〔註51〕 今按：梁啓超此處明顯受到康有爲《新學僞經考》之影響，不足爲憑。

王肅說未必可信，況《孔叢子》又爲僞書乎？馬氏此輯不足據。」〔註52〕

【作者情況】

　　馬國翰以爲《讕言》作者即孔穿，其輯本序考之曰：「《漢志》儒家《讕言》十篇，注『不知作者，陳人君法度』，師古曰：『說者引《孔子家語》云孔穿所造，非也。』案《家語・後序》云：『子直生子高，名穿，亦著儒家語十二篇，名曰《讕言》。』《集韻》去聲二十九『換』讕、謂、諫三字並列，注云：『詆讕，誣言相被也，或從柬，從間。』然則讕與謂通，加艸者，隸古之別也。書名既同，復並稱儒家，且以《孔叢子》所載子高之言觀之，其答信陵君祈勝之禮，對魏王人主所以爲患，及古之善爲國，至於無訟之間，又與齊君論車裂之刑，所言皆人君法度事，則《讕言》審爲穿書矣。班固云『不知作者』，蓋劉向校定《七略》時，《孔叢子》晦而未顯，《漢志》本諸《七略》，無從取證。東漢之季，《孔叢子》顯出，故王肅注《家語》據以爲說。魏晉儒者遂據肅說以解《漢志》，在當日實有考見，不知顏監何以斷其非也。」梁啓超（1873～1929）《漢書藝文志諸子略考釋》駁之曰：「王肅僞《家語後序》云：『子高名穿，著儒家語十二篇，名曰《讕言》。』顏謂『說者引《家語》云孔穿子所造』，即引此也。然班明言『不知作者』，顏亦斷其非穿造，則《孔叢子》之文不足以當此書明矣。」今按：《漢書・古今人表》列「孔穿」於第四等中上，清梁玉繩《人表考》曰：「子思玄孫，孔穿始見《列子・仲尼》、《呂覽・聽言》。子思生白，字子上；子上生求，字子家；子家生箕，字子京；子京生穿，字子高。年五十一。（《史・孔子世家》）」清姚振宗（1842～1906）《漢書藝文志條理》卷二曰：「孔穿《古今人表》列第四等，注云『子思玄孫』，馬氏以此爲穿書，與顏監異，究未知爲孰是也。」陳朝爵（1876～1939）《漢書藝文志約說》卷二解釋書名曰：「《說文》：『讕，詆讕。』著書名《讕言》，蓋謙稱如罪言；亦即俗云亂說。」張舜徽（1911～1992）則以爲「由儒生纂輯而成」，其《漢書藝文志通釋》別解曰：「此處『讕』字，實當讀『諫』。……《漢志》著錄之《讕言》，實即《諫言》。乃漢以前儒生裒錄古代忠臣進諫之語以成此書，所言皆爲君之道，故班氏自注云：『陳人君法度。』至於讕之『誣言相被』一義，固不能以解《讕言》之讕也。此類書既由儒生纂輯而成，故班氏云『不知作者』。」葉長青（1902～1948）《漢書藝文志問答》：「問：『或

〔註52〕孫啓治、陳建華：《中國古佚書輯本目錄解題》，上海古籍出版社，2009年版，第208頁。

引《孔子家語》謂《讕言》乃孔穿所作，審否？』答：『如係孔穿所作，當次《子思》之後，以明家學淵源也。』」

《功議》四篇。不知作者，論功德事。

【存佚著錄】

今亡佚。《隋書・經籍志》、《舊唐書・經籍志》、《新唐書・藝文志》等已不著錄，早已亡佚。清姚振宗（1842～1906）《漢書藝文志條理》卷二曰：「《功議》未詳。」

【作者情況】

張舜徽（1911～1992）以為「由儒生裒錄而成」，其《漢書藝文志通釋》卷三曰：「《諫言》所以箴君，《功議》所以勸臣，皆古者致治之術也。君之大權，繫乎賞罰，而行賞必先論功。此《功議》一書，亦必由儒生裒錄古代論功德之事而成，故亦不知作者。二書實相表裏，惜均亡佚甚早。」

《甯越》一篇。中牟人，為周威王師。

【存佚著錄】

今亡佚，《隋書・經籍志》、《舊唐書・經籍志》、《新唐書・藝文志》等已不著錄，早已亡佚。輯本有馬國翰所輯《甯子》一卷，見《玉函山房輯佚書》子編儒家類，馬國翰序曰：「考《呂氏春秋》、《說苑》引其說，輯錄二節，並附事跡，合為一卷。以苗賁皇為楚平王之士，並以城濮、鄢陵二戰屬之，舛踳殊甚，辭氣亦染遊說風習，名列於儒，蓋不沒其日夜勤學之功力云。」

【作者情況】

《呂氏春秋・博志》篇曰：「孔、墨、甯越，皆布衣之士也。慮於天下，以為無若先王之術者，故日夜學之。有便於學者，無不為也；有不便於學者，無肯為也。甯越，中牟之鄙人也，苦耕稼之勞，謂其友曰：『何為而可以免此苦也？』其友曰：『莫若學，學三十歲則可以達矣。』甯越曰：『請以十歲。人將休，吾將不敢休；人將臥，吾將不敢臥。』十五歲而周威公師之。矢之速也，而不過二里止也；步之遲也，而百歲不止也。今以甯越之材而久不止，

其為諸侯師，豈不宜哉？」《史記·秦始皇本紀》引賈誼之言曰：「當是時，齊有孟嘗，趙有平原，楚有春申，魏有信陵。……於是六國之士有寧越、徐尚、蘇秦、杜赫之屬為之謀。」唐司馬貞《史記索隱》曰：「寧越，趙人。」《漢書·古今人表》列「寧越」於第三等智人，清梁玉繩《人表考》曰：「寧越，始見《呂氏春秋·不廣》、《博志》，亦曰寧子。中牟人，學十五歲，而周威公師之。」馬國翰輯本序曰：「《淮南子·道應訓》云『寧越欲干齊桓公，困窮無以自達。於是，為商旅，將任車，以商於齊』云云，以寧戚事誤屬寧越。潘基慶《古逸書》於寧戚《飯牛歌》下據云：『按：寧戚，一作越，字武人。體不休學，十五歲為齊威公師。』又以寧越事誤屬寧戚，且以周威公為齊威公，尤大誤也。」梁啓超（1873～1929）《漢書藝文志諸子略考釋》曰：「《呂氏春秋·不廣》篇、《說苑·尊賢》篇皆記寧越事。賈誼《過秦論》云『六國之士有寧越』，當即此人。」張舜徽（1911～1992）《漢書藝文志通釋》卷三亦曰：「寧越乃周末名人。《呂氏春秋·博志》篇稱其以布衣之士，勸學不止，為諸侯師。賈誼《過秦論》言及六國謀士，亦以寧越與徐尚、蘇秦、杜赫並論。可知其在周末，有大名於當時。而以勤學成才，與儒為近。《漢志》列其書於儒家，蓋以此也。《呂氏春秋·不廣》篇、《說苑·尊賢》篇皆記其言論行事。……班《志》自注所云『為周威王師』，王當作公。威公，西周君也。」

《王孫子》一篇。一曰《巧心》。

【存佚著錄】

今亡佚。《隋書·經籍志》曰：「梁有《王孫子》一卷，亡。」而《舊唐書·經籍志》、《新唐書·藝文志》皆不著錄，早已亡佚。梁啓超（1873～1929）《漢書藝文志諸子略考釋》曰：「《意林》、《藝文類聚》、《文選注》、《太平御覽》皆引之，似歷唐迄宋初尚存也。」《王孫子》之輯本有三種：其一為清嚴可均（1762～1843）所輯《王孫子》一卷，其二為清馬國翰（1794～1857）所輯《王孫子》一卷（見《玉函山房輯佚書》子編儒家類），其三為清顧觀光（1799～1862）所輯《王孫子》（見《古書逸文》），其四為清王仁俊（1866～1913）所輯《王孫子》（見《玉函山房輯佚書續編》子部儒家類）。清嚴可均《鐵橋漫稿》卷五〈王孫子敘〉曰：「《漢志》儒家：《王孫子》一篇，一曰《巧

心》。《隋志》一卷，《意林》亦一卷，僅有目錄。而所載《王孫子》，文爛脫。校《意林》者乃割《莊子》雜篇以充之，實非《王孫子》也。《唐志》不著錄。今從《北堂書鈔》等書採出二十四事，省併複重，僅得五事。愛是先秦古書，繕寫而爲之敘，曰：王孫，姓也，不知其名，『巧心』亦未詳。繹其言，蓋七十子之後言治道者。《漢志》儒五十三家，今略存十家，而子思、曾子、公孫尼子、魯仲連子、賈山五家尚未全亡。《王孫子》得見者，僅三百九十九字耳，然而君人者可懸諸座隅。夫爲國而不受諫，不節財而暴民，如國何？」馬國翰輯本序曰：「王孫氏，其名不傳，事跡亦無考。以《漢》、《隋志》敘次其書，知爲戰國時人。一曰《巧心》，蓋其書之別稱，如揚子之《法言》、文中子之《中說》矣。《意林》存目而無其書。《藝文類聚》、《太平御覽》引其佚說，而彼此殊異，參互考定，完然可讀者尚得五節，錄爲一卷。書主愛民爲說，如衛靈、楚莊、趙簡子之事。又《春秋》內外傳所未載者，且舉孔子、子貢之論以爲斷。其人蓋七國之翹楚也。」孫啓治等曰：「唐、宋類書引有佚文，馬國翰據以採撅，省併重複，得五節。王仁俊從宋刻《意林》卷六採得一節，以補馬缺。顧觀光釆得六節，中採《史記・李斯傳》集解引一節，爲馬、王所無，餘與馬同。」〔註53〕

【書名理據】

葉長青（1902～1948）《漢書藝文志問答》：「問：『巧心爲王孫名乎？抑書名乎？』答：『《文心雕龍・序志篇》曰：「昔涓子《琴心》，王孫《巧心》，心哉美矣！故用之焉。」《文選注》：「涓子齊人，著《琴心》三篇。」案：劉勰以之對舉，則《巧心》書名也。』」

【作者情況】

明胡應麟（1551～1602）《少室山房筆叢・經籍會通三》曰：「劉勰《雕龍》末所稱王孫《巧心》，即此。」

【學術源流】

宋王應麟（1223～1296）《漢藝文志考證》卷五曰：「馬總《意林》引之。《太平御覽》引『趙簡子獵於晉陽，撫轡而歎』、『楚莊王攻宋，將軍子重諫』。」清沈欽韓（1775～1831）《漢書藝文志疏證》卷二曰：「《文選・舞賦》注：《王

〔註53〕 孫啓治、陳建華：《中國古佚書輯本目錄解題》，上海古籍出版社，2009年版，第208頁。

孫子》曰：衛靈公侍御數百，隨珠照日，羅衣從風。《御覽》四百五十七引《王孫子》、《新書》二條，其一即衛靈公事。按《隋志》梁有王基《新書》五卷。然則此疑王基不類古書。」陳朝爵（1876～1939）《漢書藝文志約說》卷二亦曰：「此非周時語，明是六朝人偽作。」顧實（1878～1956）《漢書藝文志講疏》三〈諸子略〉曰：「兵形勢家《王孫》十六篇，蓋非同書。」

《公孫固》一篇。十八章。齊閔王失國，問之，固因為陳古今成敗也。

【存佚著錄】

今亡佚。《隋書・經籍志》、《舊唐書・經籍志》、《新唐書・藝文志》皆不著錄，早已亡佚，後人亦無輯本。清章學誠（1738～1801）《校讎通義》內篇卷三曰：「《漢志》計書多以篇名，間有計及章數者，小學敘例稱《倉頡》諸書也。至於敘次目錄而以章計者，惟儒家《公孫固》一篇注十八章，《羊子》四篇注百章而已。其如何詳略，恐劉、班當日亦未有深意也。」

【作者情況】

《史記・十二諸侯年表》云：「及如荀卿、孟子、公孫固、韓非之徒，各往往捃摭《春秋》之文以著書，不可勝紀。」唐司馬貞《史記索隱》曰：「宋有公孫固，無所述。此固，齊人韓固，傳《詩》者。」清姚振宗（1842～1906）《漢書藝文志條理》卷二曰：「《索隱》謂宋有公孫固者，指宋襄公時大司馬固，見《左・僖二十二年傳》及注，齊桓公時人。此公孫固齊閔王時，相去凡三百五十餘年。至齊人韓固傳《詩》，又似轅固之訛，轅固生漢景、武時人，《索隱》此條皆非是，由於未嘗參考《藝文志》之失也。」又曰：「班氏稱閔王失國，即此《人表》第八等下中齊愍王，宣王子，閔、愍、愍並通。公孫固當是齊人，其書蓋即作於是時，周赧王三十一年也。」

【學術源流】

羅焌（1874～1932）《諸子學述》曰：「今考《荀子・強國》篇引公孫子一章，蓋即孫固書也。……案：此論子發辭賞，以為矜私廉而亂國法，且發揮簡賢、使能、賞當、刑稱之義，與荀子論治正同，故荀子具述其說。是公孫子亦儒家言也。」〔註54〕張舜徽（1911～1992）《漢書藝文志通釋》卷三亦

〔註54〕 羅焌：《諸子學述》，嶽麓書社，1995 年版，第 258～259 頁。

曰：「《荀子・強國》篇中有引公孫子曰一段文字，凡二百八十言，論楚子發克蔡辭賞事。《注》云：『公孫子，齊相也。』與馬、班所言正合，其爲公孫固書無疑以爲矜私廉而亂國法。且發揮尚賢使能、賞當刑稱之義，與《荀子》論治正同，故荀子具述其說，是《公孫子》亦儒家言也，故《漢志》列之儒家。」今按：張舜徽此處亦與羅焌雷同。

《李氏春秋》二篇。

【存佚著錄】

今亡佚。《隋書・經籍志》、《舊唐書・經籍志》、《新唐書・藝文志》等已不著錄，早已亡佚。輯本有馬國翰所輯《李氏春秋》一卷，見《玉函山房輯佚書》子編儒家類，馬國翰序曰：「敘次在公孫固、羊子之間。公孫固，齊閔王失國問之；羊子，秦博士；然則李氏亦戰國時人也。……考《呂氏春秋》引《李子》一節，不言名字，當是《李氏春秋》佚文。泛論名理，以《春秋》取號者，其亦《虞氏春秋》之類與？」孫啓治等曰：「《呂氏春秋・勿躬》引李子言一節，馬氏以爲本書佚文，據以錄存。按《漢志》法家載《李子》三十二篇，注云：『名悝，相魏文侯。』范耕研、陳奇猷皆以〈勿躬〉所引乃法家《李子》之佚文，說詳陳氏《呂氏春秋校釋》。」〔註55〕

【作者情況】

清沈欽韓（1775～1831）《漢書疏證》卷二十五曰：「疑李兌。」馬國翰序曰：「敘次在公孫固、羊子之間。公孫固，齊閔王失國問之；羊子，秦博士。然則李氏亦戰國時人也。」

【書名理據】

蔣伯潛（1892～1956）《諸子通考》曰：「『春秋』爲古代編年史之通名，錯舉四季之二以爲名，蓋示編年之意，故各國皆有『春秋』，不但魯而已。此皆史書也。及戰國末期，乃以『春秋』爲記個人言行之書之名稱，如《李氏春秋》、《呂氏春秋》、《虞氏春秋》皆是。」〔註56〕張舜徽（1911～1992）《漢書

〔註55〕 孫啓治、陳建華：《中國古佚書輯本目錄解題》，上海古籍出版社，2009 年版，第 209 頁。

〔註56〕 蔣伯潛：《諸子通考》，上海古籍出版社，2013 年版，第 288 頁。

藝文志通釋》卷三亦曰：「春秋二字，乃錯舉四時之名，足該一歲終始。故古之按年月四時以紀事者，謂之《春秋》。春生夏長，秋收冬藏，實包天地萬物，故古之以立意爲宗而網羅彌廣者，亦得謂之《春秋》。如《晏子春秋》、《呂氏春秋》是也。此類書而名《春秋》，喻其所言非一，猶今稱《叢刊》、《彙編》耳。」

《羊子》四篇。百章。故秦博士。

【存佚著錄】

今亡佚。《隋書・經籍志》、《舊唐書・經籍志》、《新唐書・藝文志》皆不著錄，早已亡佚。馬國翰有《輯本》一卷。

【作者情況】

宋鄭樵《通志・氏族略》：「戰國有羊千著書。」《廣韻》十陽「羊」字注：「羊，又姓。《戰國策》有羊千者，著書顯名。」清姚振宗（1842～1906）《漢書藝文志條理》卷二曰：「『策』似『時』字之誤。」張舜徽（1911～1992）《漢書藝文志通釋》卷三亦曰：「《廣韻》『策』字當爲『時』字之誤。蓋其人生於戰國之末，至秦猶爲博士也。」

《董子》一篇。名無心，難墨子。

【存佚著錄】

今亡佚。《隋書・經籍志》著錄：「《董子》一卷，戰國時董無心撰。」《舊唐書・經籍志》著錄：「《董子》二卷，董無心撰。」《新唐書・藝文志》著錄：「《董子》一卷，董無心。」《崇文總目》著錄：「《董子》一卷，董無心撰。」宋晁公武《郡齋讀書志》卷十著錄：「《董子》一卷，周董無心撰，皇朝吳祕注，無心在戰國時，著書闢墨子。」宋王應麟（1223～1296）《玉海・藝文》曰：「《董子》，《漢志》儒家一篇，名無心，難墨子。《唐志》一卷，宋朝吳祕注一卷（戰國時人，著書闢《墨子》），《書目》一卷，與學墨者纏子辨〈上同〉、〈兼愛〉、〈上賢〉、〈明鬼〉之非，纏子屈焉。《論衡》引董子難纏子。」《宋史・藝文志》著錄：「《董子》一卷，董無心撰。」明陳第（1541～1617）《世

善堂藏書目錄》著錄：「《董子》一卷，周董無心作，以難墨子者。」明胡應麟（1551～1602）《少室山房筆叢》甲部《經籍會通》卷三曰：「《藝文志》儒家有《董無心》一卷，注稱難墨子。歷朝諸志咸有其目，宋吳秘嘗爲注釋，見《通考》晁氏所紀。蓋南渡尚存而今不甚傳，其言行亦不少概睹。」則明末已不存，陳第或虛標其目。清孫詒讓（1848～1908）《籀頃述林》卷五〈墨子後語小敘〉曰：「馬總《意林》僅錄胡非、隨巢二家，餘並不存，而別增《纏子》一家，則即《漢志》儒家董無心之書也。至宋《崇文總目》而盡亡（惟《纏子》爲《董子》，宋時尚在。《崇文目》及《宋史・藝文志》併入儒家）。」而張舜徽（1911～1992）《漢書藝文志通釋》卷三則曰：「其書入清始無傳本，散亡甚晚。」輯本有馬國翰所輯《董子》一卷，見《玉函山房輯佚書》子編儒家類，馬國翰序曰：「王充《論衡》引其與纏子論難一節，又《文選注》、《意林》引《纏子》內有董無心語。循『公孫龍與孔穿論臧三耳』兩家書並載之例，取補缺遺。存其說可與《詰墨》競爽，孟子所謂『聖人之徒與』！」

【學術源流】

漢王充（27～97）《論衡・福虛》篇曰：「儒家之徒董無心，墨家之徒纏子，相見講道。纏子稱墨家右鬼神是，引秦穆公有明德，上帝賜之九十年。董子難以堯、舜不賜年，桀、紂不夭死。堯、舜猶爲尚遠，且近難以秦穆公、晉文公。夫諡者，行之跡也；跡生時行，以爲死諡。穆者，誤亂之名；文者，德惠之表。有誤亂之行，天賜之；有德惠之操，天奪其命乎？案：穆公之霸，不過晉文；晉文之諡，美於穆公。天不加晉文之命，獨賜穆公以年，是天報誤亂，與穆公同也。」又唐馬總《意林》引《纏子》云：「纏子修墨氏之業，以教於世。儒有董無心者，其言修而謬，其行篤而庸；言謬則難通，行庸則無主。欲事纏子，纏子曰：『文言華世，不中利民，傾危繳繞之辭者，並不爲墨子所修，勸善、兼愛，則墨子重之。董子曰：『子信鬼神，何異以踵解結？終無益也。』纏子不能應。」明胡應麟（1551～1602）《少室山房筆叢》甲部《經籍會通》卷三曰：「蓋二人同時，纏，墨者，蔑董，自尊其教，固不足憑。余獨慨夫戰國之世墨翟之教大行，聲稱積漸，至與儒並，以莊周之恣橫，其敘道術特冠墨於諸家之首，而三致意焉，自餘咸可例見。無心生戰國世，獨奮然起辟之，計其度越當時，詎在漢世仲舒之下？蓋孟子輿氏後一人而已，而後之儒者絕口不道其功。鄭漁仲精覈藝文，至謂無心爲墨氏弟子，冤哉！余曷能弗詳爲辯也？」清錢大昕（1728～1804）《三史拾遺》卷三曰：「董無心，蓋六國時

人，王充《論衡》、應劭《風俗通》俱引董無心說。」今按《風俗通》:「董無心云:『杜伯死，親射宣王於鎬京。予以爲桀、紂所殺，足以成軍，可不須湯、武之眾。」又孫志祖（1737～1801）《讀書脞錄》卷四「纏子」條曰:「《文選‧文賦》注引《纏子》，陳少章云:纏疑墨。又《漢書‧藝文志》有《董子》一卷，注云無心，難墨子。此纏子或董子之誤。志祖案:《選注》引《纏子》凡三條，〈文賦〉外，又見陶淵明〈雜詩〉及〈答賓戲〉注，非誤也。胡元瑞《經籍會通》云:《纏子》，《漢志》不載，而《意林》引用二條，皆與董無心論難語。無心，戰國人，著書闢墨子。纏子，蓋戰國墨之徒也。《廣韻》纏字注云:又姓，《漢書‧藝文志》有纏子，著書。不知所據。」清姚振宗（1842～1906）《隋書經籍志考證》卷二十四曰:「《唐日本國見在書目》墨家載有《纏子》一卷，則唐時兩本並行，其文稍有出入，如云董無心欲事纏子，又云纏子不能應。不過各尊其學而已。」又曰:「蓋《漢志》實無《纏子》，《廣韻》殆以《纏子》即《董子》，故云。」《漢書藝文志拾補》卷二又曰:「《漢志》儒家《董子》一篇，注云:『名無心，難墨子。』尋其佚文，蓋董子、纏子相詰難儒、墨二家，各著爲書，各尊其學。至明代而《纏子》亡，惟存《董子》，見陳第《世善堂書目》。」清俞正燮《癸巳存稿》卷十二「右鬼」條則曰:「《淮南子‧泛論訓》云:『兼愛、上賢、右鬼，非命墨子之所立也，而揚子非之。』《論衡‧福虛》篇云:『儒家之徒董無心，墨家之徒纏子，相見講道。纏子稱墨家右鬼，神董無心難之。』《意林》:『纏子云:儒有董無心，難纏子曰:子信鬼神，何異以踵解結？』此儒殆楊朱之徒，非眞儒也。儒則五經皆言有鬼神。」羅焌（1874～1932）《諸子學述》曰:「《論語》云:『季路問事鬼神。子曰:「未能事人，焉能事鬼？」』是孔學但盡人事，不與鬼謀也。董子無心不信鬼神，屢與墨者纏子互相論難，纏子屈焉。孟子曰:『能言距楊、墨者，聖人之徒也。』董子茲若人之儔與？惜乎其辯〈上同〉、〈兼愛〉、〈上賢〉、〈明鬼〉之非者，其詳不可得聞矣。」〔註57〕蒙文通（1894～1968）《論墨學源流與儒墨匯合》曰:「《漢志》儒家有《董子》一卷，名無心，難墨子。墨學之明鬼，天志，以禍福邀人，儒家以賢愚禍福之事多爽難之，此最爲墨家所難置答者。墨家尤欲申論神道不驗之事於文化開明之日，此則墨道之所以日微乎？」劉咸炘（1896～1932）《子疏》定本卷上〈孔裔第二〉:「逸文殘缺，不見宗旨，而所難者但明鬼。此亦儒之末流耳，孔門不言無鬼也。」張舜徽（1911～1992）《漢

〔註57〕羅焌:《諸子學述》，嶽麓書社，1995年版，第260～261頁。

書藝文志通釋》卷三曰：「董子無心闢墨之說，可見於此。仲尼嘗言：『未能事人，焉能事鬼。』是儒學但盡人事，不信鬼神。董子實承斯緒，故其書列於儒家。……惜乎其辨〈上同〉、〈兼愛〉、〈上賢〉、〈明鬼〉之非者，其詳不可得聞。」

《俟子》一篇。（李奇曰：「或作《侔子》。」）

【存佚著錄】

今亡佚。《隋書・經籍志》、《舊唐書・經籍志》、《新唐書・藝文志》皆不著錄，早已亡佚，後人亦無輯本。

【作者情況】

俟子，一作「侯子」，乃六國時人。《廣韻》引《風俗通・姓氏》篇：「俟氏有俟子，古賢人，著書。」宋鄭樵《通志・氏族略》：「俟氏，《風俗通》俟子，著書，六國時人。」清沈欽韓（1775～1831）《漢書疏證》卷二十五謂《說苑・反質》篇言：「『秦始皇后得侯生，侯生仰臺而言』云云，其文八百餘言，疑即此。」梁啓超（1873～1929）《漢書藝文志諸子略考釋》引陶憲曾曰：「《廣韻》六止俟下云『又姓』。《風俗通》云：『有俟子，古賢人（《通志・氏族略》五作六國賢人），著書。』應仲遠嘗爲《漢書音義》，則所見本必作『俟』矣。」張舜徽（1911～1992）《漢書藝文志通釋》卷三亦曰：「王先謙謂『應仲遠嘗爲《漢書音義》，則所見本必作俟矣』。王說是也。其或作侔者，傳寫之訛耳。俟子乃六國時人，見鄭氏《通志・氏族略》。」

《徐子》四十二篇。宋外黃人。

【存佚著錄】

今亡佚。《隋書・經籍志》、《舊唐書・經籍志》、《新唐書・藝文志》皆不著錄，早已亡佚。輯本有馬國翰所輯《徐子》一卷，見《玉函山房輯佚書》子編儒家類，無輯序。孫啓治等曰：「馬國翰從《戰國策》採得徐子與魏太子言事一節，並據《史記》參訂文字。」〔註58〕

〔註58〕孫啓治、陳建華：《中國古佚書輯本目錄解題》，上海古籍出版社，2009年版，第208頁。

【作者情況】

　　《史記・魏世家》：「（惠王）三十年，魏伐趙，趙告急齊。齊宣王用孫子計，救趙擊魏。魏遂大興師，使龐涓將，而令太子申爲上將軍。過外黃，外黃徐子謂太子曰：『臣有百戰百勝之術。』太子曰：『可得聞乎？』客曰：『固願傚之。』曰：『太子自將攻齊，大勝並莒，則富不過有魏，貴不益爲王。若戰不勝齊，則萬世無魏矣。此臣之百戰百勝之術也。』太子曰：『諾，請必從公之言而還矣。』客曰：『……太子雖欲還，恐不得矣。』太子因欲還，其御曰：『將出而還，與北同。』太子果與齊人戰，敗於馬陵。齊虜魏太子申，殺將軍涓，軍遂大破。」南朝宋裴駰《史記集解》：「劉向《別錄》曰：『徐子，外黃人也。』外黃時屬宋。」唐張守節《史記正義》：「《括地志》云：『故圉城有南北二城，在汴州雍丘縣界，本屬外黃。即太子申見徐子之地也。』」《漢書・古今人表》列徐子於第五等中中。清朱彝尊（1629～1709）《經義考・承師二》曰：「徐辟，趙岐曰：『孟子弟子。』」又曰：「班氏《古今人表》孟子居第二等，其弟子公孫丑居第三等，萬章、樂正子、告子、高子居第四等，徐子居第五等，餘不與焉。」清梁玉繩（1744～1819）《人表考》曰：「徐子始見《魏策》、《史記・魏世家》。案本書《藝文志》《徐子》注云：『宋外黃人。』《策》、《史》言外黃徐子說太子申百戰百勝之術，〈表〉列魏惠王時當即此，恐非孟子弟子徐子及《韓子・外儲說左》趙襄子力士中牟徐子也。」清姚振宗（1842～1906）《漢書藝文志條理》卷二曰：「朱氏以〈人表〉徐子爲孟子弟子，梁氏以爲不然。今考〈人表〉徐子猶在孟子之前二行，不與公孫丑等相類從，似班氏不以此徐子爲孟子弟子也。梁氏之說爲長。」

【學術源流】

　　張舜徽（1911～1992）《漢書藝文志通釋》卷三曰：「觀徐子所陳百戰百勝之術，意在戢兵還師。與儒者非戰之旨合，故其書列入儒家。」

《魯仲連子》十四篇。有《列傳》。

【存佚著錄】

　　今亡佚。《隋書・經籍志》著錄：「《魯連子》五卷，錄一卷。魯連，齊人，不仕，稱爲先生。」《舊唐書・經籍志》著錄：「《魯連子》五卷，魯仲連撰。」《新唐書・藝文志》著錄：「《魯連子》一卷，魯仲連。」《宋史・藝文

志》著錄：「《魯仲連子》五卷，戰國齊人。」宋以後遂亡。梁啓超（1873～1929）《漢書藝文志諸子略考釋》曰：「魯連言論，除《戰國策》及《史記》本傳著錄數長篇外，《水經注》、《文選注》、《史記正義》、《意林務、《藝文類聚》、《初學記》、《太平御覽》所引《魯連子》尚二十餘條，知其書北宋尚存。」《魯仲連子》之輯本有五：其一爲洪頤煊（1765～1837）所輯《魯連子》一卷，見《經典集林》；其二爲嚴可均（1762～1843）所輯《魯連子》，見《全上古文》卷八，凡三十二條；其三爲馬國翰（1794～1857）所輯《魯連子》一卷，見《玉函山房輯佚書》子編儒家類，其序曰：「《戰國策》載其六篇，其〈卻秦軍〉、〈說燕將〉二篇，《史記》亦載之，文句不同，參互校訂。又搜採《意林》、《御覽》等書，得佚文二十五節，合錄一卷。」其四爲顧觀光（1799～1862）所輯《魯連子》，見《古書逸文》；其五爲杜文瀾（1815～1881）所輯《魯連子》，見《古謠諺》卷三十六。孫啓治等曰：「《戰國策》載魯仲連言行者凡六篇（《諸子彙函》所收《三柱子》採錄其中三篇），馬國翰據以錄出，又從《水經注》、《意林》及唐、宋類書等採得佚文二十餘節。嚴可均輯本採《戰國策》不及馬備（其中《遺燕將書》一節，嚴氏別採入文集），至採他書所載佚文，則『齊伐魯』、『所同食天下士至』、『孟子，劇之辯士』、『棄感忽之恥』四節爲馬所無，而馬採『一井五缾』、『從兄弟室父往而不得其粗糒焉』、『子曰君子能仁於人』三節爲嚴所無。洪頤煊、顧觀光皆不採《戰國策》成篇之文，二家採自他書者大體不出馬、嚴之外，唯洪採『司馬狗，衛宣公臣也』一節爲嚴、馬所無。又洪、顧二輯間採諸書所引而亦見於《戰國策》者，馬氏既採《策》文，故不復錄，非缺也。杜文瀾僅從《意林》採得二節。」〔註59〕

【作者情況】

《史記‧魯仲連鄒陽列傳》：「魯仲連者，齊人也。好奇偉俶儻之畫策，而不肯仕官任職，好持高節。遊於趙。趙孝成王時，秦使白起破趙長平之軍前後四十餘萬，秦兵東圍邯鄲。……此時魯仲連適遊趙，會秦圍趙，聞魏將欲令趙尊秦爲帝，乃見平原君……新垣衍曰：『吾聞魯仲連先生，齊國之高士也。衍人臣也，使事有職，吾不願見魯仲連先生。』平原君曰：『勝既已泄之矣。』新垣衍許諾。魯連見新垣衍而無言。……於是新垣衍起，再拜謝曰：『始

〔註59〕孫啓治、陳建華：《中國古佚書輯本目錄解題》，上海古籍出版社，2009年版，第 208～209 頁。

以先生爲庸人，吾乃今日知先生爲天下之士也。吾請出，不敢復言帝秦。』秦將聞之，爲卻軍五十里。適會魏公子無忌奪晉鄙軍以救趙，擊秦軍，秦軍遂引而去。於是平原君欲封魯連，魯連辭讓者三，終不肯受。平原君乃置酒，酒酣起前，以千金爲魯連壽。魯連笑曰：『所貴於天下之士者，爲人排患釋難解紛亂而無取也。即有取者，是商賈之事也，而連不忍爲也。』遂辭平原君而去，終身不復見。其後二十餘年，燕將攻下聊城，聊城人或讒之燕，燕將懼誅，因保守聊城，不敢歸。齊田單攻聊城歲餘，士卒多死而聊城不下。魯連乃爲書，約之矢以射城中，遺燕將。……燕將見魯連書，泣三日，猶豫不能自決。欲歸燕，已有隙，恐誅；欲降齊，所殺虜於齊甚眾，恐已降而後見辱。喟然歎曰：『與人刃我，寧自刃。』乃自殺。聊城亂，田單遂屠聊城。歸而言魯連，欲爵之。魯連逃隱於海上，曰：『吾與富貴而詘於人，寧貧賤而輕世肆志焉。』……太史公曰：『魯連其指意雖不合大義，然余多其在布衣之位，蕩然肆志，不詘於諸侯，談說於當世，折卿相之權。』」《漢書・古今人表》列「魯仲連」於第二等，清梁玉繩（1744～1819）《人表考》曰：「魯仲連始見《戰國》〈齊〉、〈趙策〉。魯氏，伯禽之後；仲連，齊人，亦曰魯連，亦曰魯仲子，亦曰魯連先生，葬青州高苑縣西北五里。」又宋黃震（1213～1280）《黃氏日鈔》卷四十六曰：「魯仲連辟新垣衍帝秦之說，引鄒魯不肯納齊愍王之事爲證，可謂深切著明矣！然解邯戰之圍者，平原君力也，非仲連口舌之所能解也。射書聊城，使其將自殺而城見屠，此不過爲田單謀耳。縱當時無仲連書，聊城無救，勢亦必亡，亦非甚有功於田單也，射書何爲哉！使連能說單無屠聊，而射書於城約其將善降；或說燕無殺其將，而使其將歸燕以救聊城之命，皆可也。連釋此不爲，射書何爲哉！彼不預吾事而預之，是爲出位。惟不以爵賞自累，而輕世肆志焉，故得優游天下，如飛鳥翔空然。然直以爲天下士，則未也。」清姚振宗（1842～1906）《漢書藝文志條理》卷二曰：「仲連之說新垣衍，衍不敢復言帝秦，秦將聞之，爲卻軍五十里，是信陵未來之前，邯鄲圍已少解矣，其功固不小也。其遺燕將書，原約其全師歸燕，或棄燕歸齊，非不欲全一城之命。其後燕將自殺，田單屠聊，非仲連意計所及。黃氏不揣其本末，而苛論古人，殆不足據。」

【學術源流】

　　馬國翰輯本序曰：「指意在於勢數，未能純粹合賢聖之義，然高才遠致，讀其書，想見其爲人矣。」張舜徽（1911～1992）《漢書藝文志通釋》卷三曰：

「魯仲連戰國齊人。……史稱其好奇偉俶儻之畫策，而不肯仕官任職，人皆欽其高節。常出遊各國，排難解紛。當秦軍圍趙都邯鄲甚急時，曾以利害進說趙魏大臣，阻其尊秦昭王爲帝，秦軍乃引去。其後燕將攻下齊之聊城，重兵固守。齊將田單圍攻歲餘不能克。魯連遺燕將書，約之矢以射城中，勸其撤守。事功既成，而堅辭祿賞，逃隱海上。且言『吾與富貴而詘於人，寧貧賤而輕世肆志焉』。其意趣甚遠，合乎儒者『不事王侯，高尚其事』之旨，故其書列入儒家。」

《平原君》七篇。朱建也。

【存佚著錄】

今亡佚。《隋書・經籍志》、《舊唐書・經籍志》、《新唐書・藝文志》等已不著錄，早已亡佚。輯本有馬國翰所輯《平原君書》一卷，見《玉函山房輯佚書》子編儒家類，馬國翰序曰：「建本傳只記其救辟陽侯事，與梁孝王刺爰盎事敗，鄒陽爲之至長安說竇長君絕相類，要皆戰國之餘習。乃班《志》於鄒陽入縱橫家，於平原君則入儒家。必其佚篇多雅正語，今不可見矣。第取本傳中〈說閎籍孺〉一篇，附載事跡，聊備觀覽云爾。」

【真偽考辨】

清章學誠（1738～1801）《文史通義》卷四〈匡謬〉曰：「余覽《漢・藝文志》，儒家者流，則有《魏文侯》與《平原君》書。讀者不察，以謂戰國諸侯公子何以入於儒家？不知著書之人自託儒家，而述諸侯公子請業質疑，因以所問之人名篇居首，其書不傳，後人誤於標題之名，遂謂文侯、平原所自著也。夫一時逐風會而著書者，豈有道德可爲人師，而諸侯卿相，漫無擇決，概焉相從而請業哉？必有無其事，而託於貴顯之交以欺世者矣。」

【作者情況】

《史記・酈生陸賈列傳》：「平原君朱建者，楚人也。故嘗爲淮南王黥布相，有罪去，後復事黥布。布欲反時，問平原君，平原君止之，布不聽而聽梁父侯，遂反。漢已誅布，聞平原君諫不與謀，得不誅。……平原君爲人辯有口，刻廉剛直，家於長安。行不苟合，義不取容。辟陽侯行不正，得倖呂太后。時辟陽侯欲知平原君，平原君不肯見。及平原君母死，陸生素與平原

君善，過之。平原君家貧，未有以發喪，方假貸服具，陸生令平原君發喪。……呂太后崩，大臣誅諸呂，辟陽侯於諸呂至深，而卒不誅。計劃所以全者，皆陸生、平原君之力也。孝文帝時，淮南厲王殺辟陽侯，以諸呂故。文帝聞其客平原君爲計策，使吏捕欲治。聞吏至門，平原君欲自殺。諸子及吏皆曰：『事未可知，何早自殺爲？』平原君曰：『我死禍絕，不及而身矣。』遂自剄。」又《漢書‧酈陸朱劉叔孫傳》可參考。清姚振宗（1842～1906）《漢書藝文志條理》卷二曰：「又一本作《平原老》。今考高帝賜號平原君，太史公亦曰平原君，又云『平原君子與余善』，則作『老』字者非也。」蔣伯潛（1892～1956）《諸子通考》持論相反：「官本『君』作『老』。高似孫《子略》亦作『平原老』。作『君』者誤也。」〔註60〕

【編排次第】

清沈濤（1792～1855）《銅熨斗齋隨筆》卷四「平原君」條曰：「書既爲建所作，不應廁魯連、虞卿之間，蓋後人誤以爲六國之平原君，而移易其次第。」〔註61〕清姚振宗（1842～1906）《漢書藝文志條理》卷二曰：「自分條刊刻以來，割裂破碎，多非本來舊第，如此一條當在〈孝文傳〉之後。〈詩賦略〉有朱建賦二篇，次枚皐、莊忽奇之間。」梁啓超（1873～1929）《漢書藝文志諸子略考釋》曰：「此書置《魯仲連》與《虞卿》之間，然則正是趙公子平原君勝也，此蓋劉《略》之舊，班氏注爲朱建，恐誤。」蔣伯潛（1892～1956）《諸子通考》曰：「《漢志》錄書以作者先後爲序，則此書當列下〈高祖傳〉之後。」〔註62〕葉長青（1902～1948）《漢書藝文志問答》：「問：『自《寧越》至《虞氏春秋》，皆六國時人著書作儒家言者。而《平原老》七篇，乃漢朱建所著，獨廁其間，何故？』答：『《平原老》七篇，宋祁曰一本作君，因漢有平原君朱建也。余意朱建必六國時人，以漢朱建廁於六國時《寧越》、《虞氏春秋》之間，本志無此例也。』」

〔註60〕　蔣伯潛：《諸子通考》，上海古籍出版社，2013年版，第289頁。

〔註61〕　張舜徽《漢書藝文志通釋》亦云：「朱建，漢初楚人，《史》、《漢》皆有傳。稱其嘗爲淮南王黥布相，布欲反，建諫止之，不聽。漢既誅布，高祖賜建號平原君，家徙長安。辟陽侯審食其，因而納交。惠帝欲誅辟陽侯，建以計救之。孝文時淮南厲王誅辟陽侯，孝文聞建嘗爲之策，使吏捕治，建乃自剄。此其行事大略也。此書七篇，既爲建作，不應廁魯連、虞卿之間。沈濤謂後人誤以爲六國之平原君而移易其次第。其說是也。」

〔註62〕　蔣伯潛：《諸子通考》，上海古籍出版社，2013年版，第289頁。

《虞氏春秋》十五篇。虞卿也。

【存佚著錄】

今亡佚。《隋書‧經籍志》、《舊唐書‧經籍志》、《新唐書‧藝文志》等已不著錄，早已亡佚。輯本有馬國翰所輯《虞氏春秋》一卷，見《玉函山房輯佚書》子編儒家類，馬國翰序曰：「《虞氏春秋》一卷，周虞卿撰。名字里居皆無考。……明詹景鳳《明辨類函》云：『近見京師李氏所藏鈔本，旨殊劣，必贋作也。』今亦不傳。考《戰國策》載其《論割六城與秦之失》及《許魏合從》二篇，《史記》取之入本傳。劉向《新序》亦採二篇於《善謀》上篇，蓋本書《謀》篇之佚文也。茲據訂正錯簡，互考異同，錄爲一卷。」

【作者情況】

虞氏名字、里居皆無考。《史記‧平原君虞卿列傳》曰：「虞卿者，遊說之士也。躡蹻擔簦，說趙孝成王。一見，賜黃金百鎰、白璧一雙；再見，爲趙上卿，故號爲虞卿。……虞卿既以魏齊之故，不重萬戶侯卿相之印，與魏齊間行，卒去趙，困於梁。魏齊已死，不得意，乃著書，上採春秋，下觀近世，曰〈節義〉、〈稱號〉、〈揣摩〉、〈政謀〉，凡八篇。以刺譏國家得失，傳之曰《虞氏春秋》。太史公曰：『虞卿料事揣情，爲趙畫策，何其工也！及不忍魏齊，卒困大梁，庸夫且知其不可，況賢人乎？然虞卿非窮愁，亦不能著書以自見於後世云。』」梁啓超（1873～1929）《漢書藝文志諸子略考釋》曰：「《十二諸侯年表》云『虞卿著書八篇』，與本志所錄篇數頗有出入。今《戰國策》及《新序》皆記虞卿行事、言論，但是否爲本書原文，尚難斷言。」

【學術源流】

唐劉知幾（661～721）《史通‧六家》云：「晏子、虞卿、呂氏、陸賈，其書篇第本無年月，而亦謂之《春秋》。」清章學誠（1738～1801）《校讎通義》卷三曰：「儒家《虞氏春秋》十五篇，司馬遷《十二諸侯年表序》作八篇；或初止八篇，而劉向校書，爲之分析篇次，未可知也。然其書以《春秋》標題，而撰著之文，則又上採春秋，下觀近世，而定著爲書，抑亦《春秋》之支別也。法當附著《春秋》，而互見於諸子。班《志》入僅著於儒家，惜其未習於史遷之敘列爾。」又曰：「司馬遷之敘載籍也，疏而理；班固之志《藝文》

也，密而舛。蓋遷能溯源，固惟辨跡故也。遷於〈十二諸侯表敘〉，既推《春秋》爲主，則左丘、鐸椒、虞卿、呂不韋諸家，以次論其體例，則《春秋》之支系也。至於孟、荀、公孫固、韓非諸書，命意各殊，與《春秋》之部，不相附麗；然論辨紀述，多及春秋時事，則約略紀之，蓋《春秋》之旁證也。張蒼曆譜五德，董仲舒推《春秋》義，乃《春秋》之流別，故終篇推衍及之。則觀斯表者，求《春秋》之折衷，無遺憾矣。至於著書之人，學有專長，所著之書，義非一概，則自有專篇列傳，別爲表明；亦猶劉向、任宏於校讎部次，重複爲之互注例也。班氏拘拘於法度之內，此其所以類例難精而動多掣肘歟？」清馬國翰輯本序曰：「大旨主於合縱，亦未離戰國說士之習，班《志》列入儒家者，其以傳《左氏春秋》，而荀況、張蒼、賈誼之學淵源有自乎？」羅焌（1874～1932）《諸子學述》曰：「今即虞氏書篇名考之：曰〈節義〉，殆猶《新序》〈節士〉、〈義勇〉，《說苑》〈立節〉、〈復恩〉諸篇之類，與《論語》所載『見義勇爲』、『臨大節而不可奪』者，意亦相合。曰〈稱號〉，殆猶《白虎通德論》〈爵號〉、〈諡〉諸篇之文，與孔王、荀子正名之意相類。此四篇者，蓋近乎儒家言也。惟〈揣摩〉二篇名同乎《鬼谷》，〈政謀〉二篇義本乎《太公》。然則《虞氏春秋》乃由儒家而流爲縱橫者也。」〔註63〕陳朝爵（1876～1939）《漢書藝文志約說》卷二曰：「陸賈《楚漢春秋》，班氏列春秋家，而《晏子》、《虞氏春秋》列子部儒家，是孟堅例之不純者。」張舜徽（1911～1992）《漢書藝文志通釋》卷三曰：「虞卿者，遊說之士也（司馬遷語）。徒以不得大有爲於當世，乃發奮以圖不朽。此太史公所謂『虞卿非窮愁，亦不能著書以自見於後世』也。本志《六藝略》春秋家，著錄《虞氏微傳》二篇。知其長於《春秋》之學，學醇於儒，故此十五篇亦列入儒家也。」

《高祖傳》十三篇。高祖與大臣述古語及詔策也。

【存佚著錄】

今亡佚。《隋書・經籍志》、《舊唐書・經籍志》、《新唐書・藝文志》等已不著錄，早已亡佚。宋王應麟（1223～1296）《漢藝文志考證》卷五曰：「《魏相傳》奏《明堂月令》曰：高皇帝所述書〈天子所服第八〉。（《隋志》，梁有

〔註63〕羅焌：《諸子學述》，嶽麓書社，1995年版，第261頁。

《漢高祖手詔》一卷。）」清嚴可均（1762～1843）《全漢文》曰：「《漢志》儒家《高帝傳》十三篇，魏相表奏高皇帝所述書〈天子所服第八〉即十三篇之一也。其他見於諸史傳記者，有詔二十二篇，手敕、賜書、告、諭、令、答、鐵券、盟、誓等十五篇，總凡三十八篇。」

【作者情況】

《史記・高祖本紀》：「高祖，沛豐邑中陽里人，姓劉氏，字季。父曰太公，母曰劉媼。其先劉媼嘗息大澤之陂，夢與神遇。是時雷電晦冥，太公往視，則見蛟龍於其上。已而有身，遂產高祖。高祖爲人，隆準而龍顏，美鬚髯，左股有七十二黑子。仁而愛人，喜施，意豁如也。常有大度，不事家人生產作業。及壯，試爲吏，爲泗水亭長，廷中吏無所不狎侮，好酒及色。常從王媼、武負貰酒，醉臥，武負、王媼見其上常有龍，怪之。高祖每酤留飲，酒讎數倍。及見怪，歲竟，此兩家常折券棄責。高祖常繇咸陽，縱觀，觀秦皇帝，喟然太息曰：『嗟乎，大丈夫當如此也！』……高祖以亭長爲縣送徒酈山，徒多道亡。自度比至皆亡之，到豐西澤中，止飲，夜乃解縱所送徒。……秦二世元年秋，陳勝等起蘄，至陳而王，號爲『張楚』。諸郡縣皆多殺其長吏以應陳涉。沛令恐，欲以沛應涉……乃令樊噲召劉季。劉季之眾已數十百人矣。……父老乃率子弟共殺沛令，開城門迎劉季，欲以爲沛令。……於是劉季數讓。眾莫敢爲，乃立季爲沛公。……（五年）正月，諸侯及將相相與共請尊漢王爲皇帝。……漢王三讓，不得已，曰：『諸君必以爲便，便國家。』甲午，乃即皇帝位氾水之陽。……（十二年）四月甲辰，高祖崩長樂宮。……丙寅，葬。己巳，立太子，至太上皇廟。群臣皆曰：『高祖起微細，撥亂世反之正，平定天下，爲漢太祖，功最高。』上尊號爲高皇帝。」

【學術源流】

梁啓超（1873～1929）《漢書藝文志諸子略考釋》曰：「此及《孝文傳》，以入儒家，本無取義。殆因編《七略》時未有史部，詔令等無類可歸，姑入於此耳。」張舜徽（1911～1992）《漢書藝文志通釋》卷三曰：「高帝既常與儒生述古，又時頒詔策以論國政。簡牘漸多，故有人哀輯以爲《高祖傳》十三篇……然則《漢志》著錄之十三篇，蓋其中之尤要者也。所載言論，多與儒近，故列之儒家。」今按：梁啓超之說未免武斷，張舜徽解釋較爲合理。

《陸賈》二十三篇。

【存佚著錄】

今存《新語》十二篇，其篇目為：〈道基第一〉、〈術事第二〉、〈輔政第三〉、〈無為第四〉、〈辨惑第五〉、〈愼微第六〉、〈資質第七〉、〈至德第八〉、〈懷慮第九〉、〈本行第十〉、〈明誠第十一〉、〈思務第十二〉。《隋書·經籍志》、《舊唐書·經籍志》、《新唐書·藝文志》、《四庫全書總目》子部儒家類皆著錄「《新語》二卷」，《宋史·藝文志》子部雜家類著錄「《新語》二卷」。《四庫全書總目》卷九十一〈新語提要〉曰：「惟《玉海》稱陸賈《新語》今存於世者，〈道基〉、〈術事〉、〈輔政〉、〈無為〉、〈資賢〉、〈至德〉、〈懷慮〉才七篇。此本十有二篇，乃反多於宋本，為不可解。或後人因不完之本補綴五篇，以合本傳舊目也。」清嚴可均（1762～1843）《鐵橋漫稿》卷五〈新語敘〉曰：「《藝文志》作二十三篇，疑兼他所論撰計之。《史記正義》引梁《七錄》：『《新語》二卷，陸賈撰。』《隋志》、《舊》、《新唐志》皆同，《崇文總目》、《郡齋讀書志》、《直齋書錄解題》皆不著錄。王伯厚《漢藝文志考證》云：『今存〈道基〉、〈雜事〉、〈輔政〉、〈無為〉、〈資質〉、〈至德〉、〈懷慮〉七篇。』蓋宋時此書佚而復出，出亦不全。至明弘治間，莆陽李廷梧字仲陽得十二篇足本，刻版於桐鄉縣治。……或疑明本反多於王伯厚所見，恐是後人不全之本補綴五篇，以合本傳篇數，今知不然者。《群書治要》載有八篇，其〈辨惑〉、〈本行〉、〈明誠〉、〈思務〉四篇皆非王伯厚所見，而與明本相同……足知多出五篇，是隋、唐原本。」今按：嚴氏之說足解《四庫全書總目》之惑。

【作者情況】

《史記·酈生陸賈列傳》：「陸賈者，楚人也。以客從高祖定天下，名為有口辯士，居左右，常使諸侯。及高祖時，中國初定，尉他平南越，因王之。高祖使陸賈賜尉他印為南越王。陸生至，尉他魋結箕倨見陸生。陸生因進說他……乃大說陸生，留與飲數月。……賜陸生橐中裝直千金，他送亦千金。陸生卒拜尉他為南越王，令稱臣奉漢約。歸報，高祖大悅，拜賈為太中大夫。陸生時時前說稱《詩》、《書》。高帝罵之曰：『乃公居馬上而得之，安事詩書！』陸生曰：『居馬上得之，寧可以馬上治之乎？……』高帝不懌而有慚色，乃謂陸生曰：『試為我著秦所以失天下，吾所以得之者何，及古成敗之國。』陸生乃粗述存亡之征，凡著十二篇。每奏一篇，高帝未嘗不稱善，左右呼萬歲，

號其書曰《新語》。孝惠帝時，呂太后用事，欲王諸呂，畏大臣有口者，陸生自度不能爭之，乃病免家居。……及誅諸呂，立孝文帝，陸生頗有力焉。孝文帝即位，欲使人之南越。陳丞相等乃言陸生爲太中大夫，往使尉他，令尉他去黃屋稱制，令比諸侯，皆如意旨。……陸生竟以壽終。」又《漢書·酈陸朱劉叔孫傳》可參考。

【學術源流】

南朝梁劉勰《文心雕龍·諸子》曰：「若夫陸賈《新語》，賈誼《新書》，揚雄《法言》，劉向《說苑》，王符《潛夫》，崔寔《政論》，仲長《昌言》，杜夷《幽求》，或敘經典，或明政術，雖標論名，歸乎諸子，何者？博明萬事爲子，適辨一理爲論，彼皆蔓延雜說，故入諸子之流。」宋黃震（1213～1280）《黃氏日鈔》卷五十六：「《新語》十二篇，漢太中大夫陸賈所撰。一曰〈道基〉，言天地既位，而列聖製作之功。次曰〈術事〉，言帝王之功，當思之於身，舜棄黃金，禹捐珠玉，道取其至要。三曰〈輔政〉，言用賢。四曰〈無爲〉，言舜、周。五曰〈辨惑〉，言不苟。六曰〈慎微〉，言謹內行。七曰〈資質〉，言質美者在遇合。八曰〈至德〉，言善治者不尚刑。九曰〈懷慮〉，言立功當專一。十曰〈本行〉，言立行本仁義。十一曰〈明誡〉，言君臣當謹言行。十二曰〈思務〉，言聞見當務執守。此其大略也，往往多合於理，而又黜神仙之妄，言墨子之非，則亦有識之言矣。」《四庫全書總目》子部儒家類〈新語提要〉曰：「大旨皆崇王道，黜霸術，歸本於修身用人。其稱引《老子》者，惟〈思務〉篇引『上德不德』一語，餘皆以孔氏爲宗。所援據多《春秋》、《論語》之文。漢儒自董仲舒外，未有如是之醇正也。」顧實（1878～1956）《漢書藝文志講疏》三〈諸子略〉引嚴可均云：「漢代子書，《新語》最純最早，貴仁義，賤刑威，述《詩》、《書》、《春秋》、《論語》，紹孟、荀而開賈、董，卓然儒者之言。史遷反目爲辨士，未足以盡之。」劉咸炘（1896～1932）《學略·諸子略》曰：「陸賈《新語》多醇到，超於遊士，有以也。」楊東蓴（1900～1979）《中國學術史講話》第三講〈學術思想的混合與儒家的獨尊〉曰：「陸賈有《新語》，《漢書·藝文志》列爲儒家，然其言歷史近於荀子、韓非，其言政治又老子相似，則實非純儒。陸賈的歷史觀，自一方面言，則與荀子法後王之說相合，但在他方面言，卻又與韓非的見解相同。陸賈的政治論，是無爲的，頗與老子相似，而鼎革變以後，國家元氣未復，也是促成這種政治論的原因。」李源澄（1907～1958）《西漢思想之發展》云：「漢初議論以反

秦爲主，舉凡秦之所施行者無一善，而與相反者無不臧，陸賈用以反秦的主要是儒術，間雜以道家思想。……秦禁文學，焚《詩》、《書》，而陸賈言經藝；秦重詐力，而陸賈言仁義；秦尙刑罰，而陸賈言教化；秦事興作，而陸賈言無爲，皆一反於秦者。」〔註64〕張舜徽（1911～1992）《漢書藝文志通釋》卷三曰：「漢初天下甫定，以儒學匡弼高帝而有所述造者，以陸賈爲最先。實於開國弘規大有關係。……傳至宋代，其書已殘缺不全。故王應麟撰《漢書藝文志考證》時所見僅七篇。至明弘治間，始有人得十二篇足本刻之。《群書治要》載有八篇，多爲王應麟所未見，而與明本大致相合。……嚴可均謂：『漢代子書，《新語》最純最早。貴仁義，賤刑威。述《詩》、《書》、《春秋》、《論語》，紹孟、荀而開賈、董，卓然儒者之言。』評論切當，殆非虛譽。陸賈尙有《楚漢春秋》九篇，在《六藝略》春秋家。」

《劉敬》三篇。

【存佚著錄】

今亡佚。《隋書・經籍志》、《舊唐書・經籍志》、《新唐書・藝文志》等已不著錄，早已亡佚。《劉敬》之輯本有二種：其一爲嚴可均所輯《婁敬》，見《全漢文》卷十四；其二爲馬國翰所輯《劉敬書》一卷，見《玉函山房輯佚書》子編儒家類，馬國翰序曰：「其〈說都秦〉、〈說和親〉、〈說徙民〉皆見本傳中，今據錄之。……敬之爲策，大抵權宜救時之計。然漢兼王霸以爲家法，則當日之列於儒家者，蓋有由矣。」葉德輝曰：「本傳載敬說高帝都秦、與冒頓和親、徙民實關中，凡三事，當即此三篇之文。」梁啓超（1873～1929）《漢書藝文志諸子略考釋》亦曰：「《漢書》本傳載敬說高帝都秦、與冒頓和親、徙民實關中三事，當即此三篇之文。」孫啓治等亦曰：「馬國翰從《漢書》本傳採得敬說高祖三事。嚴可均則從《晉書・段灼傳》、《北堂書抄》採得敬上書諫高祖、作丹書鐵券，與匈奴分土界三文，與馬輯互爲有無。」〔註65〕

〔註64〕 李源澄：《西漢思想之發展》，《李源澄學術論著初編》，重慶路明書店，1944年版，第 23 頁。
〔註65〕 孫啓治、陳建華：《中國古佚書輯本目錄解題》，上海古籍出版社，2009 年版，第 219 頁。

【作者情況】

唐司馬貞《史記索隱》曰：「敬本姓婁，《漢書》作『婁敬』。高祖曰：『婁即劉也。』因姓劉耳。」《史記‧劉敬叔孫通列傳》曰：「劉敬者，齊人也。漢五年，戍隴西，過洛陽，高帝在焉。婁敬脫挽輅，衣其羊裘，見齊人虞將軍曰：『臣願見上言便事。』……於是虞將軍入言上。上召入見，賜食。已而問婁敬，婁敬說曰：『陛下都洛陽，豈欲與周室比隆哉？』上曰：『然。』婁敬曰……高帝問群臣，群臣皆山東人，爭言周王數百年，秦二世即亡，不如都周。上疑未能決。及留侯明言入關便，即日車駕西都關中。於是上曰：『本言都秦地者婁敬，婁者乃劉也。』賜姓劉氏，拜爲郎中，號爲奉春君。漢七年，韓王信反，高帝自往擊之。至晉陽，聞信與匈奴欲共擊漢……上使劉敬復往使匈奴，還報曰：『……愚以爲匈奴不可擊也。』……上怒，罵劉敬曰：『齊虜！以口舌得官，今乃妄言沮吾軍。』械繫敬廣武。遂往，至平城，匈奴果出奇兵圍高帝白登，七日然後得解。高帝至廣武，赦敬，曰：『吾不用公言，以困平城。吾皆已斬前使十輩言可擊者矣。』乃封敬二千戶，爲關內侯，號爲建信侯。」又《漢書‧酈陸朱劉叔孫傳》可參考。張舜徽（1911～1992）《漢書藝文志通釋》卷三亦曰：「劉敬本姓婁，齊人。高帝從其言西都關中後，曾曰：本言都秦地者婁敬。婁者劉也，賜姓劉氏，拜爲郎中，號曰奉春君。《史記》列傳題劉敬，《漢書》則作婁敬，二傳可以互勘。」

《孝文傳》十一篇。文帝所稱及詔策。

【存佚著錄】

今亡佚。《隋書‧經籍志》、《舊唐書‧經籍志》、《新唐書‧藝文志》皆不著錄，早已亡佚，後人亦無輯本。

【作者情況】

《史記‧孝文本紀》：「孝文皇帝，高祖中子也。高祖十一年春，已破陳豨軍，定代地，立爲代王，都中都。太后薄氏子。即位十七年，高后八年七月，高后崩。九月，諸呂呂產等欲爲亂，以危劉氏，大臣共誅之，謀召立代王。……乃命宋昌參乘，張武等六人乘傳詣長安。至高陵休止，而使宋昌先馳之長安觀變。……遂即天子位。……後七年六月己亥，帝崩於未央宮。……

乙巳，群臣皆頓首上尊號曰孝文皇帝。」

【學術源流】

宋王應麟（1223～1296）《漢藝文志考證》卷五曰：「《史記‧文帝紀》凡詔皆稱『上曰』，以其出於帝之實意也。」顧實（1878～1956）《漢書藝文志講疏》三《諸子略》曰：「《史記‧文紀》凡詔皆稱『上曰』，蓋即此類之文。文帝，黃老之治，而入儒家，道、儒固相通也。」葉長青（1902～1948）《漢書藝文志問答》：「問：『漢高溺儒，文帝崇道，而二帝《傳》獨列儒家，何故？』答曰：『漢高帝雖以馬上得天下，戲溺儒冠，陸賈說以《詩》、《書》，而有慚色，因謂賈曰：「試爲我著秦所以失天下、吾所以得之者何，及古成敗之因。」賈乃粗述存亡之征，每一篇奏，帝未嘗不稱善，則《高祖傳》必爲儒者之言。文帝崇道，而詔書見於《本紀》者，亦純乎儒者之言。「傳」者，猶後世之集，非列傳之傳也。近人雙流劉咸炘云：『《高祖傳注》曰：『高祖述古語及詔策。』《孝文傳注》曰：『文帝所稱及詔策所稱，即述古語。』嚴可均謂《魏相傳》相表奏引高帝所述書《天子所服》第八，即十三篇之一，蓋即詔策所稱也。」按：此二書乃二帝稱述先王，故入儒家，詔策亦以述古而附之。』（《續校讎通義》上冊）」張舜徽（1911～1992）《漢書藝文志通釋》卷三曰：「文帝在位二十餘年，行事言論多矣。其見於《史》、《漢》本紀、〈封禪書〉、〈律書〉、〈郊祀志〉、〈刑法志〉、〈淮南王傳〉、〈周勃傳〉、〈晁錯傳〉、〈賈捐之傳〉、〈匈奴傳〉以及他書所載文帝制詔、賜書之類甚夥。《漢志》僅著錄《孝文傳》十一篇，固未足以盡之，其爲不備，與《高祖傳》同。即此十一篇之書，亦已早佚，《隋志》已不著錄。」

《賈山》八篇。

【存佚著錄】

今亡佚。《隋書‧經籍志》、《舊唐書‧經籍志》、《新唐書‧藝文志》皆不著錄，早已亡佚。輯本有馬國翰所輯《至言》一卷，見《玉函山房輯佚書》子編儒家類，馬國翰序曰：「《漢志》儒家《賈山》八篇，今只傳〈至言〉一篇。若〈諫文帝除鑄錢〉、〈訟淮南王無大罪〉、〈言柴唐子爲不善〉三疏，當在八篇中，而世不傳。本傳全載此篇之文，據錄爲卷，即以〈至言〉標目。」

梁啓超（1873～1929）《漢書藝文志諸子略考釋》於此條無己見，但櫽括馬序而已。

【作者情況】

　　《漢書・賈鄒枚路傳》：「賈山，潁川人也。祖父袪，故魏王時博士弟子也。山受學袪，所言涉獵書記，不能爲醇儒。嘗給事潁陰侯爲騎。孝文時，言治亂之道，借秦爲諭，名曰《至言》。……其後，文帝除鑄錢令，山復上書諫，以爲變先帝法，非是。又訟淮南王無大罪，宜急令反國。又言柴唐子爲不善，足以戒。章下詰責，對以爲：『錢者，亡用器也，而可以易富貴。富貴者，人主之操柄也，令民爲之，是與人主共操柄，不可長也。』其言多激切，善指事意，然終不加罰，所以廣諫爭之路也。其後復禁鑄錢云。」

【學術源流】

　　清馬國翰輯本序曰：「眞西山稱其爲忠臣防微之論，而以陳善閉邪許之。王伯厚謂山之才亞於賈誼，其學粹於晁錯。乃班書以涉獵書記不能爲醇儒斷之，豈其然乎？」張舜徽（1911～1992）《漢書藝文志通釋》卷三曰：「班書謂山涉獵書記不能爲醇儒者，言其爲學不守章句，但務博涉，不能爲醇粹專經之學也。《漢書》本傳稱其『祖父袪，故魏王時博士弟子也，山受學袪』。可知其家世學業，而又與其先人異趣矣。今觀山言治亂之道，借秦爲喻，名曰《至言》。大意謂聖主以和顏受諫而興，秦以不聞過失而亡。於文帝二年上書陳之。直言極諫，侃侃而談，要非深於儒術者不能道也。」

《太常蓼侯孔臧》十篇。父聚，高祖時以功臣封，臧嗣爵。

【存佚著錄】

　　今亡佚。《隋書・經籍志》集部著錄梁「又有漢太常《孔臧集》二卷，亡」。《舊唐書・經籍志》、《新唐書・藝文志》亦不著錄，早已亡佚，後人亦無輯本。宋宋咸《孔叢子注序》曰：「至漢孝武朝，太常孔臧又以其所爲賦與書，謂之《連叢》上、下篇，爲一卷，附之於末。」宋晁公武《郡齋讀書志》卷十二著錄《孔叢子》七卷，曰：「《邯鄲書目》云：『至漢，孔臧又以其所著賦與書，謂之《連叢》，附於卷末，凡十篇。嘉祐中，宋咸爲之注。』按《漢志》無《孔叢子》，而儒家有《孔臧》十篇……意者《連叢》即《漢志》孔臧書，

而其子孫或續之也。《崇文總目》亦錄於雜家，今從之。」清周壽昌《漢書注校補》卷二十八曰：「壽昌考《孔叢子》漢初未出，至東漢末始有其書。則臧書之名《連叢》，疑後人僞託也。然其書名，已載入宋《中興館閣書目》及宋人《邯鄲書目》，《通考》、《玉海》俱引之。」陳朝爵（1876～1939）《漢書藝文志約說》卷二曰：「今《孔叢子》後《連叢》爲藏所著書附於後者，然自朱子已疑其僞。」

【作者情況】

　　孔臧爲孔子第十世孫。《漢書・高惠高后文功臣表》曰：「蓼夷侯孔藂，以執盾前元年從起碭，以左司馬入漢，爲將軍，三以都尉擊項籍，屬韓信，侯。孝文九年，侯臧嗣，四十五年。元朔三年，坐爲太常衣冠道橋壞不得度，免。」《孔叢子・連叢子上・敘書》曰：「家之族胤，一世相承，以至九世，相魏，居大梁。始有三子焉……小子之後彥，以將士高祖，有功，封蓼侯。其子臧嗣焉，歷位九卿，遷御史大夫，辭曰：『臣世以經學爲業，家傳相承，作爲訓法。然今俗儒繁說遠本，雜以妖妄，難可以教。侍中安國受詔綴集古義，臣乞爲太常，典臣家業，與安國紀綱古訓，使永垂來嗣。』孝武皇帝重違其意，遂拜太常，其禮賜如三公。在官數年，著書十篇而卒。先時嘗爲賦二十四篇。四篇別不在集，以其幼時之作也。又爲書與從弟及戒子，皆有義，故列之於左。」《孔叢子》載孔臧〈與從弟書〉，從弟即孔安國，則知孔臧與孔安國同輩而稍長。清周壽昌《漢書注校補》卷二十八曰：「臧爲高祖功臣蓼夷侯孔聚、《史記》所稱爲孔將軍者之子也。臧以功臣子襲爵官太常而名重。儒家有書十篇，載入《七略》，又賦家入賦二十篇，亦漢初儒雋中才學之並茂者。而出自功臣子，尤可異也。」

【學術源流】

　　蔣伯潛（1892～1956）《諸子通考》曰：「殆《孔臧集》以此十篇爲一卷，賦二十篇又爲一卷歟？梁代已逕稱之曰『集』，則此十篇本亦綴單篇而成一書，與東漢後之『別集』相同；但尚無『集』稱已。專書之著述衰，而單篇之文章盛，於是學者少而文人多。故『子』與『集』之遞嬗，爲學術史、文章史上一大轉變。此種轉變，蓋自西漢始也。晁公武曰：『臧以所著書與賦，謂之《連叢》，附《孔叢子》後。』按《孔叢子・連叢上》有〈諫格虎賦〉、〈楊柳賦〉、〈鴞賦〉、〈蓼蟲賦〉四篇，殆即所謂不在集之四篇歟？」

〔註66〕張舜徽（1911～1992）《漢書藝文志通釋》卷三亦曰：「班固《兩都賦序》有云：『而公卿大臣御史大夫兒寬、太常孔臧、太中大夫董仲舒、宗正劉德、太子太傅蕭望之等，時時間作。』《文選》李注引《孔臧集》曰：『臧，仲尼之後。少以才博知名，稍遷御史大夫，辭曰：「臣代以經學為家，乞為太常，專修家業。」武帝遂用之。』可知孔臧在武帝世，早負重名，故班氏稱舉公卿大臣，取與兒、董、劉、蕭諸賢並論。冒於當時儒學之興，大有關係。」

《賈誼》五十八篇。

【存佚著錄】

今存《新書》五十五篇，另有兩篇有目無書，其篇目為：〈過秦上〉、〈過秦下〉、〈宗首〉、〈數寧〉、〈藩傷〉、〈藩彊〉、〈大都〉、〈等齊〉、〈服疑〉、〈益壤〉、〈權重〉、〈五美〉、〈制不定〉、〈審微〉、〈階級〉、〈俗激〉、〈時變〉、〈瑰瑋〉、〈孽產子〉、〈銅布〉、〈壹通〉、〈屬遠〉、〈親疏危亂〉、〈憂民〉、〈解縣〉、〈威不信〉、〈匈奴〉、〈勢卑〉、〈淮難〉、〈無蓄〉、〈鑄錢〉、〈傅職〉、〈保傅〉、〈連語〉、〈輔佐〉、〈問孝〉（闕）、〈禮〉、〈容經〉、〈春秋〉、〈先醒〉、〈耳痺〉、〈諭誠〉、〈退讓〉、〈君道〉、〈官人〉、〈勸學〉、〈道術〉、〈六術〉、〈道德說〉、〈大政上〉、〈大政下〉、〈修政語上〉、〈修政語下〉、〈禮容語上〉、〈禮容語下〉、〈胎教〉、〈立後義〉。又稱《賈子》，《隋書·經籍志》著錄「《賈子》十卷」，《舊唐書·經籍志》著錄「《賈子》九卷」，《新唐書·藝文志》、《宋史·藝文志》著錄「《賈誼新書》十卷」，《四庫全書總目》著錄「《新書》十卷」。清章學誠（1738～1801）《校讎通義》曰：「《賈誼》五十八篇收於儒家，然與法家當互見。」

【作者情況】

《史記·屈原賈生列傳》：「賈生名誼，雒陽人也。年十八，以能誦詩屬書聞於郡中。吳廷尉為河南守，聞其秀才，召置門下，甚幸愛。……廷尉乃言賈生年少，頗通諸子百家之書。文帝召以為博士。是時賈生年二十餘，最為少。每詔令議下，諸老先生不能言，賈生盡為之對，人人各如其意所欲出。

〔註66〕蔣伯潛：《諸子通考》，上海古籍出版社，2013年版，第289～290頁。

諸生於是乃以為能，不及也。孝文帝說之，超遷，一歲中至太中大夫。賈生
以為漢興至孝文二十餘年，天下和洽，而固當改正朔，易服色，法制度，定
官名，興禮樂，乃悉草具其事儀法，色尚黃，數用五，為官名，悉更秦之法。
孝文帝初即位，謙讓未遑也。諸律令所更定，及列侯悉就國，其說皆自賈生
發之。於是天子議以為賈生任公卿之位。絳、灌、東陽侯、馮敬之屬盡害之，
乃短賈生曰：『雒陽之人，年少初學，專欲擅權，紛亂諸事。』於是天子後亦
疏之，不用其議，乃以賈生為長沙王太傅。賈生既辭往行，聞長沙卑濕，自
以壽不得長，又以適去，意不自得。及渡湘水，為賦以弔屈原。……後歲餘，
賈生徵見。孝文帝方受釐，坐宣室。上因感鬼神事，而問鬼神之本。賈生因
具道所以然之狀。至夜半，文帝前席。既罷，曰：『吾久不見賈生，自以為過
之，今不及也。』居頃之，拜賈生為梁懷王太傅。梁懷王，文帝之少子，愛，
而好書，故令賈生傅之。文帝復封淮南厲王子四人皆為列侯。賈生諫，以為
患之興自此起矣。賈生數上疏，言諸侯或連數郡，非古之制，可稍削之。文
帝不聽。居數年，懷王騎，墮馬而死，無後。賈生自傷為傅無狀，哭泣歲餘，
亦死。賈生之死時年三十三矣。」

【真偽考辨】

　　清盧文弨《抱經堂文集》卷十〈書校本賈誼新書後〉：「《新書》非賈生所
自為也，乃習於賈生者萃其言以成此書耳，猶夫《管子》、《晏子》非管、晏
之所自為。然其規模節目之間，要非無所本而能憑空撰造者。篇中有『懷王
問於賈君』之語，誼豈以賈君自稱也哉？〈過秦論〉，史遷全錄其文。〈治安
策〉，見班固書者，乃一篇，此離而為四五，後人以此為是賈生平日所草創，
豈其然歟？〈修政語〉稱引黃帝、顓、嚳、堯、舜之辭，非後人所能偽撰。〈容
經〉、〈道德說〉等篇，辭義典雅，魏晉人決不能為。吾故曰是習於賈生者萃
而為之，其去賈生之世不大相遼絕可知也。」《四庫全書總目》子部儒家類〈新
書提要〉曰：「其書多取誼本傳所載之文，割裂其章段，顛倒其次序，而加以
標題，殊瞀亂無條理。《朱子語錄》曰：『賈誼《新書》除了《漢書》中所載，
餘亦難得粹者，看來只是賈誼一雜記稿耳。中間事事有些個。』陳振孫亦謂
其非《漢書》所有者輒淺駁不足觀，決非誼本書。今考《漢書》誼本傳贊，
稱凡所著述五十八篇，掇其切於世事者著於傳。應劭《漢書注》亦於〈過秦
論〉下注曰：『賈誼書第一篇名也。』則本傳所載皆五十八篇所有，足為顯證。
贊又稱三表五餌以係單于。顏師古注所引賈誼書，與今本同。又〈文帝本紀〉

注引賈誼書衛侯朝於周，周行人問其名，亦與今本同。則今本即唐人所見，亦足爲顯證。然決無摘錄一段立一篇名之理，亦決無連綴十數篇合爲奏疏一篇上之朝廷之理。疑誼〈過秦論〉、〈治安策〉等本皆爲五十八篇之一，後原本散佚，好事者因取本傳所有諸篇，離析其文，各爲標目，以足五十八篇之數，故餖飣至此。其書不全眞，亦不全僞，朱子以爲雜記之稿，固未覈其實，陳氏以爲決非誼書，尤非篤論也。且其中爲《漢書》所不載者，雖往往類《說苑》、《新序》、《韓詩外傳》，然如青史氏之記，具載胎教之古禮。〈修政語〉上下兩篇，多帝王之遺訓。〈保傅〉篇、〈容經〉篇並敷陳古典，具有源本。其解《詩》之騶虞、《易》之潛龍、亢龍，亦深得經義，又安可盡以淺駁不粹目之哉！雖殘闕失次，要不能以斷爛棄之矣。」清孫詒讓（1848～1908）《札迻》云：「《新書》者，蓋劉向奏書時所題，凡未校者爲故書，已校定可繕寫者爲新書。」則賈誼《新書》經過了劉向的整理。今傳《新書》止五十六篇，顧實（1878～1956）《漢書藝文志講疏》云缺〈問孝〉、〈禮容語上〉二篇。祝瑞開《兩漢思想史》辨《新書》中〈春秋〉、〈先醒〉、〈耳痺〉三篇非賈誼作，其理由是〈先醒〉中有「懷王問於賈君」一語，由此說是後人所記，〈春秋〉、〈耳痺〉二篇宣揚天的權威，與他篇思想不合，亦屬後人所作。〔註67〕王錦民駁之曰：「劉向西漢時人，距賈誼年代不遠，不會不知何篇眞何篇假。凡一篇論說，必先述緣由，『懷王問於賈君』是後人補記〈先醒〉篇的緣起，若憑此一語即斷爲後出，稍嫌武斷。至於篇與篇間思想不合，本不足怪，賈誼思想博雜，並不純守一學，有歧義並存的情況也在情理之中，亦不能斷非賈誼作。賈誼年少即能誦《詩》、《書》屬文，通諸家之書，所以文帝召爲博士，其思想亦是以儒家爲主，並綜採各家。」〔註68〕

【學術源流】

宋黃震（1213～1280）《黃氏日鈔》卷五十六曰：「所論漢事，皆見於〈治安策〉及〈論積貯〉、〈諫禁鑄錢〉者，殆平日雜著所見，而他日總之以告君歟？三表五餌之說，詳見此書，謂可坐威匈奴，至今疑其大言。然不過欲誘致降者，使其眾漸空，非謂必以兵勝。以誼奇才，得爲典屬國，以試之匈奴，雖無可滅之理，勢須漸弱，未可以大言而少之。若其分王諸侯，施行漢事，後多卒如其說，眞洞識天下之勢者也。然要其本說，以道爲虛，以術爲用，

〔註67〕 祝瑞開：《兩漢思想史》，上海古籍出版社，1989年版，第58～59頁。
〔註68〕 王錦民：《古學經子》，華夏出版社，2008年版，第275頁。

則無得於孔子之學，蓋不過以智略之資、戰國之習，欲措置漢天下爾。」宋王應麟（1223～1296）《漢藝文志考證》卷五曰：「今考《新書》諸篇，其末綴以『痛哭』者一，『流涕』者二，『太息』者四；其餘篇目，或泛論事機而不屬於是三者，如〈服疑〉、〈益壤〉、〈權重〉諸篇是也。班固作傳，分散其書，參差不一，總其大略，自『陛下誰憚而久不爲此』已上，則取其書所謂〈宗首〉、〈數寧〉、〈藩傷〉、〈藩強〉、〈五美〉、〈制不定〉、〈親疏危亂〉凡七篇而爲之。自『天下之勢，方病大腫』以下，以爲『痛哭』之說，與其書合。至於『流涕』二說，其論足食、勸農者，是其一也，而固載之〈食貨志〉，不以爲『流涕』之說也。論制匈奴，其實一事，凡有二篇，其一書以『流涕』，其一則否。是與前所謂足食、勸農而爲二也。固既去其一，則以爲不足，故又分〈解縣〉、〈匈奴〉二篇，以爲『流涕』之二說。庶人上僭、體貌大臣，皆其書所謂『太息』之說也，固從而取之，當矣。而其書又有〈等齊〉篇論當時名分不正，〈銅布〉篇論收銅鑄錢，又皆其『太息』之說也。固乃略去〈等齊〉之篇不取，而以〈銅布〉之篇附於〈食貨志〉，顧取〈秦俗〉、〈經制〉二篇其書不以爲『太息』者，則以爲之。朱文公謂『《新書》是平日記錄稿草，其中事事俱有』。」清王夫之（1619～1692）《讀四書大全說》卷九：「朱子譏賈誼失進言之序，斟酌事理，允爲定論。從來評賈生之得失者，未能及也。古者大臣坐而論道，以至庶人工瞽咸可進言，然庶人工瞽之所言者，必非百官之所言，小臣之所言者，必非大臣之所言也。唯大臣所論者，道則朝廷之建立因革一切制治保邦文章度數，須通盤徹底料埋，一成局而陳之，以授百工之作，行若居言職者，則必有愆而後繩，有繆而後糾，方無愆繆，且不可立意思，逞議論，徒增聚訟，有官守者則在兵言兵，在農言農，在禮言禮，以專治其事，則利害親，而言之無妄也。至於庶人工瞽之諫，則又必國家顯著之事，埋介於得失安危之大，在廷者蒙蔽，不以上聞，而後可陳其一得，以待採焉。今誼所言者，外制匈奴，內削侯王，上求主德，下正民俗，以洎乎禮樂制度，正朔服色，爲天子所操三重之權者，鉅細畢舉，盡取漢家之天下，畫一成局，而欲竟授之有司，遵而行之，此大臣所從容坐論於燕閒之道，而誼以疏遠小生，輒以紙窗竹屋之所揣摩者，握朝野中外以唯其所指使，則是以天下爲僥得僥失，試少年議論文章之物而可哉？故知位卑言高，急於自衒之罪不可以加之。朱云郇謨、鄭俠、陳東直言敢諫之士，而唯誼允當之，而孟子之旨本以爲爲貧而仕者留一優游進退之局，以盡其素位之道，非概以

出位而言責小臣，而歸言責於大臣，義自著明，無容惑也。」清章學誠（1738～1801）《校讎通義》卷三曰：「《賈誼》五十八篇，收於儒家，似矣；然與法家當互見也。考〈賈誼傳〉，初以通諸家書，召爲博士，又出河南守吳公門下。吳公嘗學事李斯，以治行第一，召爲廷尉，乃薦賈誼。誼所上書，稱說改正朔，易服色制度，定官興禮樂，草具儀法。文帝謙讓未遑。然諸法令所更定，及列侯就國，其說皆自誼發之。又司馬遷曰：『賈生、晁錯明申、商。』今其書尚可考見；宗旨雖出於儒，而作用實本於法也。《漢志》敘錄云：『法家者流，出於理官。』蓋法制禁令，《周官》之刑典也。『名家者流，出於禮官。』蓋名物度數，《周官》之禮典也。古者刑法禮制，相爲損益，故禮儀三百，威儀三千；而五刑之屬三千，條繁文密，其數適相等也。是故聖王教民以禮，而禁之以刑。出於禮者，即入於刑，勢無中立。故民日遷善，而不知所以自致也。儒家者流，總約刑禮，而折衷於道，蓋懼斯民泥於刑禮之跡，而忘其性所固有也。孟子曰：『徒善不足以爲政，徒法不能以自行。』夫法則禮刑條目，有節度者皆是也。善則欽明文思，允恭克讓，無形體者皆是也。程子曰：『有〈關雎〉、〈麟趾〉之心，而後可以行《周官》之法度。』所謂〈關雎〉、〈麟趾〉，仁義是也。所謂《周官》法度，刑禮之屬皆是也。然則儒與名法，其原皆出於一；非若異端釋老，屏去民彝物則，而自爲一端者比也。商鞅、韓非之法，未嘗不本聖人之法，而所以制而用者非也。鄧析、公孫龍之名，不得自外於聖人之名，而所以持而辨者非也。儒分爲八，墨分爲三，則儒亦有不合聖人之道者矣。此其所以著錄之書，貴知原委，而又當善條其流別也。賈生之言王道，深識本原，推論三代，其爲儒效，不待言矣。然其立法創制，條列禁令，則是法家之實。其書互見法家，正以明其體用所備；儒固未足爲榮，名法亦不足爲隱諱也。後世不知家學流別之義，相率而爭於無益之空名；其有列於儒家者，不勝其榮，而次以名法者，不勝其辱；豈知同出聖人之道，而品第高下，又各有其得失；但求名實相副，爲得其宜；不必有所選擇，而後其學始爲貴也。《漢志》始別九流，而儒雜二家，已多淆亂。後世著錄之人，更無別出心裁，紛然以儒、雜二家爲蛇龍之菹焉。凡於諸家著述，不能遽定意指之所歸，愛之則附於儒，輕之則推於雜；夫儒、雜分家之本旨，豈如是耶？」蔣伯潛（1892～1956）《諸子通考》云：「按本傳，賈誼爲吳廷尉所賞薦。吳廷尉嘗學於同邑李斯。賈誼之被徵爲博士，乃由通諸子百家。故章學誠謂當互見於法家也。其〈鵩鳥賦〉，同生死，輕去就，則又深有得於道家矣。

近人章炳麟《春秋左傳讀敘錄》曰：『賈誼書引用《春秋》內外傳甚多，而其〈道術〉篇、〈六術〉篇、〈道德說〉篇，正是訓詁之學，蓋有得於正名、爲政者也。』是賈誼又長於經術矣。賈誼所兼長，不但經術，尚有辭賦。蓋西漢學者本不專主一家，如陸賈，亦以儒而兼縱橫者也。」又曰：「賈誼早卒，疑其書爲後人欽佩誼者，取其論著、奏議、辭賦、雜集編綴而成，故朱子謂似雜記稿，《四庫書目提要》譏其餖飣。《新書》已非諸子專門著述之性質，而爲東漢以後別集之濫觴。」〔註69〕梁啓超（1873～1929）《漢書藝文志諸子略考釋》於此條無獨見，但抄撮《四庫提要》而已。陳朝爵（1876～1939）《漢書藝文志約說》卷二曰：「賈誼傳《左氏春秋》，見〈儒林傳〉。其學則儒而兼法者，王船山論之詳矣。」劉咸炘（1896～1932）《學略·諸子略》曰：「賈子《新書》，語多不純，時雜名法，然〈胎教〉、〈保傅〉、〈修政語〉諸篇則固粹然儒言也。」楊東蓴（1900～1979）《中國學術史講話》第三講〈學術思想的混合與儒家的獨尊〉曰：「賈誼有《新書》五十八篇，《漢書·藝文志》列爲儒家。然賈誼實非純儒，司馬遷謂『賈生明申、商』（〈太史公自序〉），即其近似法家之證，而其言道術，則有時似老有時似儒，由此看來，賈生之學，實雜而不純。」張舜徽（1911～1992）《漢書藝文志通釋》卷三曰：「《漢書》本傳贊引『劉向稱賈誼言三代與秦治亂之意，其論甚美，通達國體，雖古之伊、管，未能遠禍也。使時見用，功化必盛。爲庸臣所害，甚可悼痛。追觀孝文玄默躬行以移風俗，誼之所陳，略施行矣。誼亦天年早終，雖不至公卿，未爲不遇也』。至其論政之文，如〈過秦論〉、〈治安策〉，篇長氣盛，膾炙人口。」

河間獻王《對》上下、《三雍宮》三篇。

【存佚著錄】

今亡佚。《隋書·經籍志》、《舊唐書·經籍志》、《新唐書·藝文志》皆不著錄，早已亡佚。輯本有馬國翰所輯《河間獻王書》一卷，見《玉函山房輯佚書》子編儒家類，馬國翰序曰：「劉向《說苑》引四節，據輯，並取《春秋繁露》所載『問《孝經》』一節附後。」梁啓超（1873～1929）《漢書藝文志諸子略考釋》曰：「《說苑》〈君道〉篇、〈建本〉篇各引獻王語二節，或是

其文。」

【作者情況】

《漢書・景十三王傳》云：「孝景皇帝十四男。王皇后生孝武皇帝。栗姬生臨江閔王榮、河間獻王德、臨江哀王閼。……河間獻王德以孝景前二年立，修學好古，實事求是。從民得善書，必爲好寫與之，留其眞，加金帛賜以招之。繇是四方道術之人不遠千里，或有先祖舊書，多奉以奏獻王者，故得書多，與漢朝等。是時，淮南王安亦好書，所招致率多浮辯。獻王所得書皆古文先秦舊書，《周官》、《尚書》、《禮》、《禮記》、《孟子》、《老子》之屬，皆經傳說記，七十子之徒所論。其學舉六藝，立《毛氏詩》、《左氏春秋》博士。修禮樂，被服儒術，造次必於儒者。山東諸儒者從而遊。武帝時，獻王來朝，獻雅樂，對三雍宮及詔策所問三十餘事。其對推道術而言，得事之中，文約指明。立二十六年薨。中尉常麗以聞，曰：『王身端行治，溫仁恭儉，篤敬愛下，明知深察，惠於鰥寡。』大行令奏：『諡法曰，聰明睿知曰獻。宜諡曰獻王。』」

【學術源流】

宋王應麟（1223〜1296）《漢藝文志考證》卷五引司馬公曰：「獻王得《周官》、《左氏春秋》、《毛氏詩》而立之。《周禮》者，周公之大典；毛氏言《詩》最密；《左氏》與《春秋》相表裏。三者不出，六藝不明。微獻王，則六藝其遂噎乎！故其功烈，至今賴之。」馬國翰輯本序曰：「其說稱述古聖，粹然儒者之言。唯於《伐有苗》云：『天下聞之，皆非禹之義，而歸舜之德。』又引：『子貢問爲政，孔子曰：富之既富，乃教之也。』與《尚書》、《論語》異。按：王充《論衡》云：『今時稱《論語》二十篇，又失《齊》、《魯》。河間九篇，本三十篇，分佈亡失云云。』然則獻王所見《論語》爲河間本，所謂《古論語》也。其據《尚書》，亦當是眞古文說，未可執今所傳之本，以爲引稱舜誤也。」

《董仲舒》百二十三篇。

【存佚著錄】

今存《春秋繁露》八十二篇，闕第三十九、第四十、第五十四等三篇，

實存七十九篇，其篇目爲：〈楚莊王第一〉、〈玉杯第二〉、〈竹林第三〉、〈玉英第四〉、〈精華第五〉、〈王道第六〉、〈滅國上第七〉、〈滅國下第八〉、〈隨本消息第九〉、〈盟會要第十〉、〈正貫第十一〉、〈十指第十二〉、〈重政第十三〉、〈服制像第十四〉、〈二端第十五〉、〈符瑞第十六〉、〈俞序第十七〉、〈離合根第十八〉、〈立元神第十九〉、〈保位權第二十〉、〈考功名第二十一〉、〈通國身第二十二〉、〈三代改制質文第二十三〉、〈官制象天第二十四〉、〈堯舜不擅移、湯武不專殺第二十五〉、〈服制第二十六〉、〈度制第二十七〉、〈爵國第二十八〉、〈仁義法第二十九〉、〈必仁且智第三十〉、〈身之養重於義第三十一〉、〈對膠西王越大夫不得爲仁第三十二〉、〈觀德第三十三〉、〈奉本第三十四〉、〈深察名號第三十五〉、〈實性第三十六〉、〈諸侯第三十七〉、〈五行對第三十八〉、〈爲人者天第四十一〉、〈五行之義第四十二〉、〈陽尊陰卑第四十三〉、〈王道通三第四十四〉、〈天容第四十五〉、〈天辨在人第四十六〉、〈陰陽位第四十七〉、〈陰陽終始第四十八〉、〈陰陽義第四十九〉、〈陰陽出入上下第五十〉、〈天道無二第五十一〉、〈暖燠常多第五十二〉、〈基義第五十三〉、〈四時之副第五十五〉、〈人副天數第五十六〉、〈同類相動第五十七〉、〈五行相生第五十八〉、〈五行相勝第五十九〉、〈五行順逆第六十〉、〈治水五行第六十一〉、〈治亂五行第六十二〉、〈五行變救第六十三〉、〈五行五事第六十四〉、〈郊語第六十五〉、〈郊義第六十六〉、〈郊祭第六十七〉、〈四祭第六十八〉、〈郊祀第六十九〉、〈順命第七十〉、〈郊事對第七十一〉、〈執贄第七十二〉、〈山川頌第七十三〉、〈求雨第七十四〉、〈止雨第七十五〉、〈祭義第七十六〉、〈循天之道第七十七〉、〈天地之行第七十八〉、〈威德所生第七十九〉、〈如天之爲第八十〉、〈天地陰陽第八十一〉、〈天道施第八十二〉。《隋書・經籍志》經部春秋類著錄：「《春秋繁露》十七卷，漢膠西相董仲舒撰。」《舊唐書・經籍志》經部春秋類著錄：「《春秋繁露》十七卷，董仲舒撰。」《新唐書・藝文志》經部春秋類著錄：「董仲舒《春秋繁露》十七卷。」《崇文總目》經部春秋類著錄《春秋繁露》十七卷，曰：「其書盡八十二篇，義引宏博，非出近世。然其間篇第亡舛，無以是正。又即用《玉杯》、《竹林》題篇，疑後人取而附著云。」晁公武（1105～1180）《郡齋讀書志》卷一經部春秋類著錄：「《春秋繁露》十七卷，史稱仲舒說《春秋》事得失聞，舉《玉杯》、《繁露》、《清明》、《竹林》之屬，數十篇，十餘萬言，皆傳於後世。今溢而爲八十二篇，又通名《繁露》，皆未詳。隋、唐卷目與今同，但多訛舛。」宋歐陽修（1007～1072）《歐陽文忠公集》外集卷二

十三〈書春秋繁露後〉曰：「《漢書・董仲舒傳》載『仲舒所著書百餘篇』，第云〈清明〉、〈竹林〉、〈玉杯〉、〈繁露〉之書，蓋略舉其篇名，今其書才四十篇，又總名《春秋繁露》者，失其眞也。予在館中校勘群書，見有八十餘篇，然多錯亂重複，又有民間應募獻書者，獻三十餘篇，其間數篇在八十篇外，乃知董生之書，流散而不全矣。方俟校勘，而予得罪夷陵。秀才田文初以此本示予，不暇讀。明年春，得假之許州，以舟下南郡，獨臥閱此，遂志之。」宋王應麟（1223～1296）《漢藝文志考證》卷五曰：「《春秋繁露》十七卷。今八十二篇，始〈楚莊王〉，終〈天道施〉，三篇闕。又即用『玉杯』、『竹林』題篇，疑後人附著。」清沈欽韓（1775～1831）《漢書藝文志疏證》卷二曰：「今本題《春秋繁露》十七卷……《隋》、《唐志》混列春秋類，非也。宋《崇文總目》有八十二篇，晁公武曰：『今通名《繁露》，未詳。』南渡後亡。紹興間，董某進十卷，程大昌謂其書辭意淺薄，非董氏本書，後胡榘得三十七篇，刻於萍鄉縣學。嘉定中，樓鑰得潘景憲本，增多四十二篇，凡七十九篇，爲十七卷，不足者三篇而已。」清王先謙（1842～1917）《漢書補注》曰：「本傳言『仲舒所著，皆明經術之意，及上疏條教，凡百二十三篇。而說《春秋》事得失，〈聞舉〉、〈玉杯〉、〈蕃露〉、〈清明〉、〈竹林〉之屬，複數十篇，十餘萬言』。是此百二十三篇早亡，不在《繁露》諸書內也。」梁啓超（1873～1929）《漢書藝文志諸子略考釋》曰：「今《春秋繁露》中有〈玉杯〉、〈蕃露〉、〈竹林〉三篇，據本傳文，似即所謂『說《春秋》事』之數十篇，在百二十三篇以外。然《漢志》不應不著錄其書，而其所著錄之百二十三篇，亦不應一字不傳於後。疑今本《繁露》之八十二篇，即在此百二十三篇中也。然唐、宋類書引《繁露》及董仲舒語爲今本所無者尚不少，詳見蘇輿《春秋繁露義證・例言》。而《論衡》引情性、陰陽之說，與今本頗殊，又引旱祭女媧之議，今本不見。此殆八十二篇以外諸篇之佚文矣。」

【作者情況】

《史記・儒林列傳》：「董仲舒，廣川人也。以治《春秋》，孝景時爲博士。下帷講誦，弟子傳以久次相受業，或莫見其面，蓋三年董仲舒不觀於舍園，其精如此。進退容止，非禮不行，學士皆師尊之。今上即位，爲江都相。以《春秋》災異之變推陰陽所以錯行，故求雨閉諸陽，縱諸陰，其止雨反是。行之一國，未嘗不得所欲。中廢爲中大夫，居舍，著《災異之記》。是時遼東高廟災，主父偃疾之，取其書，奏之天子。天子召諸生示其書，有刺譏。董

仲舒弟子呂步舒不知其師書，以為下愚。於是下董仲舒吏，當死，詔赦之。
於是董仲舒竟不敢復言災異。董仲舒為人廉直。是時方外攘四夷，公孫弘治
《春秋》不如董仲舒，而弘希世用事，位至公卿。董仲舒以弘為從諛。弘疾
之，乃言上曰：『獨董仲舒可使相膠西王。』膠西王素聞董仲舒有行，亦善待
之。董仲舒恐久獲罪，疾免居家。至卒，終不治產業，以修學著書為事。故
漢興至於五世之間，唯董仲舒名為明於《春秋》，其傳公羊氏也。」又《漢書‧
董仲舒傳》：「仲舒所著，皆明經術之意，及上疏條教，凡百二十三篇。而說
《春秋》事得失，〈聞舉〉、〈玉杯〉、〈蕃露〉、〈清明〉、〈竹林〉之屬，複數十
篇，十餘萬言，皆傳於後世。掇其切當世施朝廷者著於篇。」

【真偽考辨】

　　宋程大昌（1123～1195）《書繁露後》：「右《繁露》十七卷，紹興間董某
所進，臣觀其書辭意淺薄，間掇取董仲舒策語雜置其中，輒不相倫比，臣固
疑非董氏本書。又班固記其說《春秋》凡數十篇，〈玉杯〉、〈繁露〉、〈清明〉、
〈竹林〉各為之名，似非一書。今董某所進本通以《繁露》冠書，而〈玉杯〉、
〈清明〉、〈竹林〉特各居其篇卷之一，愈益可疑。他日讀《太平寰宇記》，又
杜佑《通典》，頗見所引《繁露》語言，顧今書皆無之。《寰宇記》曰：『玉皇
驅車抵谷口。』《通典》曰：『劍之在左，蒼龍之象也。刀之在右，白虎之象
也。韍之在前，朱雀之象也。冠之在首，玄武之象也。四者，人之盛飾也。』
此數語者，不獨今書所無，且其體致全不相似，臣然後敢言今書之非本真也。」
宋陳振孫（1179～1262）《直齋書錄解題》經部春秋類著錄「《春秋繁露》十七
卷」，曰：「案隋、唐及國史《志》，卷皆十七，《崇文總目》凡八十二篇，《館
閣書目》止十卷，萍鄉所刻，亦才三十七篇。今乃樓攻愧得潘景憲本卷篇，
皆與前志合，然亦非當時本書也，先儒疑辨詳矣。其最可疑者，本傳載所著
書百餘篇，〈清明〉、〈竹林〉、〈繁露〉、〈玉杯〉之屬，今總名曰《繁露》，而
〈玉杯〉、〈竹林〉則皆其篇名，此決非其本真，況《通典》、《御覽》所引皆
今書所無者，尤可疑也。然古書存於世者希矣，姑以傳疑存之可也。又有寫
本作十八卷，而但有七十九篇，考其篇次，皆合，但前本〈楚莊王〉在第一
卷首，而此本乃在卷末，別為一卷，前本雖八十三篇，而闕文者三，實七十
九篇也。」清張履祥（1611～1674）《楊園先生全集》卷二十《書春秋繁露後》
曰：「《董子繁露》十七卷，為篇八十有二，自前學士先生，或頗疑焉。遷世
既遠，古本散流，真偽無從別矣。然予謂學者於書，當審正邪，無必爭真偽。

蓋學所以明本適治，而裨於身與天下之間者也。是以今日之書，誠有原道而旨不離正者，即可傳述以法將來，不眞何咎？況乃尊王正義？逮夫陰陽事應之理，多有功聖人者，與相如、子雲之文人，未有言其僞者，以視此書，其得失奚俟明者辨之。又況義引宏博，非出近世者，與間有辭難強通者，固由闕文錯簡致然，學者觀其大義，所存而闕疑焉可也。」

【版本流傳】

宋樓鑰（1137～1213）《攻媿集》卷七十七〈跋春秋繁露〉：「《繁露》一書，凡得四本，皆有高祖正議先生序文。始得寫本於里中，亟傳而讀之，舛誤至多，恨無他本可校。已而得京師印本，以爲必佳，而相去殊不遠。又竊疑〈竹林〉、〈玉杯〉等名與其書不相關。後見尙書程公跋語，亦以篇名爲疑；又以《通典》、《太平御覽》、《太平寰宇記》所引《繁露》之書，今書皆無之，遂以爲非董氏本書。且以其名，謂必類小說家。後自爲一編，記雜事，名《演繁露》，行於世。開禧三年，今編修胡君仲方絜宰萍鄉，得羅氏蘭堂本，刻之縣庠，考證頗備。凡程公所引三書之言，皆在書中，則知程公所見者未廣，遂謂爲小說者，非也。然止於三十七篇，終不合《崇文總目》及歐陽文忠公所藏八十二篇之數。余老矣，猶欲得一善本，聞娶女潘同年叔度景憲多收異書，屬其子弟訪之，始得此本，果有八十二篇。是萍鄉本猶未及其半也。喜不可言，以校印本，各取所長，悉加改定，義通者兩存之，轉寫相訛，又古語亦有不可強通者。《春秋會解》一書，仲方摭其引《繁露》十三條，今皆具在。余又據《說文解字》『王』字下引董仲舒曰：『古之造文者，三畫而連其中謂之王，三者，天地人也，而參通之者王也。』許叔重在後漢和帝時，今所引在〈王道通三第四十四〉篇中，其餘傳中對越三仁之問，朝廷有大議，使使者及廷尉張湯就其家問之，求雨閉諸陽縱諸陰，其止雨反是，〈三策〉中言天之仁愛人君，天道之大者在陰陽，陽爲德，陰爲刑，故王者任德教而不任刑之類，今皆在其書中，則其爲仲舒所著無疑。且其文詞亦非後世所能到也。《左氏傳》猶未行於世，仲舒之言《春秋》，多用公羊之說。嗚呼！漢承秦敝，旁求儒雅士，以經學專門者甚眾，獨仲舒以純儒稱。人但見其潛心大業，非禮不行，對策爲古今第一。余竊謂惟仁人之對，曰『仁人者，正其誼不謀其利，明其道不計其功』，又有言曰『不由其道而勝，不如由其道而敗』，此類非一，是皆眞得吾夫子之心法，蓋深於《春秋》者也。自揚子雲猶有愧於斯，況其他乎！其得此意之純者，在近世惟范太史《唐鑒》爲庶幾焉。褒

貶評論，惟是之從，不以成敗爲輕重也。潘氏本〈楚莊王〉篇爲第一，他本皆無之，前後增多凡四十二篇，而三篇闕焉。惟〈玉杯〉、〈竹林〉二篇之名，未有以訂之，更俟來哲。仲方得此，尤以爲前所未見，相與校讎，將寄江右漕臺長兄秘閣公刻之，而謂余記其後。」清錢謙益（1582～1664）《牧齋有學集》卷四十六〈跋春秋繁露〉曰：「萬曆壬寅，余讀《春秋繁露》，苦金陵本訛舛，得錫山安氏活字本，校讎增改數百字，深以爲快，今見宋刻本，知爲錫山本之祖也。宋本第十三卷〈陰陽始終〉篇『入者損一而出者』句下二行闕五字，二行闕六字，雖紙墨漫漶，行間字跡，尚可捫揣。錫山本蓋仍之，而近刻遂相沿以爲闕文。其第十三卷〈四時之數〉及〈人副天數〉二篇，宋刻闕卷首二紙，亦偶失之耳，非闕文也。如更得宋本完好者，則尚可爲全書。好古者宜廣求之。」清黃丕烈（1763～1825）《士禮居藏書題跋記》卷一〈春秋繁露十七卷校本〉：「上《春秋繁露》十七卷，袁壽階借得揚州秦太史藏鈔本，而余轉假以手自校讎者也。鈔本爲影宋，遇宋諱間有缺者，字畫斬方，一筆不苟，信屬宋刻精本，每卷首尾葉最末一行欄格外有細楷書十字，曰虞山錢遵王述古堂藏書，蓋猶述古舊物矣。余以《永樂大典》本證之，多與此合，知兩本同一源，唯纂輯時稍加點竄，不如此鈔本爲宋刻眞面目。若明刻，則有毫釐千里之分矣。鈔本述古後未知誰藏，惟卷一格外有墨書一行，云休寧戴震觀於江都客邸，今歸秦太史，有『臣恩復』、『秦伯敦父』、『石研齋秦氏印』三圖記。通體有蠹蝕莓爛痕，已經裱托，幸不甚傷字，故校讎時未及注出。嘉慶九年甲子二月朔辛酉日，蕘翁黃丕烈識。嘉慶甲戌秋，偶過胥門經義齋書坊，坊友胡立群爲余言，浙江人係歸班進士謁選入都，云行篋中攜有宋版《春秋繁露》，字形類顏、歐書，所印紙似澄心堂紙，裝四冊，索值百金，因水道阻滯，急於趨程，不能取閱，以所聞證所見，疑即宋所自出也。筆諸是冊尾，以紀奇書流傳在天壤間，固自不乏，特未遇，則不知耳。」

【學術源流】

《漢書·董仲舒傳贊》曰：「劉向稱『董仲舒有王佐之材，雖伊呂亡以加，管晏之屬，伯者之佐，殆不及也。』至向子歆以爲『伊呂乃聖人之耦，王者不得則不興。故顏淵死，孔子曰：噫！天喪余。唯此一人爲能當之，自宰我、子贛、子游、子夏不與焉。仲舒遭漢承秦滅學之後，六經離析，下帷發憤，潛心大業，令後學者有所統壹，爲群儒首，然考其師友淵源所漸，猶未及乎游、夏，而曰管、晏弗及，伊、呂不加，過矣。』至向曾孫龔，篤論君子也，

以歆之言爲然。」宋歐陽修（1007～1072）《歐陽文忠公集》外集卷二十三〈書春秋繁露後〉：「董生儒者，其論深極《春秋》之旨，然惑於改正朔，而云王者大一元者，牽於其師之說，不能高其論，以明聖人之道。惜哉惜哉！」宋陳仁子《牧萊脞語》卷七〈董仲舒春秋繁露序〉曰：「《繁露》，漢儒董仲舒筆也。仲舒受學公羊高，覃精天人之旨，專門墨守，其事文辭義，概宗《公羊》，比《左氏》小異。今行世者，〈竹林〉、〈玉杯〉三十七篇，抉凡例之瑣微，似愧杜征南；持矩度之森嚴，似愧胡文定；覈事會之終始，似愧陳君舉。至明綱常，析度數，下視訓詁家者流，差有一日之長，蓋濫觴滋深，後出滋巧也。」宋黃震（1213～1280）《黃氏日鈔》卷四十七「讀史二」曰：「自孟子沒後，學聖人之學者惟仲舒。其天資粹美，用意純篤，漢、唐諸儒鮮其比者。使幸而及門於孔氏，親承聖訓，庶幾四科之流亞歟？」明姚希孟（1579～1636）《松瘿集》卷一〈讀春秋繁露〉曰：「董廣川以治《春秋》爲博士，故所著書以《春秋繁露》名。考其書，自五卷以前皆說經，六卷後搜玄摘微，自成一家言，而天道、陰陽、五行之旨居其半，不詹詹附離經義也，豈解經一書，立言又一書，後之人綴而爲一與？其解經也，屬詞連類，從橫離合，繫斷類《公羊》，而公羊以敘述兼律令，故顥於一事。董則考班按部，一叩百應，或冥契不足，而貫穿有餘，至於立言，尤能澄汰革膜，抽抉神髓，語及天人之際，眞可令鴻蒙獻形，鬼神愁泣矣。《賢良》三策，故是金華殿中語，漢廷君臣孰能測其玄奧乎？命名《繁露》，謂冕之所垂也，有聯貫之象，吾正謂其溥溥漸瀝，霏微傾瀉，欲斷不斷，似連非連，名肖其文，無如此書。惜哉，正誼明道，爲鄒魯干城，而論性數條，猶半拾蘭陵諸子之毒涎也。其文情微有類《荀子》，但荀多泛舉，董有顓攻，荀或漫漶，董峻削耳。其層見復出者，裁可也；其字句之舛而佚者，略可也。讀秦、漢以前之書，正不必字譯而句守之也。」清錢謙益（1582～1664）《牧齋有學集》卷四十六《跋春秋繁露》曰：「《繁露》深察，《名號》篇云：『性比於禾，善比於米，米出禾中，而禾未可全爲米也。善出性中，而性未可善也。』又云：『民之性如繭如卵，卵待覆而爲雛，繭待繰而爲絲，性待教而爲善。』余少而服膺，謂其析理精妙，可以會通孟、荀二家之說，非有宋諸儒可幾及也。今年八十，再讀此書，證之弱冠時所見，不大繆。余每勸學者通經先漢而後唐、宋，識者當不河漢其言。」清顧宗泰《月滿樓詩文集》文集卷五〈讀董子春秋繁露〉曰：「史稱董子治《春秋》，下帷發憤，潛心大業，今觀其所對三策，明天人之分，達性命之原，著崇起

教化之實，退黜百氏，表章六經，不特公孫弘、晁錯輩不可同日語，即劉賁非其儔也。兩事驕王，端己治國，正誼明道，數言度越諸子，令學者得所統一，功豈在孟子下哉？惟是董子治《春秋》，而吾謂其得力者在《春秋》，其偏至者亦在《春秋》。言受命之符，災異之變，三策中見其端矣。及讀所著《繁露》書，詞弘義烈，未嘗不引《春秋》之事，以明治亂之跡，然每言災異，表裏讖緯，雜出五行，〈玉杯〉、〈竹林〉諸篇外，語意尤雜，即如明王道必舉日食、星隕、雨螽、地震、山崩諸大變，雖或警惕世主，意亦少偏矣。或謂後人掇取附會，然高廟災異書，身受主父之患，《繁露》何必非自著哉？余非好議董子，以董子千古大儒，恐讀《繁露》者不得其要而惑之也。雖然，董子言有偏而何傷也，承秦滅學後，專崇孔氏，以道自任，洞徹本原，不謀功利。後世闡之者，伊、洛諸賢；嘗見諸事者，諸葛孔明。嗚呼！漢廷治《春秋》者多矣，如董子者，豈易有其人哉？」清章學誠（1738～1801）《校讎通義》卷三曰：「《董仲舒》百二十三篇，部於儒家，是矣。然仲舒所著，皆明經術之意。至於說《春秋》事，得失間舉，所謂〈玉杯〉、〈繁露〉、〈清明〉、〈竹林〉之屬，則當互見《春秋》部次者也。」清沈欽韓（1775～1831）《漢書藝文志疏證》卷二曰：「今本題《春秋繁露》十七卷，其首數卷則公羊家言，何休注亦竊取之。以後則支詞雜說，掇拾三代遺事野文，駁多醇少，與《春秋》義無涉。」清姚振宗（1842～1906）《漢書藝文志拾補》卷二曰：「《漢書》列傳言仲舒諸書，以〈藝文志〉參考之，至為明晰。《傳》云：『仲舒在家，朝廷如有大議，使使者及廷尉張湯就其家而問之，其對皆有明法。』即〈志〉春秋家〈公羊董仲舒治獄〉十六篇是也。〈傳〉云：『仲舒所著，皆明經術之意，及上疏條教，凡百二十三篇。』即〈志〉儒家《董仲舒》百二十三篇是也。〈傳〉又云：『而說春秋事得失』云云者，即此書〈志〉所不載者也。《漢志考證》以此書歸之百二十三篇中，恐非是。」張舜徽（1911～1992）《漢書藝文志通釋》卷三曰：「董仲舒專治《公羊春秋》，為漢初今文經學大師。景帝時為博士，武帝時官至江都相及膠西王相。其說經雖以儒家思想為中心，而雜以陰陽五行之說，借天道以明人事。欲以天變災異，對時君進規諫。今日通行之《春秋繁露》十七卷，《漢志》不載，始著錄於《隋志》經部春秋類。其書自〈楚莊王〉第一至〈天道施〉第八十二，凡八十二篇。其書發明春秋大義者，僅十之四五；其餘多篇，率泛論性與天道及治國之要。而〈離合根〉、〈立元神〉、〈保位權〉諸篇，闡明人君南面術，尤為深切。可知其所論述，

非專爲《春秋》作也。竊疑此書既不見於《漢志》，所起必晚。殆漢以後人收拾董氏遺文如百二十三篇中之零散篇章，裒輯以成斯編。今之稽考董氏學術思想者，仍必究心於此。」

《兒寬》九篇。

【存佚著錄】

今亡佚。《隋書・經籍志》、《舊唐書・經籍志》、《新唐書・藝文志》等已不著錄，早已亡佚。《兒寬》之輯本有二種：其一爲嚴可均所輯《兒寬》，見《全漢文》卷二十八；其二爲馬國翰所輯《兒寬書》一卷，見《玉函山房輯佚書》子編儒家類，馬國翰序曰：「今取本傳〈對封禪〉及〈律曆志・正朔之議〉以復二篇之舊。」孫啓治等曰：「馬國翰從《漢書》本傳採得寬〈對封禪〉及〈改正朔議〉二節，嚴輯雷同。」〔註70〕又姚振宗（1842～1906）《漢書藝文志條理》卷二曰：「兒寬遺文略可考見者僅此。前兩篇當在禮家〈封禪議對〉十九篇中，〈改正朔議〉或當在此書。」清王先謙（1842～1917）《漢書補注》引葉德輝語曰：「本傳引〈對封禪〉一事、〈律曆志〉引〈議改正朔〉一事，餘無考。」

【作者情況】

《漢書・公孫弘卜式兒寬傳》：「兒寬，千乘人也。治《尚書》，事歐陽生。以郡國選詣博士，受業孔安國。貧無資用，嘗爲弟子都養。時行賃作，帶經而鋤，休息輒讀誦，其精如此。以射策爲掌故，功次，補廷尉文學卒史。寬爲人溫良，有廉知自將，善屬文，然儒於武，口弗能發明也。時張湯爲廷尉，廷尉府盡用文史法律之吏，而寬以儒生在其間，見謂不習事，不署曹，除爲從史，之北地視畜數年。還至府，上畜簿，會廷尉時有疑奏，已再見卻矣，掾史莫知所爲。寬爲言其意，掾史因使寬爲奏。奏成，讀之皆服，以白廷尉湯。湯大驚，召寬與語，乃奇其材，以爲掾。上寬所作奏，即時得可。異日，湯見上。問曰：『前奏非俗吏所及，誰爲之者？』湯言兒寬。上曰：『吾固聞之久矣。』湯由是鄉學，以寬爲奏讞掾，以古法義決疑獄，甚重之。及湯爲

〔註70〕孫啓治、陳建華：《中國古佚書輯本目錄解題》，上海古籍出版社，2009年版，第220頁。

御史大夫，以寬爲掾，舉侍御史。見上，語經學，上說之，從問《尚書》一篇。擢爲中大夫，遷左內史。寬既治民，勸農業，緩刑罰，理獄訟，卑體下士，務在於得人心；擇用仁厚士，推情與下，不求名聲，吏民大信愛之。寬表奏開六輔渠，定水令以廣溉田。收租稅，時裁闊狹，與民相假貸，以故租多不入。後有軍發，左內史以負租課殿，當免。民聞當免，皆恐失之，大家牛車，小家擔負，輸租繦屬不絕，課更以最。上由此愈奇寬。及議欲放古巡狩封禪之事，諸儒對者五十餘人，未能有所定。……以問寬，寬對曰……上然之，乃自制儀，採儒術以文焉。既成，將用事，拜寬爲御史大夫，從東封泰山，還登明堂。……上乃詔寬與遷等共定漢《太初曆》。……寬爲御史大夫，以稱意任職，故久無有所匡諫於上，官屬易之。居位九歲，以官卒。」

【學術源流】

清馬國翰輯本序曰：「茅鹿門曰：「封禪一事，相如導之始，而兒寬成之終，君臣上下各以諂附。」此亦責備賢者之義。然其文訓辭深厚，油然見經籍之光。宜梁相褚大與議，而服其莫及。而兼總條貫之言，紫陽取之以注《孟》也。」張舜徽（1911～1992）《漢書藝文志通釋》卷三曰：「《漢書》本傳稱寬治《尚書》，事歐陽生，以郡國選詣博士，受業孔安國。張湯爲廷尉時，以寬爲掾。嘗見武帝，語經學，帝大悅。擢爲中大夫，遷左內史，後拜御史大夫。而本傳贊復云：『漢之得人，於茲爲盛，儒雅則公孫弘、董仲舒、兒寬。』可以想見其譽望之高。史稱其『善屬文』，惜其文已不多見。」

《公孫弘》十篇。

【存佚著錄】

今亡佚。《隋書・經籍志》、《舊唐書・經籍志》、《新唐書・藝文志》等已不著錄，早已亡佚。《公孫弘》之輯本有二種：其一爲嚴可均所輯《公孫弘》，見《全漢文》卷二十四；其二爲馬國翰所輯《公孫弘書》一卷，見《玉函山房輯佚書》子編儒家類，馬國翰序曰：「《漢志》儒家《公孫弘》十篇，今不傳，本傳載其對策、上疏、對問之語，《藝文類聚》、《太平御覽》亦引之，並據輯錄。」孫啓治等曰：「《漢書》本傳載弘對策、上疏，馬國翰據以採得四節，更從《藝文類聚》採得《答東方朔書》一節，從《太平御覽》採得佚語

一節。嚴可均缺採《御覽》所引一節，然別從《漢書・吾丘壽王傳》、《史記》
〈儒林傳〉、〈郭解傳〉採得奏言、議等四節，則爲馬所無。」〔註71〕

【作者情況】

　　《史記・平津侯主父列傳》：「丞相公孫弘者，齊菑川國薛縣人也，字季。
少時爲薛獄吏，有罪，免家貧，牧豕海上。年四十餘，乃學《春秋》雜說。
養後母孝謹。建元元年，天子初即位，招賢良文學之士。是時弘年六十，徵
以賢良爲博士。使匈奴，還報，不合上意，上怒，以爲不能，弘乃病免歸。
元光五年，有詔徵文學，菑川國復推上公孫弘。弘讓謝國人……國人固推弘，
弘至太常。太常令所徵儒士各對策，百餘人，弘第居下。策奏，天子擢弘對
爲第一。召入見，狀貌甚麗，拜爲博士。是時通西南夷道，置郡，巴蜀民苦
之，詔使弘視之。還奏事，盛毀西南夷無所用，上不聽。弘爲人恢奇多聞，
常稱以爲人主病不廣大，人臣病不儉節。弘爲布被，食不重肉。後母死，服
喪三年。每朝會議，開陳其端，令人主自擇，不肯面折庭爭。於是天子察其
行敦厚，辯論有餘，習文法吏事，而又緣飾以儒術，上大說之。二歲中，至
左內史。弘奏事，有不可，不庭辯之。嘗與主爵都尉汲黯請間，汲黯先發之，
弘推其後，天子常說，所言皆聽，以此日益親貴。嘗與公卿約議，至上前，
皆倍其約以順上旨。……左右幸臣每毀弘，上益厚遇之。元朔三年，張歐免，
以弘爲御史大夫。……天子以爲謙讓，愈益厚之。卒以弘爲丞相，封平津侯。
弘爲人意忌，外寬內深。諸嘗與弘有郤者，雖詳與善，陰報其禍。殺主父偃，
徙董仲舒於膠西，皆弘之力也。食一肉脫粟之飯。故人所善賓客，仰衣食，
弘奉祿皆以給之，家無所餘。士亦以此賢之。……元狩二年，弘病，竟以丞
相終。」又《漢書・公孫弘卜式兒寬傳》亦可參考。

【學術源流】

　　晉葛洪《西京雜記》曰：「公孫弘著《公孫子》，言刑名事，亦謂字直百
金。」清馬國翰輯本序曰：「夫弘在當日，東閣延賢，布被昭儉，亦賢相也。
特殺主父偃，徙董仲舒，與汲黯不相能，一時輿論少之。至其言論通達治體，
亦不盡曲學以阿世。班固入其書於儒家，非無見也。」清王先謙（1842～1917）
《漢書補注》引葉德輝曰：「《藝文類聚》鱗介部引弘《答東方朔書》云：『譬

猶龍之未升，與魚黿可伍，及其昇天，鱗不可睹。』《御覽》帝王部引公孫弘
曰：『舜牧羊於黃河，遇堯，舉爲天子。』皆佚文也。本傳載弘對策上武帝書。」
張舜徽（1911～1992）《漢書藝文志通釋》卷三曰：「公孫弘少爲獄吏，年四十
餘，乃學《春秋》雜說，武帝初以賢良文學爲博士，詔徵文學，弘復對策，
擢第一。累遷至丞相，封平津侯。其爲人多忌，外寬內深，嘗與有隙者，必
乘間報之。殺主父偃，徙董仲舒於膠西，皆弘所爲也。人多譏其曲學阿世，
故能持祿保寵。亦以熟習文法吏治，始得久居高位耳。其所爲文，辭旨安雅，
今但觀其存於本傳中者，猶不失敦謹之意。」

《終軍》八篇。

【存佚著錄】

　　今亡佚。《隋書·經籍志》、《舊唐書·經籍志》、《新唐書·藝文志》皆不
著錄，早已亡佚。《終軍》之輯本有二種：其一爲清嚴可均所輯《終軍》，見
《全漢文》卷二十七；其二爲馬國翰所輯《終軍書》一卷，見《玉函山房輯
佚書》子編儒家類，馬國翰序曰：「今見本傳者四篇，餘皆散佚，不可復見。
茲據輯錄。『白麟奇木』之對，不無傅會。胡越內附，言亦幸中。然其文若不
經意而音節自諧，宜林希元歎爲天與之奇才，而惜其壽之不永哉！」孫啓治
等曰：「馬國翰從本傳採得〈白麟奇木對〉等四篇，嚴可均所輯多〈自請使南
越〉一節。」〔註72〕

【作者情況】

　　《漢書·嚴朱吾丘主父徐嚴終王賈傳》：「終軍，字子雲，濟南人也。少
好學，以辯博能屬文聞於郡中。年十八，選爲博士弟子。至府受遣，太守聞
其有異材，召見軍，甚奇之，與交結。軍揖太守而去，至長安，上書言事。
武帝異其文，拜軍爲謁者給事中。從上幸雍祠五畤，獲白麟，一角而五蹄。
時又得奇木，其枝旁出，輒復合於木上。上異此二物，博謀群臣。軍上對
曰：『臣聞《詩》頌君德，《樂》舞後功，異經而同指，明盛德之所隆也。南
越竄屏葭葦，與鳥魚群，正朔不及其俗。有司臨境，而東甌內附，閩王伏辜，

〔註72〕孫啓治、陳建華：《中國古佚書輯本目錄解題》，上海古籍出版社，2009年版，
　　　　第244頁。

南越賴救。北胡隨畜薦居，禽獸行，虎狼心，上古未能攝。大將軍秉鉞，單于奔幕；票騎抗旌，昆邪右衽。是澤南洽而威北暢也。若罰不阿近，舉不遺遠，設官俟賢，縣賞待功，能者進以保祿，罷者退而勞力，刑於宇內矣。履眾美而不足，懷聖明而不專，建三宮之文質，章厥職之所宜，封禪之君無聞焉。夫天命初定，萬事草創，及臻六合同風，九州共貫，必待明聖潤色，祖業傳於無窮。故周至成王，然後制定，而休徵之應見。陛下盛日月之光，垂聖思於勒成，專神明之敬，奉燔瘞於郊宮，獻享之精交神，積和之氣塞明，而異獸來獲，宜矣。昔武王中流未濟，白魚入於王舟，俯取以燎，群公咸曰「休哉！」今郊祀未見於神祇，而獲獸以饋，此天之所以示饗，而上通之符合也。宜因昭時令日，改定告元，苴白茅於江、淮，發嘉號於營丘，以應緝熙，使著事者有紀焉。蓋六鶂退飛，逆也；白魚登舟，順也。夫明暗之征，上亂飛鳥，下動淵魚，各以類推。今野獸並角，明同本也；眾支內附，示無外也。若此之應，殆將有解編髮、削左衽、襲冠帶、要衣裳而蒙化者焉。斯拱而俟之耳！』對奏，上甚異之，由是改元爲元狩。後數月，越地及匈奴名王有率眾來降者，時皆以軍言爲中。元鼎中，博士徐偃使行風俗。偃矯制，使膠東、魯國鼓鑄鹽鐵，還，奏事，徙爲太常丞。……當發使匈奴，軍自請曰：『軍無橫草之功，得列宿衛，食祿五年。邊境時有風塵之警，臣宜被堅執銳，當矢石，啓前行。駑下不勻金革之事，今聞將遣匈奴使者，臣願盡精屬氣，奉佐明使，畫吉凶於單于之前。臣年少材下，孤於外官，不足以亢一方之任，竊不勝憤懣。』詔問畫吉凶之狀，上奇軍對，擢爲諫大夫。南越與漢和親，乃遣軍使南越，說其王，欲令入朝，比內諸侯。軍自請：『願受長纓，必羈南越王而致之闕下。』軍遂往說越王，越王聽許，請舉國內屬。……越相呂嘉不欲內屬，發兵攻殺其王及漢使者，皆死。軍死時年二十餘，故世謂之『終童』。」

《吾丘壽王》六篇。

【存佚著錄】

今亡佚。《隋書‧經籍志》集部著錄：「梁有漢光祿大夫《吾丘壽王集》二卷，亡。」而《舊唐書‧經籍志》、《新唐書‧藝文志》等已不著錄，早已亡佚。《吾丘壽王》之輯本有二種：其一爲嚴可均所輯《吾丘壽王》，見《全

漢文》卷二十七；其二爲馬國翰所輯《吾丘壽王書》一卷，見《玉函山房輯
佚書》子編儒家類，馬國翰序曰：「《漢・藝文志》儒家有《吾丘壽王》六
篇，《虞丘說》一篇。『虞』、『吾』古字通用，皆壽王所撰著也。《隋志》儒
家不載其書，而集部云：『梁有漢光祿大夫《吾丘壽王集》二卷，亡。』則阮
孝緒《七錄》入其書於集中，至隋已佚矣。今本傳載〈駁公孫弘〉及〈說
鼎〉二篇，《藝文類聚》載論一篇，《北堂書鈔》亦引其說。並據輯錄，仍依
《漢志》入儒家。黃東發謂：『買臣、壽王皆武帝私令折難大臣者。壽王難
禁弓矢視難朔方者憂焉。然漢鼎非周鼎之說，則俳優取寵爾。』立論最當，
此書之定評也。」孫啓治等曰：「按吾丘，姓。通作虞丘，《姓解》二引《風
俗通》云：『晉有虞丘書，爲乘馬御。』清人或題作吾邱者，避孔子名諱
也。……馬國翰從《漢書》本傳及《藝文類聚》採得佚文三節。嚴可均缺馬
所採〈說鼎〉一節，唯更從《文選》李善注、《北堂書鈔》各採得一節，則爲
馬所無。」〔註73〕

【作者情況】

　　《漢書・嚴朱吾丘主父徐嚴終王賈傳》：「吾丘壽王字子贛，趙人也。年
少，以善格五召待詔。詔使從中大夫董仲舒受《春秋》，高才通明。遷侍中中
郎，坐法免。上書謝罪，願養馬黃門，上不許。後願守塞扞寇難，復不許。
久之，上疏願擊匈奴，詔問狀，壽王對良善，復召爲郎。稍遷，會東郡盜賊
起，拜爲東郡都尉。上以壽王爲都尉，不復置太守。是時，軍旅數發，年歲
不熟，多盜賊。詔賜壽王璽書曰：『子在朕前之時，知略輻湊，以爲天下少
雙，海內寡二。及至連十餘城之守，任四千石之重，職事並廢，盜賊從橫，
甚不稱在前時，何也？』壽王謝罪，因言其狀。後徵入爲光祿大夫侍中。丞
相公孫弘奏言：「民不得挾弓弩。十賊彄弩，百吏不敢前，盜賊不輒伏辜，免
脫者眾，害寡而利多，此盜賊所以蕃也。禁民不得挾弓弩，則盜賊執短兵，
短兵接則眾者勝。以眾吏捕寡賊，其勢必得。盜賊有害無利，且莫犯法，刑
錯之道也。臣愚以爲禁民毋得挾弓弩便。」上下其議。壽王對曰：『臣聞古者
作五兵，非以相害，以禁暴討邪也。安居則以制猛獸而備非常，有事則以設
守衛而施行陣。及至周室衰微，上無明王，諸侯力政，強侵弱，眾暴寡，海
內抗敝，巧詐並生。是以知者陷愚，勇者威怯，苟以得勝爲務，不顧義理。

〔註73〕 孫啓治、陳建華：《中國古佚書輯本目錄解題》，上海古籍出版社，2009年版，
　　　　第220頁。

故機變械飾，所以相賊害之具不可勝數。於是秦兼天下，廢王道，立私議，滅《詩》、《書》而首法令，去仁恩而任刑戮，墮名城，殺豪桀，銷甲兵，折鋒刃。其後，民以擾鋤箠梃相撻擊，犯法滋眾，盜賊不勝，至於赭衣塞路，群盜滿山，卒以亂亡。故聖王務教化而省禁防，知其不足恃也。今陛下昭明德，建太平，舉俊才，興學官，三公有司或由窮巷，起白屋，裂地而封，宇內日化，方外鄉風，然而盜賊猶有者，郡國二千石之罪，非挾弓弩之過也。《禮》曰男子生，桑弧蓬矢以舉之，明示有事也。孔子曰：「吾何執，執射乎？」大射之禮，自天子降及庶人，三代之道也。《詩》云「大侯既抗，弓矢斯張，射夫既同，獻爾發功」，言貴中也。愚聞聖王合射以明教矣，未聞弓矢之為禁也。且所為禁者，為盜賊之以攻奪也。攻奪之罪死，然而不止者，大奸之於重誅固不避也。臣恐邪人挾之而吏不能止，良民以自備而抵法禁，是擅賊威而奪民救也。竊以為無益於禁奸，而廢先王之典，使學者不得習行其禮，大不便。』書奏，上以難丞相弘。弘詘服焉。及汾陰得寶鼎，武帝嘉之，薦見宗廟，臧於甘泉宮。群臣皆上壽賀曰：『陛下得周鼎。』壽王獨曰非周鼎。上聞之，召而問之，曰：『今朕得周鼎，群臣皆以為然，壽王獨以為非，何也？有說則可，無說則死。』壽王對曰：『臣安敢無說！臣聞周德始乎后稷，長於公劉，大於大王，成於文、武，顯於周公，德澤上昭，天下漏泉，無所不通。上天報應，鼎為周出，故名曰周鼎。今漢自高祖繼周，亦昭德顯行，布恩施惠，六合和同。至於陛下，恢廓祖業，功德愈盛，天瑞並至，珍祥畢見。昔秦始皇親出鼎於彭城而不能得，天祚有德而寶鼎自出，此天之所以與漢，乃漢寶，非周寶也。』上曰：『善。』群臣皆稱萬歲。是日，賜壽王黃金十斤。後坐事誅。」

《虞丘說》一篇。難孫卿也。

【存佚著錄】

今亡佚。《隋書・經籍志》、《舊唐書・經籍志》、《新唐書・藝文志》皆不著錄，早已亡佚，後人亦無輯本。

【作者情況】

馬國翰《吾丘壽王書》輯本序曰：「《漢・藝文志》儒家有《吾丘壽王》六篇，《虞丘說》一篇。『虞』、『吾』古字通用，皆壽王所撰著也。」清王先

謙（1842～1917）《漢書補注》亦曰：「虞、吾字同，虞丘即吾丘也。此壽王所著雜說。」然姚振宗（1842～1906）《漢書藝文志條理》卷二駁之曰：「《史記》：孫叔敖，楚之處士，虞丘相進於王，以自代。《說苑》：虞丘子爲令尹，在莊王時。虞丘，一作吾丘。又案《氏族略》云『晉大夫虞丘子著書』，似因晉虞丘書傳訛。此虞丘名說，未詳其始末。《志》列吾丘壽王、莊助之間，則武帝時人。馬氏以爲即吾丘壽王，殆以此說爲所說之書，然例以上下文，殊不然也。」張舜徽（1911～1992）《漢書藝文志通釋》卷三亦曰：「姚氏所言是也，馬國翰以虞丘、吾丘爲一人，王氏本之，誤矣。二書使果出於一手，奚必分條別載乎？《漢志》此處前後，皆以姓名標題，尤可證矣。」

《莊助》四篇。

【存佚著錄】

今亡佚。《隋書・經籍志》、《舊唐書・經籍志》、《新唐書・藝文志》皆不著錄，早已亡佚。《莊助》之輯本有二種：其一爲嚴可均所輯《嚴助》，見《全漢文》卷十九；其二爲馬國翰所輯《嚴助書》一卷，見《玉函山房輯佚書補編》子部儒家類，馬國翰序曰：「《嚴助書》一卷，漢嚴助撰。助本莊姓，漢避明帝諱，改稱嚴。……黃東發譏其徒以捭闔取寵，亦以捭闔誅。然則助之爲人，亦主父偃之流，而《漢志》列其書四篇於儒家，或其以賢良對策時文章具有儒術，然今其書不可見矣。本傳猶載其二篇，詰田蚡不救東甌，實啓征伐之機，論意淮南似代上矜功而飾過，武帝以其守會稽，不聞問報書，責之。末云具以《春秋》對，勿以蘇秦縱橫。蓋有以窺其所學也。姑從班《志》，列儒家類焉。」另，《玉函山房輯佚書》子編儒家類有「《莊助書》一卷」之目而無書。孫啓治等曰：「馬國翰、嚴可均皆從本傳採得佚文二節。其中馬採詰田蚡一節爲嚴所無，嚴採上書謝罪一節爲馬所無。」〔註74〕

【作者情況】

《漢書・嚴朱吾丘主父徐嚴終王賈傳》：「嚴助，會稽吳人，嚴夫子子也，或言族家子也。郡舉賢良，對策百餘人，武帝善助對，由是獨擢助爲中大夫。

〔註74〕孫啓治、陳建華：《中國古佚書輯本目錄解題》，上海古籍出版社，2009 年版，第 220 頁。

後得朱買臣、吾丘壽王、司馬相如、主父偃、徐樂嚴安、東方朔、枚皋、膠倉、終軍、嚴蔥奇等，並在左右。是時，征伐四夷，開置邊郡，軍旅數發，內改制度，朝廷多事，婁舉賢良文學之士。公孫弘起徒步，數年至丞相，開東閣，延賢人與謀議，朝覲奏事，因言國家便宜。上令助等與大臣辯論，中外相應以義理之文，大臣數詘。其尤親幸者，東方朔、枚皋、嚴助、吾丘壽王、司馬相如。相如常稱疾避事。朔、皋不根持論，上頗俳優畜之。唯助與壽王見任用，而助最先進。建元三年，閩越舉兵圍東甌，東甌告急於漢。時，武帝年未二十，以問太尉田蚡。蚡以爲越人相攻擊，其常事，又數反覆，不足煩中國往救也，自秦時棄不屬。於是助詰蚡曰：「特患力不能救，德不能覆，誠能，何故棄之？且秦舉咸陽而棄之，何但越也！今小國以窮困來告急，天子不振，尚安所訴，又何以子萬國乎？」上曰：「太尉不足與計。吾新即位，不欲出虎符發兵郡國。」乃遣助以節發兵會稽。會稽守欲距法，不爲發。助乃斬一司馬，諭意指，遂發兵浮海救東甌。未至，閩越引兵罷。後三歲，閩越復興兵擊南越。南越守天子約，不敢擅發兵，而上書以聞。上多其義，大爲發興，遣兩將軍將兵誅閩越。淮南王安上書諫曰：『陛下臨天下，布德施惠，緩刑罰，薄賦斂，哀鰥寡，恤孤獨，養耆老，振匱乏，盛德上隆，和澤下洽，近者親附，遠者懷德，天下攝然，人安其生，自以沒身不見兵革。今聞有司舉兵將以誅越，臣安竊爲陛下重之。越，方外之地，劗髮文身之民也。不可以冠帶之國法度理也。自三代之盛，胡越不與受正朔，非強弗能服，威弗能制也，以爲不居之地，不牧之民，不足以煩中國也。故古者封內甸服，封外侯服，侯衛賓服，蠻夷要服，戎狄荒服，遠近勢異也。自漢初定已來七十二年，吳越人相攻擊者不可勝數，然天子未嘗舉兵而入其地也。臣聞越非有城郭邑里也，處溪谷之間，篁竹之中，習於水鬥，便於用舟，地深昧而多水險，中國之人不知其勢阻而入其地，雖百不當其一。得其地，不可郡縣也；攻之，不可暴取也。以地圖察其山川要塞，相去不過寸數，而間獨數百千里，阻險林叢弗能盡著。視之若易，行之甚難。天下賴宗廟之靈，方內大寧，戴白之老不見兵革，民得夫婦相守，父子相保，陛下之德也。越人名爲藩臣，貢酎之奉，不輸大內，一卒之用不給上事。自相攻擊而陛下發兵救之，是反以中國而勞蠻夷也。且越人愚戇輕薄，負約反覆，其不用天子之法度，非一日之積也。一不奉詔，舉兵誅之，臣恐後兵革無時得息也。間者，數年歲比不登，民待賣爵贅子以接衣食，賴陛下德澤振救之，得毋轉死溝壑。四年不登，五

年復蝗，民生未復。今發兵行數千里，資衣糧，入越地，輿轎而逾領，拖舟而入水，行數百千里，夾以深林叢竹，水道上下擊石，林中多蝮蛇猛獸，夏月暑時，嘔泄霍亂之病相隨屬也，曾未施兵接刃，死傷者必眾矣。前時南海王反，陛下先臣使將軍間忌將兵擊之，以其軍降，處之上淦。後復反，會天暑多雨，樓船卒水居擊棹，未戰而疾死者過半。親老涕泣，孤子啼號，破家散業，迎屍千里之外，裹骸骨而歸。悲哀之氣數年不息，長老至今以爲記。曾未入其地而禍已至此矣。臣聞軍旅之後必有凶年，言民之各以其愁苦之氣薄陰陽之和，感天地之精，而災氣爲之生也。陛下德配天地，明象日月，恩至禽獸，澤及草木，一人有飢寒不終其天年而死者，爲之悽愴於心。今方內無狗吠之警，而使陛下甲卒死亡，暴露中原，沾漬山谷，邊境之民爲之早閉晏開，朝不久夕，臣安竊爲陛下重之。不習南方地形者，多以越爲人眾兵強，能難邊城。淮南全國之時，多爲邊吏，臣竊聞之，與中國異。限以高山，人跡所絕，車道不通，天地所以隔外內也。其入中國必下領水，領水之山峭峻，漂石破舟，不可以大船載食糧下也。越人欲爲變，必先田餘干界中，積食糧，乃入伐材治船。邊城守候誠謹，越人有入伐材者，輒收捕，焚其積聚，雖百越，奈邊城何！且越人綿力薄材，不能陸戰，又無車騎弓弩之用，然而不可入者，以保地險，而中國之人不能其水土也。臣聞越甲卒不下數十萬，所以入之，五倍乃足，輂車奉餉者，不在其中。南方暑濕，所夏癉熱，暴露水居，蝮蛇蠚生，疾癘多作，兵未血刃而病死者什二三，雖舉越國而虜之，不足以償所亡。臣聞道路言，閩越王弟甲弒而殺之，甲以誅死，其民未有所屬。陛下若欲來內，處之中國，使重臣臨存，施德垂賞以招致之，此必攜幼扶老以歸聖德。若陛下無所用之，則繼其絕世，存其亡國，建其王侯，以爲畜越，此必委質爲藩臣，世共貢職。陛下以方寸之印，丈二之組，填撫方外，不勞一卒，不頓一戟，而威德並行。今以兵入其地，此必震恐，以有司爲欲屠滅之也，必雉兔逃入山林險阻。背而去之，則復相群聚；留而守之，歷歲經年，則士卒罷倦，食糧乏絕，男子不得耕稼樹種，婦人不得紡績織紝，丁壯從軍，老弱轉餉，居者無食，行者無糧。民苦兵事，亡逃者必眾，隨而誅之，不可勝盡，盜賊必起。臣聞長老言，秦之時嘗使尉屠睢擊越，又使監祿鑿渠通道。越人逃入深山林叢，不可得攻。留軍屯守空地，曠日引久，士卒勞倦，越出擊之。秦兵大破，乃發適戍以備之。當此之時，外內騷動，百姓靡敝，行者不還，往者莫反，皆不聊生，亡逃相從，群爲盜賊，於是山東之難始興。此

老子所謂「師之所處，荊棘生之」者也。兵者凶事，一方有急，四面皆從。臣恐變故之生，姦邪之作，由此始也。《周易》曰：「高宗伐鬼方，三年而克之。」鬼方，小蠻夷；高宗，殷之盛天子也。以盛天子伐小蠻夷，三年而後克，言用兵之不可不重也。臣聞天子之兵有徵而無戰，言莫敢校也。如使越人蒙徼倖以逆執事之顏行，廝輿之卒有一不備而歸者，雖得越王之首，臣猶竊爲大漢羞之。陛下以四海爲境，九州爲家，八藪爲囿，江漢爲池，生民之屬皆爲臣妾。人徒之眾足以奉千官之共，租稅之收足以給乘輿之御。玩心神明，秉執聖道，負黼依，馮玉幾，南面而聽斷，號令天下，四海之內莫不向應。陛下垂德惠以覆露之，使元元之民安生樂業，則澤被萬世，傳之子孫，施之無窮。天下之安猶泰山而四維之也，夷狄之地何足以爲一日之閒，而煩汗馬之勞乎！《詩》云「王猶允塞，徐方既來」，言王道甚大，而遠方懷之也。臣聞之，農夫勞而君子養焉，愚者言而智者擇焉。臣安幸得爲陛下守藩，以身爲障蔽，人臣之任也。邊境有警，愛身之死而不畢其愚，非忠臣也。臣安竊恐將吏之以十萬之師爲一使之任也！』是時，漢兵遂出，未逾領，適會閩越王弟餘善殺王以降。漢兵罷。上嘉淮南之意，美將卒之功，乃令嚴助諭意風指於南越。南越王頓首曰：『天子乃幸興兵誅閩越，死無以報！』即遣太子隨助入侍。助還，又諭淮南曰：『皇帝問淮南王：使中大夫玉上書言事，聞之。朕奉先帝之休德，夙興夜寐，明不能燭，重以不德，是以比年凶災害眾。夫以眇眇之身，託於王侯之上，內有飢寒之民，南夷相攘，使邊騷然不安，朕甚懼焉。今王深惟重慮，明太平以弼朕失，稱三代至盛，際天接地，人跡所及，咸盡賓服，藐然甚慚。嘉王之意，靡有所終，使中大夫助諭朕意，告王越事。』助諭意曰：『今者大王以發屯臨越事上書，陛下故遣臣助告王其事。王居遠，事薄遽，不與王同其計。朝有闕政，遺王之憂，陛下甚恨之。夫兵固凶器，明主之所重出也，然自五帝、三王禁暴止亂，非兵，未之聞也。漢爲天下宗，操殺生之柄，以制海內之命，危者望安，亂者卬治。今閩越王狼戾不仁，殺其骨肉，離其親戚，所爲甚多不義，又數舉兵侵陵百越，併兼鄰國，以爲暴強，陰計奇策，入熸尋陽樓船，欲招會稽之地，以踐句踐之跡。今者，邊又言閩王率兩國擊南越。陛下爲萬民安危久遠之計，使人諭告之曰：『天下安寧，各繼世撫民，禁毋敢相併。』有司疑其以虎狼之心，貪據百越之利，或於逆順，不奉明詔，則會稽、豫章必有長患。且天子誅而不伐，爲有勞百姓苦士卒乎？故遣兩將屯於境上，震威武，揚聲鄉，屯曾未會，天誘

其衷，閩王隕命，輒遣使者罷屯，毋後農時。南越王甚嘉被惠澤，蒙休德，願革心易行，身從使者入謝。有狗馬之病，不能勝服，故遣太子嬰齊入侍；病有瘳，願伏北闕，望大廷，以報盛德。閩王以八月舉兵於冶南，士卒罷倦，三王之眾相與攻之，因其弱弟餘善以成其誅，至今國空虛，遣使者上符節，請所立，不敢自立，以待天子之明詔。此一舉，不挫一兵之鋒，不用一卒之死，而閩王伏辜，南越被澤，威震暴王，義存危國，此則陛下深計遠慮之所出也。事效見前，故使臣助來諭王意。』於是王謝曰：『雖湯伐桀，文王伐崇，誠不過此。臣安妄以愚意狂言，陛下不忍加誅，使使者臨詔臣安以所不聞，誠不勝厚幸！』助由是與淮南王相結而還。上大說。助侍燕從容，上問助居鄉里時，助對曰：『家貧，為友婿富人所辱。』上問所欲，對願為會稽太守。於是拜為會稽太守。數年，不聞問。賜書曰：『制詔會稽太守：君厭承明之廬，勞侍從之事，懷故土，出為郡吏。會稽東接於海，南近諸越，北枕大江。間者，闊焉久不聞問，具有《春秋》對，毋以蘇秦從橫。』助恐，上書謝稱：『《春秋》天王出居於鄭，不能事母，故絕之。臣事君，猶子事父母也，臣助當伏誅。陛下不忍加誅，願奉三年計最。』詔許，因留侍中。有奇異，輒使為文，及作賦頌數十篇。後淮南王來朝，厚賂遺助，交私論議。及淮南王反，事與助相連，上薄其罪，欲勿誅。廷尉張湯爭，以為助出入禁門，腹心之臣，而外與諸侯交私如此，不誅，後不可治。助竟棄市。」陳朝爵（1876～1939）《漢書藝文志約說》卷二曰：「此莊助與後縱橫家莊安、詩賦家莊夫子，『莊』字蓋均《七略》原文。列傳助、安及《助傳》所去『嚴夫子』，並作『嚴』。此類錢大昭謂之駁文，本顏說也。」姚明煇（1881～1961）《漢書藝文志注解》卷三曰：「本書列傳稱『嚴助』，避後漢明帝諱也。《志》蓋據《七略》原文不追改。」張舜徽（1911～1992）《漢書藝文志通釋》卷三亦曰：「本傳稱助在郡舉賢良對策百餘人中，獨為武帝所善，擢為中大夫。令助等與大臣辯論，大臣數黜。建元中拜會稽太守，後又留為侍中。淮南王安來朝，厚賂遺助，交私論議。及安反，事相連，坐誅。」

《臣彭》四篇。

【存佚著錄】

　　今亡佚。《隋書・經籍志》、《舊唐書・經籍志》、《新唐書・藝文志》皆不

著錄，早已亡佚。

【作者情況】

清姚振宗（1842～1906）《漢書藝文志條理》卷二曰：「臣彭無考。案：此佚其姓氏爵里，在《錄》、《略》亦不得其詳，故唯就其所署，題曰『臣彭』耳。大抵亦與虞丘說同為武帝時人。」張舜徽（1911～1992）《漢書藝文志通釋》卷三亦曰：「古人著書為文，或應制而作，或獻之於朝，故皆題臣字於姓名之上，亦有不標其姓者。此書四篇而稱臣彭，亦猶《漢書》注中之有臣瓚耳。」

《鉤盾冗從李步昌》八篇。宣帝時，數言事。

【存佚著錄】

今亡佚。《隋書·經籍志》、《舊唐書·經籍志》、《新唐書·藝文志》皆不著錄，早已亡佚。

【作者情況】

宋王應麟（1223～1296）曰：「《百官表》少府有鉤盾令丞。注：『鉤盾主近苑囿。』《枚皋傳》：『與冗從爭。』注：『冗從，散職。』」清姚振宗（1842～1906）《漢書藝文志條理》卷二曰：「《詩賦略》中有《李步昌賦》二篇，蓋宣帝時奏御，固能文之士也。」

《儒家言》十八篇。不知作者。

【存佚著錄】

今亡佚。《隋書·經籍志》、《舊唐書·經籍志》、《新唐書·藝文志》皆不著錄，早已亡佚。

【學術源流】

清姚振宗（1842～1906）《漢書藝文志條理》卷二曰：「此似劉中壘裒錄無名氏之說以為一編。其下道家、陰陽家、法家、雜家皆有之，並同此例。」張舜徽（1911～1992）《漢書藝文志通釋》卷三曰：「昔之讀諸子百家書者，每喜撮錄善言，別抄成帙。《漢志·諸子略》儒家有《儒家言》十八篇，道家有《道家言》二篇，法家有《法家言》二篇，雜家有《雜家言》一篇，小說家

有《百家》百三十九卷，皆古人讀諸子書時撮抄群言之作也。可知讀書摘要之法，自漢以來然矣。後人傚之，遂爲治學一大法門。《文心雕龍・諸子》篇亦言：『洽聞之士，宜撮綱要。覽華而食實，棄邪而採正。』韓愈《進學解》復謂：『紀事者必提其要，纂言者必鈎其玄。』證之隋、唐史志，梁庾仲容、沈約皆有《子鈔》。兩宋學者，尤勤動筆。《直齋書錄解題》有司馬溫公《徽言》，乃溫公讀諸子書時手抄成冊者也。此皆步趨漢人讀書之法，行之而有成者。《漢志》悉將此種抄纂之編，列諸每家之末，猶可考見其類例。古人於此類摘抄之書，不自署名，且未必出於一手，故不知作者也。」

桓寬《鹽鐵論》六十篇。（師古曰：「寬字次公，汝南人也。孝昭帝時，丞相、御史與諸賢良文學論鹽鐵事，寬撰次之。」）

【存佚著錄】

今存。其六十篇篇目依次爲：〈本議第一〉、〈力耕第二〉、〈通有第三〉、〈錯幣第四〉、〈禁耕第五〉、〈復古第六〉、〈非鞅第七〉、〈晁錯第八〉、〈刺權第九〉、〈刺復第十〉、〈論儒第十一〉、〈憂邊第十二〉、〈園池第十三〉、〈輕重第十四〉、〈未通第十五〉、〈地廣第十六〉、〈貧富第十七〉、〈毀學第十八〉、〈褒賢第十九〉、〈相刺第二十〉、〈殊路第二十一〉、〈頌賢第二十二〉、〈遵道第二十三〉、〈論誹第二十四〉、〈孝養第二十五〉、〈刺議第二十六〉、〈利議第二十七〉、〈國疾第二十八〉、〈散不足第二十九〉、〈救匱第三十〉、〈箴石第三十一〉、〈除狹第三十二〉、〈疾貪第三十三〉、〈後刑第三十四〉、〈授時第三十五〉、〈水旱第三十六〉、〈崇禮第三十七〉、〈備胡第三十八〉、〈執務第三十九〉、〈能言第四十〉、〈取下第四十一〉、〈擊之第四十二〉、〈結和第四十三〉、〈誅秦第四十四〉、〈伐功第四十五〉、〈西域第四十六〉、〈世務第四十七〉、〈和親第四十八〉、〈繇役第四十九〉、〈險固第五十〉、〈論勇第五十一〉、〈論功第五十二〉、〈論鄒第五十三〉、〈論菑第五十四〉、〈刑德第五十五〉、〈申韓第五十六〉、〈周秦第五十七〉、〈詔聖第五十八〉、〈大論第五十九〉、〈雜論第六十〉。《隋書・經籍志》、《舊唐書・經籍志》、《新唐書・藝文志》、《宋史・藝文志》子部儒家類皆著錄「《鹽鐵論》十卷」，《四庫全書總目》子部儒家類著錄「《鹽鐵論》十卷」，曰：「《鹽鐵論》十二卷，凡六十篇。篇各標目，反覆問答，首尾相屬。後罷榷酤，而鹽鐵則如舊，故

寬作是書惟以『鹽鐵』為名，蓋惜其不盡行也。所論皆食貨之事，而言皆述先王，稱六經，故諸史皆列之儒家。」蔣伯潛（1892～1956）《諸子通考・鹽鐵論考》：「《漢志》曰：『雜家者流，蓋出於議官。』《鹽鐵論》非桓寬一人之言，乃集錄賢良文學之士與丞相御史大夫集議罷鹽鐵榷酤之辯論，是真出於議官者，則當列之雜家矣。」〔註 75〕現傳世的有郭沫若《鹽鐵論讀本》、王利器《鹽鐵論校注》。

【學術源流】

　　《漢書・公孫劉田王楊蔡陳鄭傳》：其（指桓寬）辭曰：「觀公卿賢良文學之議，『異乎吾所聞』。聞汝南朱生言，當此之時，英俊並進，賢良茂陵唐生、文學魯國萬生之徒六十有餘人咸聚闕庭，舒六藝之風，陳治平之原，知者贊其慮，仁者明其施，勇者見其斷，辯者騁其辭，斷斷焉，行行焉，雖未詳備，斯可略觀矣。中山劉子推言王道，撟當世，反諸正，彬彬然弘博君子也。九江祝生奮史魚之節，發憤懣，譏公卿，介然直而不撓，可謂不畏強圉矣。桑大夫據當世，合時變，上權利之略，雖非正當，巨儒宿學不能自解，博物通達之士也。然攝公卿之柄，不師古始，放於末利，處非其位，行非其道，果隕其性，以及厥宗。車丞相履伊、呂之列，當軸處中，括囊不言，容身而去，彼哉！彼哉！若夫丞相、御史兩府之士，不能正議以輔宰相，成同類，長同行，阿意苟合，以說其上，『斗筲之徒，何足選也！』」宋晁公武（1105～1180）《郡齋讀書志》卷十曰：「按班固曰：『所謂鹽鐵議者，起始元徵文學賢良，問以治亂，皆對原罷郡國鹽鐵、酒榷、均輸，務本抑末，毋與天下爭利，然後教化可興。御史大夫桑弘羊以為此乃所以安邊境、制四夷國家大業，不可廢也。當時相詰難，頗有其議文。至宣帝時，汝南桓寬次公治《公羊春秋》，舉為郎，至廬江太守丞。博通善屬文，推衍鹽鐵之議，增廣條目，極其論難，著數萬言，亦欲以究治亂，成一家之法焉。』凡六十篇。」宋高似孫（1158～1231）《子略》卷四曰：「《鹽鐵論》者，漢始元六年公卿、賢良文學所與共議者也。漢制近古，莫古乎議。國有大事，詔公卿、列侯、二千石、博士、議郎雜議，是以廟祀議、伐匈奴議、捐朱崖、議石渠論經亦有議，皆所謂詢謀僉同者也。初，武帝以師旅之餘，國用不足，縣官悉自賣鹽、鐵、酤酒，海內虛耗，戶口減半。帝務本抑末，不與天下爭利，乃詔有司問郡國所舉賢良文學民所疾苦，議罷之。班氏一贊，專美

〔註75〕蔣伯潛：《諸子通考》，上海古籍出版社，2013 年版，第 276 頁。

乎此。顏師古曰：《元帝紀贊》，班彪所作。然觀一時論議，其所問對，非不伸
異見、騁異辭，亦無有犖然大過人者。」明方孝孺（1357～1402）《遜志齋集》
卷四〈讀漢鹽鐵論〉：「當武帝時，兵革薦興，財用匱竭，而均輸、鹽鐵之徵橫
出，天下疲弊。孝昭即位，大將軍請詔郡國舉賢良、文學，問民所苦。咸願罷
鹽鐵、酒榷、均輸官。御史大夫桑弘羊爭難之，以爲不可罷。寬襲其意，而設
爲問答之詞，以盡其辨。善乎其言也！於乎！爲天下者，曷嘗患乎無財也哉。
天下未嘗無財也，苟用之以節，治之有道，夫何不足之有？以漢言之，文帝在
位二十三年，免民租者近半，其時非有均輸、鹽、鐵之征，而府庫充溢，錢貫
朽不可較。武帝之天下，即文帝之天下，而又加之以百出之斂，未嘗免一歲之
租，宜其富矣，而反愈困乏，何哉？蓋文帝節儉，而武帝征伐營繕以糜費之也。
人君苟不節儉，雖積金齊泰華，蓄貨擬江海，不至於亂，未見其厭足也。武帝
之天下宜亂矣，而文、景之澤猶在人心，重以霍光知所緩急，從而稍稍罷其害
者，故一變而彌元元之憤，不然漢豈可冀哉！此書也，其於道德功利之際論之
當矣，不特文辭足法而已也。」《四庫全書總目》子部儒家類〈鹽鐵論提要〉
曰：「寬字次公，汝南人。宣帝時舉爲郎，官至廬江太守丞。昭帝始元六年，
詔郡國舉賢良文學之士，問以民所疾苦。皆請罷鹽鐵、榷酤，與御史大夫桑
弘羊等建議相詰難。寬集其所論，爲書凡六十篇，篇各標目。實則反覆問答，
諸篇皆首尾相屬。後罷榷酤，而鹽鐵則如舊，故寬作是書，惟以鹽鐵爲名，
蓋惜其議不盡行也。書末〈雜論〉一篇，述汝南朱子伯之言，記賢良茂陵唐
生、文學魯萬生等六十餘人，而最推中山劉子雍、九江祝生，於桑弘羊、車
千秋深著微詞。蓋其著書之大旨，所論皆食貨之事，而言皆述先王，稱六經，
故諸史皆列之儒家。黃虞稷《千頃堂書目》改隸史部食貨類中，循名而失其
實矣。」清章學誠（1738～1801）《校讎通義》卷三曰：「桓寬《鹽鐵論》六
十篇，部於儒家，此亦良允。第鹽鐵之議，乃孝昭之時政，其事見《食貨志》。
桓寬撰輯一時所謂文學賢良對議，乃具當代之舊事，不盡爲儒門見風節也。
法當互見於故事；而《漢志》無故事之專門，亦可附於《尙書》之後也。」
清周中孚（1768～1831）《鄭堂讀書記》卷三十六曰：「及宣帝時，次公推衍鹽
鐵之議，增廣條目，極有論難，著數萬言，凡六十篇，亦欲究治亂，成一家
之法焉，此眞儒者究心實用之書。然所論者，食貨之政，而諸史皆列之儒家，
蓋古之儒生，主於誦法先王，以適實用，不必言心言性而後謂之聞道也。」
劉咸炘（1896～1932）《學略·諸子略》曰：「桓寬《鹽鐵論》，因議鹽鐵而旁

及政事，立說本儒。」葉長青（1902～1948）《漢書藝文志問答》：「問：『桓寬《鹽鐵論》何以列於儒家？』答：『《鹽鐵論·雜論》篇曰：「當此之時，豪俊並進，四方輻輳。賢良茂陵唐生、文學魯萬生之倫六十餘人，咸聚闕庭。舒《六藝》之諷，論太平之原。智者贊其慮，仁者明其施，勇者見其斷，辯者陳其詞。闇闇焉，侃侃焉，雖未能詳備，斯可略觀矣。」案：其云「舒《六藝》之諷，論太平之原」，此所以列儒家歟？』」李源澄（1907～1958）舉其儒家政治思想之要點曰：「一曰不與民爭利，二曰崇本抑末，三曰藏富於民，四曰制地均民，五曰尚德緩刑，六曰重禮輕利，七曰以禮防淫，八曰偃武修文。」〔註76〕張舜徽（1911～1992）《漢書藝文志通釋》卷三曰：「漢昭帝時，詔郡國舉賢良文學之士，問以民所疾苦，皆謂宜罷鹽鐵、榷酤，與御史大夫桑弘羊等互相詰難。後榷酤雖罷，而鹽鐵如舊。宣帝時，桓寬裒錄當日兩方辯論之語，集成是書，即以鹽鐵標題。賢良文學之士所言皆述先王、稱六經，故自《漢志》以下，皆列此書於儒家。自〈本議〉至〈雜論〉凡六十篇。今俱存。」

劉向所序六十七篇。《新序》、《說苑》、《世說》、《列女傳頌圖》也。

【存佚著錄】

今存《新序》十篇，其中〈雜事〉五篇，〈刺奢〉、〈節士〉、〈義勇〉各一篇，〈善謀〉兩篇。《說苑》二十篇，篇目依次為：〈君道〉、〈臣術〉、〈建本〉、〈立節〉、〈貴德〉、〈復恩〉、〈政理〉、〈尊賢〉、〈正諫〉、〈敬慎〉、〈善說〉、〈奉使〉、〈權謀〉、〈至公〉、〈指武〉、〈談叢〉、〈雜言〉、〈辨物〉、〈修文〉、〈反質〉。《列女傳》八篇，其前七篇篇目為：〈母儀傳〉、〈賢明傳〉、〈仁智傳〉、〈貞順傳〉、〈節義傳〉、〈辯通傳〉、〈孽嬖傳〉，第八篇無篇目。清姚振宗（1842～1906）《漢書藝文志條理》卷二引《崇文總目》曰：「《列女傳》八篇：一曰〈母儀〉，二曰〈賢明〉，三月〈仁智〉，四月〈貞順〉，五曰〈節義〉，六曰〈辯通〉，七月〈孽嬖〉，八曰〈傳頌〉。」《世說》亡佚。《隋書·經籍志》子部儒家類著錄「《新序》三十卷，《說苑》二十卷」，《舊唐書·經籍志》、《新唐書·藝文志》皆著錄「《新序》三十卷，《說苑》三十卷」，《宋史·藝文志》著錄「《新

〔註76〕 李源澄：《西漢思想之發展》，《李源澄學術論著初編》，重慶路明書店，1944年版，第23頁。

序》十卷，《說苑》二十卷」，《四庫全書總目》子部儒家類著錄「《說苑》二十卷」、「《新序》十卷」。《新序》、《說苑》、《列女傳》三書列儒家，清章學誠（1738～1801）對此不以爲然，其《校讎通義》曰：「《說苑》、《新序》雜舉春秋時事，當互見《春秋》之篇。《世說》今不詳；本傳所謂『〈疾讒〉、〈摘要〉、〈救危〉及〈世頌〉諸篇，依興古事，悼己及同類也』，似亦可以互見《春秋》矣。惟《列女傳》本採《詩》、《書》，所採婦德可垂法戒之事，以之諷諫宮闈，則是史家傳記之書；而《漢志》未有傳記專門，亦當附次《春秋》之後可矣。至其引〈風〉綴〈雅〉，託興六義，又與《韓詩外傳》相爲出入，則附注於《詩經》，部次庶幾相合。總之，非諸子儒家也。」

【作者情況】

《漢書‧楚元王傳》：「向字子政，本名更生。年十二，以父德任爲輦郎。既冠，以行修飭擢爲諫大夫。是時，宣帝循武帝故事，招選名儒俊材置左右。更生以通達能屬文辭，與王褒、張子僑等並進對，獻賦頌凡數十篇。上復興神仙方術之事，而淮南有枕中鴻寶苑秘書。書言神仙使鬼物爲金之術，及鄒衍重道延命方，世人莫見，而更生父德武帝時治淮南獄得其書。更生幼而讀誦，以爲奇，獻之，言黃金可成。上令典尚方鑄作事，費甚多，方不驗。上乃下更生吏，吏劾更生鑄僞黃金，繫當死。更生兄陽城侯安民上書，入國戶半，贖更生罪。上亦奇其材，得逾冬減死論。會初立《穀梁春秋》，徵更生受《穀梁》，講論五經於石渠。復拜爲郎中給事黃門，遷散騎諫大夫給事中。……更生年少於望之、堪，然二人重之，薦更生宗室忠直，明經有行，擢爲散騎宗正給事中，與侍中金敞拾遺於左右。四人同心輔政，患苦外戚許、史在位放縱，而中書宦官弘恭、石顯弄權。望之、堪、更生議，欲白罷退之。未白而語泄，遂爲許、史及恭、顯所譖訴，堪、更生下獄，及望之皆免官。……秋，徵堪、向，欲以爲諫大夫，恭、顯白皆爲中郎。……成帝即位，顯等伏辜，更生乃復進用，更名向。向以故九卿召拜爲中郎，使領護三輔都水。數奏封事，遷光祿大夫。……而上方精於詩書，觀古文，詔向領校中五經秘書。向見《尚書‧洪範》，箕子爲武王陳五行陰陽休咎之應。向乃集合上古以來歷春秋、六國至秦、漢符瑞災異之記，推跡行事，連傳禍福，著其占驗，比類相從，各有條目，凡十一篇，號曰《洪範五行傳論》，奏之。……向睹俗彌奢淫，而趙、衛之屬起微賤，逾禮制。向以爲王教由內及外，自近者始。故採取《詩》、《書》所載賢妃貞婦，興國顯家可法則，及孽嬖亂亡者，序次爲《列

女傳》，凡八篇，以戒天子。及採傳記行事，著《新序》、《說苑》，凡五十篇，奏之。……以向爲中壘校尉。向爲人簡易無威儀，廉靖樂道，不交接世俗，專積思於經術，晝誦書傳，夜觀星宿，或不寐達旦。」

【學術源流】

漢劉向（前77～前6）《說苑敘錄》曰：「所校中書《說苑雜事》及臣向書、民間書，誣校讎。其事類眾多，章句相溷，或上下謬亂，難分別次序。除去與《新序》複重者，其餘者淺薄不中義理，別集以爲《百家》。後令以類相從，一一條別篇目，更以造新事十萬言以上，凡二十篇七百八十四章，號曰《新苑》，皆可觀。」《列女傳敘錄》曰：「臣向與黃門侍郎歆所校《列女傳》，種類相從爲七篇，以著禍福榮辱之效，是非得失之分，畫之於屏風四堵。」清章學誠（1738～1801）《校讎通義》卷三曰：「劉向所敘六十七篇，部於儒家，則《世說》、《新序》、《說苑》、《列女傳頌圖》四種書也。此劉歆《七略》所收，全無倫類。班固從而傚之，因有揚雄所敘三十八篇，不分《太玄》、《法言》、《樂》、《箴》四種之弊也。鄭樵譏班固之混收揚雄一家爲無倫類，而謂班氏不能學《七略》之征；不知班氏固傚劉歆也。乃於劉歆之創爲者，則故縱之；班固之因仍者，則酷斷之。甚矣人心不可有偏惡也。按《說苑》、《新序》，雜舉春秋時事，當互見於《春秋》之篇。《世說》今不可詳，本傳所謂〈疾讒〉、〈摘要〉、〈救危〉及〈世頌〉諸篇，依歸古事，悼己及同類也。」似亦可以互見《春秋》矣。惟《列女傳》，本採《詩》、《書》所載婦德可垂法戒之事，以之諷諫宮闈，則是史家傳記之書；而《漢志》未有傳記專門，亦當附次《春秋》之後可矣。至其引〈風〉綴〈雅〉，託興六義，又與《韓詩外傳》相爲出入，則互注於《詩經》部次，庶幾相合；總非諸子儒家書也。」清姚振宗（1842～1906）《漢書藝文志條理》卷二曰：「《說苑》本中祕書《說苑雜事》，《別錄》有明文。《新序》則莫詳所自，唯《晉書·陸喜傳》載喜自敘云『劉向省《新語》而作《新序》』，則舊有《新語》之書，省其複重，別編爲《新序》。喜所言必得之於《別錄》也，是《新序》本於《新語》審矣。唯《世說》則終無確證。」顧實（1878～1956）《漢書藝文志講疏》三〈諸子略〉曰：「稱所序者，蓋猶今之叢書也。本傳云：『向採傳記，著《新序》、《說苑》凡五十篇。序次《列女傳》凡八篇，著〈疾讒〉、〈摘要〉、〈救危〉及〈世頌〉凡八篇。』〈疾讒〉、〈摘要〉、〈救危〉、〈世頌〉，蓋皆《世說》中篇目，即《世說》也。《隋志》、《新序》三十卷，《說苑》二十卷，卷即是篇，是五

十篇。合《世說》八篇，《列女傳》八篇，凡十六篇。又加《列女傳圖》一篇，恰符《漢志》六十七篇之數。今《世說》八篇亡，《列女傳圖》一篇亦亡，《新序》亡二十篇，存十篇，凡餘三十八篇。」蔣伯潛（1892～1956）《諸子通考・劉向所序考》：「所謂『劉向所序』乃總括劉向之著述而言也。《隋志》則《新序》、《說苑》仍列儒家，《列女傳》改入史部雜傳類。《四庫全書》，《列女傳》亦在史部傳記類中。劉向，《漢書》附見《楚元王傳》中。」〔註77〕張舜徽（1911～1992）《漢書藝文志通釋》卷三曰：「劉向字子政，本名更生，為楚元王交四世孫，事迹附《漢書・楚元王傳》。向學問淵博，通達能文，專精思於經術，治《春秋穀梁傳》。宣帝時為諫大夫，累遷給事中。坐事免，復起，乃更名向。拜郎中，累遷光祿大夫，終中壘校尉。成帝和平三年，詔向領校群書。分群書為六大類，向自校經傳、諸子、詩賦。其他兵書、數術、方技，各委專才，而向總其成。每書校畢，向輒條其篇目，撮其指意，各為敘錄一篇。後又裒集眾錄，使可別行，名曰《別錄》。辨章學術，厥功甚偉。其所自為之書，除《漢志》儒家著錄六十七篇外，尚有《五行傳記》十一卷，見〈六藝略〉尚書家；賦三十三篇，見〈詩賦略〉屈賦類。」王錦民曰：「劉向的《新序》、《說苑》近乎類書，《漢書・楚元王傳》稱劉向栗傳記行事，著《新序》、《說苑》，是劉向將傳記中可用以說明儒家思想的事例，比列成書。」〔註78〕

揚雄所序三十八篇。《太玄》十九，《法言》十三，《樂》四，《箴》二。

【存佚著錄】

今存〈太玄〉十卷，前六卷為〈玄測〉，分〈中〉、〈周〉、〈礥〉、〈閑〉、〈少〉、〈戾〉、〈上〉、〈干〉、〈狩〉、〈羨〉、〈差〉、〈童〉、〈增〉、〈銳〉、〈達〉、〈交〉、〈耎〉、〈傒〉、〈從〉、〈進〉、〈釋〉、〈格〉、〈夷〉、〈樂〉、〈爭〉、〈務〉、〈事〉、〈更〉、〈斷〉、〈毅〉、〈裝〉、〈眾〉、〈密〉、〈親〉、〈斂〉、〈彊〉、〈睟〉、〈盛〉、〈居〉、〈法〉、〈應〉、〈迎〉、〈遇〉、〈竈〉、〈大〉、〈廓〉、〈文〉、〈禮〉、〈逃〉、〈唐〉、〈常〉、〈度〉、〈永〉、〈昆〉、〈減〉、〈唫〉、〈守〉、〈翕〉、〈聚〉、〈積〉、〈飾〉、〈疑〉、〈視〉、〈沈〉、〈內〉、〈去〉、〈晦〉、〈瞢〉、〈窮〉、〈割〉、〈止〉、〈堅〉、〈成〉、〈闞〉、〈失〉、〈劇〉、〈馴〉、〈將〉、〈難〉、〈勤〉、〈養〉八十一

〔註77〕　蔣伯潛：《諸子通考》，上海古籍出版社，2013年，第276頁。
〔註78〕　王錦民：《古學經子》，華夏出版社，2008年，第276頁。

家。後四卷依次爲〈玄首〉、〈玄衝〉、〈玄錯〉、〈玄攡〉、〈玄瑩〉、〈玄數〉、〈玄文〉、〈玄捝〉、〈玄圖〉、〈玄告〉十篇。《法言》十三篇，篇目依次爲：〈學行第一〉、〈吾子第二〉、〈修身第三〉、〈問道第四〉、〈問神第五〉、〈問明第六〉、〈寡見第七〉、〈五百第八〉、〈先知第九〉、〈重黎第十〉、〈淵騫第十一〉、〈君子第十二〉、〈孝至第十三〉。《樂》四已亡佚。《箴》二篇，包括〈州箴〉十二章、〈官箴〉二十一章。《隋書‧經籍志》、《舊唐書‧經籍志》、《新唐書‧藝文志》、《宋史‧藝文志》子部儒家類著錄《太玄》、《法言》諸家注本。今按：《太玄》，仿《易》而作，且參以「卦氣」之說。如以「家」準「卦」，以「首」準「彖」，以「贊」準「爻」，以「測」準「象」，以「文」準《文言》，以「攡」、「瑩」、「捝」、「圖」、「止」準《繫辭》，以「數」準《說卦》，以「錯」準《雜卦》。而《法言》係仿《論語》而作。又《後漢書‧胡廣傳》曰：「初，揚雄依《虞箴》作十二《州箴》，二十五《官箴》，其九箴已亡缺。」

【作者情況】

　　《漢書‧揚雄傳》：「揚雄，字子雲，蜀郡成都人也。……雄少而好學，不爲章句，訓詁通而已，博覽無所不見。爲人簡易佚蕩，口吃不能劇談，默而好深湛之思，清靜亡爲，少耆欲，不汲汲於富貴，不戚戚於貧賤，不修廉隅以徼名當世。家產不過十金，乏無儋石之儲，晏如也。自有大度，非聖哲之書不好也；非其意，雖富貴不事也。顧嘗好辭賦。……孝成帝時，客有薦雄文似相如者，上方郊祠甘泉泰畤、汾陰后土，以求繼嗣，召雄待詔承明之庭。正月，從上甘泉，還奏甘泉賦以風。……哀帝時，丁、傅、董賢用事，諸附離之者或起家至二千石。時雄方草《太玄》，有以自守，泊如也。……而大潭思渾天，參摹而四分之，極於八十一。旁則三摹九據，極之七百二十九贊，亦自然之道也。故觀《易》者，見其卦而名之；觀《玄》者，數其畫而定之。玄首四重者，非卦也，數也。其用自天元推一晝一夜陰陽數度律曆之紀，九九大運，與天終始。故玄三方、九州、二十七部、八十一家、二百四十三表、七百二十九贊，分爲三卷，曰一二三，與泰初曆相應，亦有顓頊之曆焉。颺之以三策，關之以休咎，絣之以象類，播之以人事，文之以五行，擬之以道德仁義禮知。無主無名，要合五經，苟非其事，文不虛生。爲其泰曼漶而不可知，故有〈首〉、〈衝〉、〈錯〉、〈測〉、〈攡〉、〈瑩〉、〈數〉、〈文〉、〈顆〉、〈圖〉、〈告〉十一篇，皆以解剝玄體，離散其文，章句尚不存焉。玄文多，故不著；觀之者難知，學之者難成。……雄見諸子各以其知舛馳，大

氏詆訾聖人，即爲怪迂，析辯詭辭，以撓世事，雖小辯，終破大道而或眾，使溺於所聞而不自知其非也。及太史公記六國，歷楚漢，記麟止，不與聖人同，是非頗謬於經。故人時有問雄者，常用法應之，撰以爲十三卷，象《論語》，號曰《法言》。」

【學術源流】

宋王應麟（1223～1296）《漢藝文志考證》卷五曰：「蕭該音義曰：『案《別錄》，〈告〉下有〈玄問〉一篇，合十二篇，今脫一篇。』司馬公《說玄》曰：『《易》與《太玄》，大抵道同而法異。《易》畫有二，曰陽曰陰；《玄》畫有三，曰一曰二曰三。《易》有六位，《玄》有四重。《易》以八卦相重爲六十四卦，《玄》以一二三錯於方、州、部、家爲八十一首。《易》每卦有六爻，合爲三百八十四爻；《玄》每首有九贊，合爲七百二十九贊，皆當朞之日。《易》有元、亨、利、貞，《玄》有罔、直、蒙、酋、冥。《易》大衍之數五十，其用四十九；《玄》天地之策各十有八，合爲三十六策，地則虛三，用三十三策。《易》揲之以四，《玄》揲之以三。《易》有七、九、八、六，謂之四象；《玄》有一、二、三，謂之三摹。《易》有象，《玄》有首。《易》有爻，《玄》有贊。《易》有象，《玄》有測。《易》有文言，《玄》有文。《易》有繫辭，《玄》有摛、瑩、棿、圖、告。《易》有說卦，《玄》有數。《易》有序卦，《玄》有衝。《易》有雜卦，《玄》有錯。殊塗而同歸，百慮而一致，皆本於太極、兩儀、三才、四時、五行，而歸於道德仁誼禮也。』郭元亨疏云：『《太玄》潤色於君平。』（未知出何書。）邵子曰：『《玄》之於《易》，猶地之於天也。』又曰：『揚雄作《玄》，可謂見天地之心者也！』張文饒曰：『《玄》紀日於牛宿者，法日也；紀氣於中首者，法天也。以罔、冥爲元，則艮之終始萬物神妙之理，故《太玄》於三《易》，實依《連山》而作也。』（《七略》曰：『雄卒，弟子侯芭負土作墳，號曰玄冢。』……胡氏曰：『《論語》乃孔門弟子記諸善言，誠有是人相與問答也；《法言》則假借問答以則《論語》。且又淺近特甚，有不必問、不必答、不必言者。』晁氏曰：『《法言》稱谷口鄭朴子眞、蜀人李弘仲元與嚴君平。蜀人間之，有願載名於《法言》者，雄謝之。雖林翁孺猶不得與也。』……晁氏曰：『雄見莽更易百官、變置郡縣，制度大亂。士皆忘去節義，以從諛取利，乃作司空、尚書、光祿勳、衛尉、廷尉、太僕、司農、大鴻臚、將作大匠、博士、城門校尉、上林苑令等〈箴〉，及荊、揚、兗、豫、徐、青、幽、冀、并、雍、益、交十二州〈箴〉，皆勸人臣執忠守節，可

為萬世戒。』」清姚振宗（1842～1906）《漢書藝文志條理》卷二曰：「劉向《別錄》：揚雄經目有〈玄首〉、〈玄衝〉、〈玄錯〉、〈玄測〉、〈玄舒〉、〈玄瑩〉、〈玄數〉、〈玄文〉、〈玄掜〉、〈玄圖〉、〈玄告〉、〈玄問〉，合十二篇。……王謨《漢魏遺書鈔》曰：『〈琴清英〉乃《樂書》四篇之一，今鈔出《水經注》一條、《藝文類聚》一條、郭茂倩《樂府》一條、《御覽》一條、馬驌《繹史》一條。』馬國翰《玉函山房輯佚書》曰：『《漢志》載揚雄所序三十八篇有《樂》四篇，〈琴清英〉其一也。清英猶言菁華，《昭明文選》序云：略其蕪穢，集其清英。亦此義，《水經注》引揚雄〈琴清英〉，蓋雄諸樂篇散失，後魏時存者唯此。』……嚴可均《重編揚子雲集》敘曰：『《後漢‧胡廣傳》稱〈十二州箴〉、〈二十五官箴〉，其九篇亡闕。今除《初學記》之〈潤州箴〉、《御覽》之〈河南尹箴〉誤入不錄外，得整篇二十八，如後漢原數。又五篇有闕文，四篇亡，知所謂亡闕者，有亡有闕，非九篇俱亡之謂。自古言儒術者，曰荀孟，曰荀揚，而桓譚、陸績推揚為聖人，未免過當，要是荀子後第一人。宋儒以〈劇秦美新〉為詬病，大書莽大夫。《春秋》責備賢者，於世教有功，固非鮮淺，然而革除之際，實難言之。漢承秦，賈生〈過秦〉千古名論；新承漢，子雲不劇漢而劇秦，有微詞焉，亦非苟作。後儒學問文章曾不及子雲千一，其於仕莽，悲其遇焉可也。』」顧實（1878～1956）《漢書藝文志講疏》三《諸子略》曰：「朱一新曰：『《太玄》本十四篇，據《別錄》有〈玄問〉一篇，疑即〈解難〉之類，合十五篇。《新論》亦稱經三篇，傳十二篇，與《別錄》合。本傳謂章句尚不存焉，則此亡佚四篇，當為章句無疑。』（《漢書管見》）今《太玄經》十卷，晉范望注本所分也。（清《四庫》術數類著錄。）《法言》十三卷。（清《四庫》儒家類著錄。）《樂》未詳。或曰雄有〈琴清英〉也。《後書》曰：『揚雄依〈虞箴〉作〈十二州二十五官箴〉，其九箴亡闕。』（〈胡廣傳〉）則尚餘二十箴。（《全上古三代文》。案〈陳遵傳〉之〈酒箴〉，即〈都酒賦〉也。）沈欽韓曰：『箴二下有脫字。』或曰即指〈十二州〉、〈二十五官〉兩種箴言之。」葉長青（1902～1948）《漢書藝文志問答》：「《太玄》、《法言》、《樂》乃儒者著書耳。《太玄》非《易》數，《法言》非《論語》所言，《樂》非〈樂記〉，奈何歸《易》、《論語》、〈樂記〉類乎？〈箴〉指〈十二州箴〉及〈二十五官箴〉而言，《文心雕龍‧銘箴》篇曰『箴誦於官』，則箴乃致治之事，異於文人詩賦之業，亦不得歸於詩賦略矣。」劉咸炘（1896～1932）《學略‧諸子略》曰：「揚雄《法言》，語多粹美，特仿《論語》過誇耳。若『艱深文淺陋』之

譏，則過毀也。其純尙過賈、陸，與荀並稱，差一間耳。」張舜徽（1911～1992）
《漢書藝文志通釋》卷三曰：「揚雄字子雲，西漢末期成都人。史稱其少而好
學，不爲章句，訓詁通而已。博覽無所不見。……作《太玄》以擬《易》，作
《法言》以擬《論語》，仿《倉頡篇》作《訓纂》，仿〈虞箴〉作〈州箴〉。述
造雖富，而仕途不顯。歷事成、哀、平、新莽四朝，均抑鬱不得志。成帝時
曾爲給事黃門郎，王莽時校書天祿閣，轉爲大夫。桓譚獨許其書之必傳。至
東漢魏晉時，已有人裒集其遺文。故《隋志》、《唐志》皆有《雄集》五卷，
其本久佚。宋譚愈、明鄭璞又續輯之。清嚴可均輯錄其遺文共四卷，較詳備，
在《全漢文編》中。其他專著，皆別行於世。西漢末期學者，以劉向、揚雄
爲最淵博。是爲通人之學，與其時博士之學異趣，博士之學，在流於專固繁
冗之後，忽有博學通人出，救弊起衰，以濟其窮。物極必反，理勢然也。王
充《論衡》〈超奇篇〉云：『能說一經者儒生，博覽古今者爲通人。』〈別通〉
篇云：『能多種穀，謂之上農；能博學問，謂之上儒。』又云：『或以說一經
爲是，何須博覽。夫孔子之門，講習五經。五經皆習，庶幾之才也。』王充
生於東漢，目擊西京博士之學流弊甚大，故爲斯論以振起之。西京之末，惟
劉向、揚雄博學多通，與並世諸儒絕異。故後世論及博通之士，即取二人爲
例。若《顏氏家訓・勉學篇》所云：『校定書籍，亦何容易！自揚雄、劉向方
稱此職耳。觀天下書未遍，不得妄下雌黃。』此特就校書一端，即以劉、揚
並提，可知二人學問淵雅，早爲昔賢所重。西漢末期有此二人，遂開博通一
派。於後世儒林，影響尤大。《漢志》敘次儒家諸書，而以劉向、揚雄二家殿
尾，意固有在矣。」王錦民曰：「據陸侃如《中古文學繫年》，揚雄作《太玄》
約在建平三年，作《法言》約在元始二年。這兩部著作在漢代影響甚巨，堪
稱漢代儒家著作之最。……《太玄》雖然在漢、魏間興盛，但終不能列經，
仍在子學之中，《隋志》仍將《太玄》列在諸子儒家。至《四庫全書總目提要》
列在術數類，其用意顯在使經學與儒家諸子更爲純化，但於學術史的實際上
似有所失，不如《漢志》列在諸子儒家更顯其源流。」〔註79〕

【部類章段】

　　清姚振宗（1842～1906）《漢書藝文志條理》卷二曰：「是篇章段凡四：
晏子與孔子同時，時代最先，故以此一家居首，以下自《子思子》至《芈子》，

〔註79〕 王錦民：《古學經子》，華夏出版社，2008 年版，第 276 頁。

皆孔門及七十子弟子之所撰述，凡一十二家，是爲第一段；《內業》以下至《功議》七家，多周室故府之遺文，莫詳其作者，爲第二段；《寧越》至《虞氏春秋》十一家，爲周秦六國近代人之所作，其平原君朱建一家，舊當在漢人之中，爲後人妄移次第，是爲第三段；《高祖傳》以下至揚雄二十一家，則西漢一代天子王侯卿大夫之所論敘，迄於王莽之世，爲第四段終焉。（又疑《別錄》至《儒家言》而止，其後二書爲《七略》所續入。）」

右儒五十三家，八百三十六篇。入揚雄一家三十八篇。

【家篇數目】

清姚振宗（1842～1906）《漢書藝文志條理》卷二曰：「所載凡五十二條，條爲一家，實止於五十二家。《穀梁》序疏引此條亦云五十二家，此云五十三家，『三』當爲『二』，其篇數則缺少十一篇。今校定當爲五十二家，八百四十七篇。」

儒家者流，蓋出於司徒之官，助人君順陰陽、明教化者也。遊文於六經之中，留意於仁義之際，祖述堯、舜，憲章文、武，宗師仲尼，以重其言，（師古曰：「祖，始也。述，修也。憲，法也。章，明也。宗，尊也。言以堯舜爲本始而遵修之，以文王、武王爲明法，又師尊仲尼之道。」）於道最爲高。孔子曰：「如有所譽，其有所試。」（師古曰：「《論語》載孔子之言也。言於人有所稱譽者，輒試以事，取其實效也。譽音弋於反。」）唐、虞之隆，殷、周之盛，仲尼之業，已試之效者也。然惑者既失精微，而辟者又隨時抑揚，違離道本，（師古曰：「辟讀曰僻。」）苟以譁眾取寵。（師古曰：「譁，喧也。寵，尊也。譁音呼華反。」）後進循之，是以《五經》乖析，儒學浸衰，此辟儒之患。（師古曰：「浸，漸也。辟讀曰僻。」）

【學術源流】

漢司馬遷《史記·太史公自序》引司馬談論六家要旨曰：「儒者博而寡要，勞而少功，是以其事難盡從；然其序君臣父子之禮，列夫婦長幼之別，不可易也。……夫儒者以六藝爲法。六藝經傳以千萬數，累世不能通其學，當年不能究其禮，故曰『博而寡要，勞而少功』。若夫列君臣父子之禮，序夫婦長幼之別，雖百家弗能易也。」葉長青（1902～1948）《漢書藝文志問答》釋之

曰：「夫儒者以六藝為法，六藝經傳以千萬數，累世不能通其學，當年不能究其體，故曰『博而寡要，勞而少功』。若夫列君臣、父子之禮，序夫婦、長幼之別，雖百家弗能易也，此儒者之得失也。自武帝崇儒，歷代宗之，徒知儒之得而不知其失，此所以為世詬病歟？」

漢劉安（前 179～前 122）《淮南子‧要略》曰：「武王立三年而崩，成王在襁褓之中，未能用事，蔡叔、管叔輔公子錄父而為亂。周公繼文王之業，持天子之政，以股肱周室，輔翼成王，懼爭道之不塞，臣下之危上也，故縱馬華山，放牛桃林，敗鼓折枹，搢笏而朝，以寧靜王室，鎮撫諸侯。成王無壯，能從政事，周公受封於魯，以此移風易俗之道，述周公之訓，以教七十子，備其衣冠，修其篇籍，故儒者之學生焉。」

漢荀悅（148～209）《漢紀》前漢孝成皇帝紀二卷二十五曰：「昔周之末，孔子既歿，後世諸子各著篇章，欲崇廣道藝，成一家之說，旨趣不同，故分為九家，有儒家、道家、陰陽家、法家、名家、墨家、縱橫家、雜家、農家。儒家者流，蓋出於司徒之官，明教化者也。道家者流，蓋出於史官，明成敗興廢，然後知秉要持權，故尚無為也。陰陽家者流，蓋出於羲和之官，敬順昊天，以授民時者也。法家者流，蓋出理官也。名家者流，蓋出於理官，名位不同，禮亦異數，故正名也。墨家者流，蓋出於清廟之官，茅屋采椽，是以尚儉，宗祀嚴父，是以右鬼神，養三老五更，是以兼愛，選士大射，是以尚賢，順四時五行，是以非命，以孝示天下，是以尚同。縱橫家者流，蓋出行人之官，遭變用權，受命而不受辭。雜家者流，蓋出於議官。農家者流，蓋出於農稷之官。各引一端，高尚其事，其言雖殊，譬猶水火相滅，亦相生也。捨所短，取所長，足以通萬方之略矣。又有小說家者流，蓋出於街談巷議，所造及賦誦。兵書、術數、方伎皆典籍，苑囿有採於異同者也。劉向卒，上復使向子歆繼卒父業，而歆遂撰群書而奏《七略》。」

東晉釋道安（312～385）《二教論‧歸宗顯本一》曰：「夫萬化本於無生，而生生者無生；三才兆於無始，而始始者無始。然則無生無始，物之性也。有化有生，人之聚也。聚雖一體，而形神兩異，散雖質別，而心數弗亡，故救形之教，教稱為外，濟神之典，典號為內。是以智度有內外兩經，仁王辯內外二論，方等明內外兩律，百論言內外二道。若通論內外，則該彼華夷，若局命此方，則可云儒釋。釋教為內，儒教為外。備彰聖典，非為誕謬。詳覽載籍，尋討源流。教唯有二，寧得有三？何則？昔玄古樸素，墳典之誥未

弘，淳風稍離，丘索之文乃著。故包論七典，統括九流，咸爲治國之謨，並是修身之術。故〈藝文志〉曰：儒家者流，蓋出於司徒之官，助人君，順陰陽，明教化者也。遊文於六經之中，留意於五德之際，祖述堯舜，憲章文武，宗師仲尼，其道最高者也。道家者流，蓋出於史官，清虛以自守，卑弱以自持，此君人者南面之術，合於堯之克讓，《易》之謙謙，此其所長也。陰陽家者流，蓋出於羲和之官，敬順昊天，曆象日月星辰，敬授民時，此其所長也。法家者流，蓋出於理官，信賞必罰，以輔禮制。《易》曰：『先王以明罰敕法。』此其所長也。名家者流，蓋出於禮官。古者名位不同，禮亦異數。孔子曰：『必也正名乎？名不正則言不順，言不順則事不成。』此其所長也。墨家者流，蓋出於清廟之官，茅屋棌椽，是以貴儉，養三老五更，是以兼愛，選士大射，是以上賢，宗祀嚴父，是以右鬼，此其所長也。縱橫家者流，蓋出於行人之官。孔子曰：『誦《詩》三百，使於四方，不能專對，雖多，亦奚以爲？』又曰：『使乎使乎？言其當權事制宜，受命而不受辭。』此其所長也。雜家者流，蓋出於議官，兼儒、墨，合名、法，知國體之有此，見王治之無不貫，此其所長也。農家者流，蓋出於農稷之官，播百穀，勸耕桑，以足衣食，故八政一曰食，二曰貨，此其所長也。若派而別之，則應有九教，若總而合之，則同屬儒宗。論其官也，各王朝之一職，談其籍也，並皇家之一書。子欲於一代之內，令九流爭川，大道之世，使小成競辨，豈不上傷皇極莫二之風，下開拘放鄙蕩之弊，眞所謂巨蠹鴻猷，眩曜朝野矣。佛教者，窮理盡性之格言，出世入眞之軌轍，論其文則部分十二，語其旨則四種悉檀理妙域，中固非名號所及，化擅繫表又非情智所尋。至於遣累落筌，陶神盡照，近超生死，遠證泥洹，播闡五乘，接群機之深淺，該明六道，辨善惡之升沉，夐期出世而理無不周，邇比王化而事無不盡，能博能要，不質不文，自非天下之至慮，孰能與斯教哉？雖復儒、道千家，墨、農百氏，取捨驅馳，未及其度者也。唯釋氏之教，理富權實，有餘不了，稱之曰權，無餘了義，號之爲實，通云善誘，何成妙賞，子謂三教雖殊，勸善義一，余謂善有精粗優劣，宜異精者超百化而高升，粗者循九居而未息，安可同年而語其勝負哉？」（見《釋文紀》卷三十七）

　　北齊劉晝（514～565）《新論・九流》曰：「儒者，晏嬰、子思、孟軻、荀卿之類也。順陰陽之性，明教化之本，遊心於六藝，留情於五常，厚葬文服，重樂有命，祖述堯舜，憲章文武，宗師仲尼，以尊敬其道。然而薄者，

流廣文繁，難可窮究也。」

　　《隋書‧經籍志‧儒家類敘》曰：「儒者，所以助人君明教化者也。聖人之教，非家至而戶說，故有儒者宣而明之。其大抵本於仁義及五常之道，黃帝、堯、舜、禹、湯、文、武，咸由此則。《周官》，太宰以九兩系邦國之人，其四曰儒，是也。其後陵夷衰亂，儒道廢闕。仲尼祖述前代，修正六經，三千之徒並受其義。至於戰國，孟軻、子思、荀卿之流，宗而師之，各有著述，發明其指。所謂中庸之教，百王不易者也。俗儒爲之，不顧其本，苟欲譁眾，多設問難，便辭巧說，亂其大體，致令學者難曉，故曰博而寡要。」

　　唐李百藥（564～648）《北齊書‧儒林傳》曰：「班固稱：『儒家者流，蓋出於司徒之官，助人君，順陰陽，行教化者也。』聖人所以明天道，正人倫，是以古先哲王率由斯道。高祖生於邊朔，長於戎馬之間，因魏氏喪亂之餘，屬尒朱殘酷之舉，文章咸蕩，禮樂同奔，絃歌之音且絕，俎豆之容將盡。及仗義建旗，掃清區縣，以正君臣，以齊上下；至乎一人播越，九鼎潛移，文武神器，顧眄斯在；猶且援立宗支，重安社稷，豈非局名教之地，漸仁義之風與？屬疆場多虞，戎車歲駕，雖庠序之制有所未遑，而儒雅之道遽形心慮。」

　　唐魏徵（580～643）等《群書治要》卷十四曰：「儒家者流，蓋出於司徒之官，助人君，順陰陽，明教化者也。遊文於六經之中，留意於仁義之際，祖述堯舜，憲章文武，宗師仲尼，以重其言，於道最爲高，然惑者既失精微，而辟者又隨時抑揚，違離道本，苟以譁眾取寵，後進循之，是以五經乖析，儒學寖衰，此辟儒之患也。」

　　唐李翰《通典序》曰：「儒家者流，博而寡要，勞而少功，何哉？其患在於習之不精，知之不明，入而不得其門，行而不由其道，何以徵之？夫五經、群史之書，大不過本天地，設君臣，明十倫五教之義，陳政刑賞罰之柄，述禮樂制度之統，究理亂興亡之由。立邦之道，盡於此矣。非此典者，謂之無益世教，則聖人不書，學者不覽，懼人冥煩而無所從也。先師宣尼，祖述堯舜，憲章文武，七十子之徒宣明大義，三代之道，百代可師。而諸子云云，猥復製作，由其門則其教已備，反其道則其人可誅。而學者以多閱爲廣見，以異端爲博聞，是非紛然，塞胸滿腹，潰洞茫昧，而無條貫。或舉其中而不知其本，原其始而不要其終。高談有餘，待問則泥。雖驅馳百家，日誦萬字，學彌廣而志彌惑，聞愈多而識愈疑。此所以勤苦而難成，殆非君子進德修業之意也。」（載《通典》卷首）

　　《崇文總目・儒家類敘》曰：「仲尼之業，垂之六經，其道閎博，君人、治物、百王之用，微是無以爲法。故自孟軻、揚雄、荀況之徒，又駕其說，扶而大之。歷世諸子，轉相祖述，自名一家，異端其言，或破碎於大道。然計其作者之意，要之孔氏，不有殊焉。」

　　宋王禹偁（954～1001）《小畜集》卷十七《漣水軍王御史廟碑》曰：「儒家者流，不語怪力亂神，所以尊師而奉教也。至於精誠所感，通於夢思，即仲尼猶言之，豈曰怪乎？故曰：『吾不復夢見周公。』又曰：『夢奠於兩楹。』是也。及述作六經，其文甚著。《詩》曰：「吉夢維何？維熊維羆。」《書》曰：『高宗夢得說。』《禮》曰：『夢帝與我九齡。』是皆經夫子之手，而不之去，蓋有益於教，不惑於民焉。謂之神且怪邪？」

　　宋王禹偁（954～1001）《小畜集》卷十九《送孫何序》曰：「余自東觀移直鳳閣，同舍紫微郎廣平宋公嘗謂余曰：子知進士孫何者耶？今之擅場而獨步者也。余因徵其文未獲，會有以生之編集惠余者，凡數十篇，皆師戴六經，排斥百氏，落落然，眞韓柳之徒也。其間〈尊儒〉一篇，指班固之失，謂儒家者流非出於司徒之職，使孟堅復生，亦當投扶而拜曰：『吾過矣！』」

　　宋釋契嵩（1007～1072）《鐔津集》文集卷七〈九流〉曰：「儒家者流，其道尙備。老氏者流，其道尙簡。陰陽家者流，其道尙時。墨家者流，其道尙節。法家者流，其道尙嚴。名家者流，其道尙察。縱橫家者流，其道尙變。雜家者流，其道尙通。農家者流，其道尙足。然皆有所短長也。苟拂短而會長，亦足以資治道也。班固本其所出，尊儒也。司馬遷會其所歸，尊始也。尊始者，其心弘也。尊儒者，其心專也。固嘗非馬氏以其先黃老爲甚繆，是亦固不見其尊儒之至者也。若黃帝之道，其在《易》矣。《易》也者，萬物之本，六藝之原也。其先之不亦宜乎！豈班氏之智亦有所不及乎？伯夷之所長者清，而所短者隘，柳下惠之所長者和，而所短者不恭。孟子尊二子之所長，則曰聖人百世之師也，伯夷、柳下惠是也。遷之心抑亦與孟氏合矣，故君子善之。」

　　宋釋志磐《佛祖統紀》卷三十九引鎧庵曰：「傅奕以小人之資，一旦上書謗佛毀教，當時群臣皆所不取，獨高祖薄信，迷其說。今觀傅奕之疏，沙汰之詔，不過謂遊手竊食，苟避在徭而已。嘻！學聖道以求出世間，敷慈化以贊理天下，明善惡之應以警昏俗，窮性命之旨以悟眞修，斯學佛者之大效，其與儒家者流將並行而不悖，豈當以征夫徭卒之賤而望之者哉？或曰：學佛

之士多自農出，反而止之，所以厚農俗也。不然，今夫田家之子致身科第者豈得而止之耶？矧夫佛道多容，不間愚智，若指其庸鄙以蔽諸賢俊，比子厚誚退之忿其外而違其中，是知石而不知韞玉也。今名爲儒，而資小人者固多矣，未聞以爲者不善，而遽欲廢周孔之教，然則出家而庸鄙者，人材之末至，非佛、道之咎也。」

宋張方平（1007～1091）《樂全集》文集卷三十四第三首：問：「儒家者流講究歷代之故，該貫百家之說，以多聞博見爲通者也。然其祖述根於六藝，幼學就傅，即所誦習施於有攻，茲爲理道，故其本末討論應詳。若夫《易》之爲書，人更三聖，其分二篇，何意所繫？十翼何名？《書》何以斷自唐虞？頌何以繫之商魯？二戴之《禮》傳之何師？三傳之學立於何代？此經術之大略，諸儒辯論之所嘗及也，請爲條敘，以觀敏洽。」

宋黃裳（1044～1130）《演山集》卷三十六〈書自然子書後〉曰：「嘗謂道家之徒蔽於說氣，儒家之徒蔽於說理，釋氏之徒蔽於說性。其徒後世之學三家者也，三家之聖所以立道皆出於一本，其徒自其承學淺末，應萬不同而分之。然而儒家者流多自執中，以爲守經，形而上者類不立言，稍入高遠，往往相告而詆之，謂非聖人之所教，是不然也，怪力亂神，子所不語，以其怪且亂也，能通三極之道而爲之教，乃眞儒者，其孰能至於此哉？故予之爲書，泛觀而旁採，有可述者，皆其是非有理，取捨有義，本於自然之道，乃出於筆削，爲之論議，庶補後學之萬一。愚之志也，非溺於博者也。」

宋曾慥（？～1155）《道樞》卷三〈碎金篇〉（漆園之玄竺乾之空均乎正心與儒同功）曰：「教豈有異哉？吾嘗貫三道爲一焉。夫儒家者流，以正身爲要，切勿求其功，而功自成矣。竺乾氏以復性爲要，切勿求其證，而證自知矣。吾始讀南華之書，因齊物之理，而得一法，目之曰逍遙大同觀，而無一事可爭。後讀西方之書，因無我之理，又得一法，目之曰平等大空觀，而無一物可齊。由是知其深淺矣。施肩吾既聞道，而著《三住銘》曰：心常禦氣，氣與神合。竺乾氏爲圓覺之說曰：心息相依，息調心淨。吾觀其理，殊同歸歟？天下有三樂，儒家者流曰：『顏氏子簞瓢陋巷，不改其樂。』道家者流曰：『莊氏子棲遲一丘，天下不易其樂。』竺乾氏曰：『生滅滅已，寂滅爲樂。』三者自外及內，由淺至深者也。」

宋胡寅（1098～1156）《致堂讀史管見》卷三曰：「歆言九流猶仁義之相反而相成也。夫仁以親親，義以尊尊，施之雖有等衰，發端則非異道。故事

父孝則忠可移，求忠臣則於孝子，未聞相反之理也。曰法則慘刻，曰名則苛撓，曰墨則二本，曰縱橫則妾婦之道，是皆五經之棄也，其歸豈足要乎？儒家者流固修六藝矣，列儒於九家，而曰修六藝之術，以觀九家之言，則修六藝者無所名家，謂誰氏耶？何其言之多舛也！歆資穎利而不端，學該博而不正，方之董仲舒，豈直相什百之遠哉？」今按：此條被宋王應麟《漢藝文志考證》卷七引用。

　　宋林之奇（1112～1176）《拙齋文集》卷十三〈盧生與侯生譏議始皇始皇怒乃坑儒生〉曰：「神仙家者流與儒家者流異。盧生、侯生乃始皇所遣之方士，使求長生不死之藥者也。其所窮治，當及於方士之徒，不應及於儒者也。而乃以方士之伎藝傳相汲引。至於坑儒生若始皇者，所謂怒於室而色於市也。」

　　宋程大昌（1123～1195）《續考古編》卷八「班固九流」條曰：「世久習偏，不能無所謬泥，故師神農者，至於君臣並耕；師法家者，入於申、商苛刻。放此類而概言之，則雖儒家者流，亦不免博而寡要也。固於其末總爲之言曰：『若能修六藝之術，而觀此九家之言，舍短取長，則可以通萬方之略矣。』當哉斯言也！五三之世，九流已有其端，特以聖人在位，大道顯行，此九派者，既爲所包，則九長者亦皆爲用，故彼此相濟，共成大治。後世道不行於上，人狗一偏則推之，遂不可通，故孟子之辟許行也，曰：『百工之事，如必自爲而後用之，是率天下而路也。』以一家之弊而其弊推八家之弊，而其弊見矣！」（劉尚榮校證本，中華書局，2008年版，第366頁）

　　宋楊萬里（1127～1206）《誠齋集》卷九十〈儒者已試之效如何論〉曰：「道不離於用，而難於信，蓋道也者，用則爲帝王之業，不用則爲儒者之業。故夫儒道也者，可以不用，不可以小用。世主之求近功者，見儒之不可以小用，則以儒爲不適於有用也，既不信其道，烏能用其道乎？君子將欲言儒者之可用，不必言其可用也，盍以古人已試之效而信之乎？唐虞三代已試之於一時者也，夫子已試之於萬世者也。試之一時而其用不可掩，試之萬世而其用不可易，然則世主觀之可以少信矣。能信則能用矣。用與不用，儒者不計也。而信與不信，其關人之國豈小哉？班固志藝文之書，於儒家者流所以言其效也，請遂言之天下之理。貴生於有功，賤生於無功，此儒者之所以不如百家之說也。嗚呼！孰知夫不如百家之說，此其所以爲儒者歟？百家者曰：欲富而富，欲強而強，問其期則曰：朝行之，夕見之，何其有功歟？儒

家者曰：欲帝而帝，欲王而王，問其期則曰：必世也，百年也，何其無功歟？
自百家之有功也，而儒始賤矣。自儒者之無功也，而儒始愈賤矣。儒非無功
也，無近功也。儒非可賤也，世主賤之也。一言出於儒，則誹之以爲大也，
一事出於儒，則笑之以爲迂也。大與迂，相遭而賤，與貴不相敵，此儒者之
所以不如百家之說也。嗚呼！孰知不如百家之說？此其所以爲儒者歟？堯舜
三代與吾夫子蓋嘗以身試儒者之道矣，泰和之治何從而來哉？元聖素王之業
何從而致哉？儒道之爲也，是道也，用之則治，不用則亂。亂而用之則復
治，天下之有君臣父子也，仁義禮樂也，誰之力也？天下有之，故天下忘之
也。一日而無君臣父子也，無仁義禮樂也，天下何如哉？然則儒者已試之效
可觀也已。秦人蓋嘗以身試百家之說矣，富則富矣，君富於上，民貧於下，
猶不富也。強則強矣，有強於威，無強於德，猶不強也。得地而失民，取人
之國，而人亦取其國，然則百家已試之效可觀也已。世主觀之，儒者有功乎？
百家有功乎？儒者可賤乎？百家可賤乎？能移其所以信百家之心以爲信儒者
之心，則儒者之可用與不可用決矣。世主信則用之，不信則已之。儒者忘言
焉可也。班固之論儒者，言其道之最高，此適所以滋世主之疑也。人不吾
高，而吾自高焉，誰其信之。至其歷陳唐、虞、商、周與仲尼已試之效，賴
有此爾。雖然，言之可信者易，言之必信者難。昔賈生蓋嘗言儒者之與百家
已試之效矣，其言於文帝曰：今或言禮義之不如刑罰，人主胡不引商周秦
事以觀之乎？生之言不爲緩矣，而文帝若無聞也。有黃老以病其心，生之言
何從而入哉？因班固之言，感生之言，吾故曰，言之可信者易，言之必信者
難。」

　　宋劉宰（1167～1240）《漫塘文集》卷二十一〈京口正平山平等寺記〉曰：
「余儒家者流，口不讀釋氏書，既爲清識其始，復爲清誦所聞，若曰命之矣，
則三綱五常之所以維持斯世者，尚爲具言之。」

　　宋劉克莊（1187～1269）《後村集》卷六十〈陳可大理丞〉曰：「國家選
廷尉屬分二塗，而治獄丞必以儒家者流爲之，其意深矣。爾端介靜厚，立身
行己有常人吉士之風，審克之任，爾所優爲。夫蘇公、呂侯遠矣，若于定國、
徐有功之事，豈非學者所樂聞歟？」

　　宋黃震（1213～1280）《黃氏日鈔》卷三十三〈讀本朝諸儒理學書・周子
太極通書〉：「《通書》稱禮先而樂後，又云：古者聖王制禮法，修教化，三綱
正，九疇敘，百姓大和，萬物咸若，乃作樂，以宣八風之氣，以平天下之情。

愚謂此與虞廷命官終以典樂之意合，自魯生有積德百年，然後禮樂可興之說。
儒家者流，遂挾禮樂之文物制度爲希世盛事，以傲一世，謂非我莫能致，如
王通氏是也。至柳子厚，又矯其弊，稱樂不能移風易俗，較之周子之書，彼
皆所謂野人議璧者哉！」

　　宋舒岳祥（1219～1298）《閬風集》卷十一〈寧海縣學記〉曰：「自古一統
天下之主未有不尊孔氏、隆儒術者也。漢高提三尺劍，誅秦滅項，千戈甫定。
過魯，祠孔子。秦灰既泠之後，孔壁未發之前，有此偉特，可爲萬世法。東都
建武，有唐貞觀，亦一統之時也，皆用此道。立太學，幸國子監，命名儒折衷
眾說，集成疏義，使學者有所趨向，豈不偉歟？是故自古一統天下之主必尊孔
氏而隆儒術也。夫人統之主必若是者，何也？六經者，理義之統也。理義者，
人心之統也。人心者，天下之統也。崇經術，所以明理義。理義明，所以正人
心。人心正，則天下之統定矣。統者何？惟精惟一，允執厥中，堯、舜、禹、
湯、文、武心相授受之統也，孔子心得堯、舜之統者也。格物、致知、誠意、
正心、修身，此孔子家傳之統也。會期有極，歸其有極。極者，一統之所也。
是以歷代帝王必得此心之統，而後一天下之統也。孔子之徒，儒家者流，博學
審問以求其說，慎思明辨以究其歸，終於篤行，以踐其道，不雜於異端，不惑
於小知，有天下國家者，用其說則治且安，不用則危且亡。古之聖賢，無六經
外之人物，善乎儒者之用心也，其爲學一出於孔子，其用心亦若孔子而已。居
無一畝之宮，而區區欲爲有天下國家者，治其天下國家，抑何迂也。然而安四
海之民，而不以爲泰建萬載之業，而不以爲功，此帝王所以尊其師而隆其術也。
皇帝蓋深得統天下之要矣。此則天下之士之幸也，豈惟一郡一縣之士哉！」

　　宋末元初羅燁《醉翁談錄》卷一甲集〈舌耕敘引〉曰：「自古以來，分人
數等，賢者青而秀，愚者蜀而蒙。秀者通三綱而識五常，蒙者造五逆而犯十
惡。好惡皆由惰性，賢愚遂別尊卑。好人者如禾如稻，惡人者郊高如草，使
耕者之憎嫌，致六親之煩惱，如此等人，豈足共話？世有九流者，略爲題破。
（一）儒家者流，出於司徒之官，遂分六經詞賦之學。（二）道家者流，出於
典史之官，遂分三境清淨之教。（三）陰陽者流，出於羲和之官，遂分五行占
步之術。（四）法家者流，出理則之官，遂分五刑胥吏之事。（五）名家者流，
出於禮儀之官，遂分五音樂藝之戢。（六）墨家者流，出於清（廣）〔廟〕之
官，遂分百工技事之眾。（七）縱橫者流，出於行人之官，遂分四方趨容之輩。
（八）農家者流，出於農稷之官，遂分九府財貨之任。（九）小說者流，出於

機戒之官，遂分百官記錄之司。由是有說者，縱橫四海，馳騁百家，以上古隱奧之文章，爲今日分明之議論，或名演史，或謂合生，或稱舌耕，或作挑閃，皆有所據，不敢謬言。言其上世之賢者可爲師，排其近世之愚者可爲戒，言非無根，聽之有益。」

　　元胡祗遹（1227～1295）《紫山大全集》卷二十六曰：「太史公以儒家者流博而寡要，勞而少功。余以謂，此言當時爲風俗所移，習爲鄙儒而不知其非者也。記誦章句訓詁注疏之學也，聖經一言而訓釋百言千萬言，愈博而愈不知其要，勞苦終身，而心無所得，何功之有？此弊在孔子時親炙聖人之門者已莫之悟，故孔子謂子貢曰：『女以予爲多學而識之者歟？』又曰：『君子多乎哉？不多也。』又曰：『予欲無言。』又曰：『君子不以言舉人。』又曰：『女爲君子儒，無爲小人儒。』又曰：『是故惡夫佞者。』惟顏、曾能曉此意，故告顏子以克己復禮語，曾子以吾道一以貫之。孟子曰：博學而詳說之，將以反說約也。先儒從而釋之曰：將以反覆說到至約之地，不博則不能求約，不約則無以知其要，不能以一理而貫萬事，則不能泛應曲當，名物雜至於前，則此心惑而無所處先儒識見明敏論議。昔人數千年之是非無不切當，及其行也，悖禮違道，殺身而不自悟者，何也？此智及之，而仁不能守之失也。此踐履涵養之功不可不努力也。故曰不踐迹，亦不入於室。知人之智物欲不交於前，不切於身，行己而違道者，物欲誘於前，胸中之所學分而爲二，皆爲外物不適於實用也。古人之學，學爲人耳。後人之學，學能言耳。義理之言，至言也。適用之學，至學也。史傳之文，漢、六朝、唐、宋諸賢之詩文非不佳，但適用者少，不適用者多。義理醲粹者寡，浮淫虛誕者眾。學者當詳擇之，請於《文選》、《文粹》一一較之，自知余言之不妄。今之爲學不及古人者，大病有五：不體認，不履踐，不習熟，不擴充，不堅定。何謂不體認？聖人所有者，吾亦有之，所能者，吾亦能之。雖能言之，不知爲己有，便令下筆萬言，亦拾人涕唾而已。既不自得細較之，則腐言陳語，學人說話，就能清新，亦不過移字變文而已，於己何與焉？體認尚且不能，履踐、習熟、擴充、堅定皆無可下手。」

　　元王惲（1227～1304）《秋澗集》卷四十六〈士當教子說〉曰：「予嘗疑士大夫多不教子，求其情而不得，乃臆爲之說曰：儒家者流，博而寡要，勞而少功，學者有牛毛鱗角之歎，其成難也如此，豈謂是歟？且以己況之。攻苦茹辛，焦心勞思，積數十寒暑之勤，僅得猥列士行，否者將何所冀哉？故

往往多不以所難強其所不能，寧從彼好使，易爲立身耳。然螟蠃最蟲之微者，尚能負螟蛉振羽而祝之曰：『類我！類我！』況人乎？彼或不賢，爲父兄者固當擇其師，課其力，誘之掖之，俾極其所進之方，果鞭而不前，然後隨其所樂，以畢父兄之責，此吾儕當然之理也，然自非下愚不移，天下無不易之俗人，無有不變之資，只在夫發藥者如何耳。」

元陳櫟（1252～1334）《定宇集》卷二〈送朱君赴鹽官州陰陽教授序〉曰：「九流之說昉自漢劉歆。儒家者流、陰陽家者流，其二也。歆說行世，遂謂陰陽自陰陽，儒自儒。嗟乎！曷不折諸聖賢之言乎？夫子贊《易》曰：『一陰一陽之謂道。』陰陽，氣也，所以一陰一陽者，道也。朱子《中庸章句》曰：『天以陰陽五行化生萬物，氣以成形，理亦賦焉。折衷以聖賢之言，儒家可貫通陰陽家，第偏於陰陽家者不能貫通於儒家耳。聖朝崇重儒道，不以本遺末，於諸路府州設陰陽教授，以典司之。予友朱君勅差鹽官州陰陽教授，將行，辱需贈言。予竊謂：君家文公之《易本義》、《四書注釋》、《太極圖解》講貫五行、陰陽、太極之理至矣盡矣，君於家學亦云精熟矣，本也，由本以該末，以之教焉授焉，餘事耳，豈眞偏於陰陽家者流之學而已乎？吾郡中全方君方知鹽官州中全之學，親傳虛谷之學。虛谷之學心傳文公之學。予與虛谷爲莫逆交，聞此久矣。予於中全契家兄弟也，君抵鹽官，其爲我寄聲先生，以此質之，必將首肯於斯言。」

明曹端（1376～1434）《曹月川集》：「三皇儒而皇，五帝儒而帝，三王儒而王，皋、夔、稷、契、伊、傅、周、召儒而相，孔子儒而師。然則孔門一帝王之教耳，帝王一天地之道耳。儒家者，所以相天地，宗帝王，師聖賢心，公天下萬世之心也。」

明薛瑄（1389～1464）《讀書錄》卷五曰：「五經四書之外，義理之精妙者無過《太極圖》，切要者無過《西銘》。太史公謂儒家者流博而寡要，非寡要也，雖有要，而人自不知也。要者何？一之外，無餘言也。」

明錢福（1461～1504）《新刊新語序》：「漢班固論列劉向父子所校書爲〈藝文志〉，又即歆所奏《七略》中序六藝爲九種，首之以儒家者流，稱其『出於司徒之官，遊文於六經之中，留意於仁義之際，宗師仲尼，以重其言』，雖未必盡然，要亦有近似者矣。書凡五十三家，而陸賈《新語》十二篇實存焉。予讀其書，信固之知言，又歎司馬遷之雄於文也。」（見王利器《新語校注》附錄三）

　　明顧應祥（1483～1565）《靜虛齋惜陰錄》卷三〈論學〉曰：「予讀丙辰會試策第三問：『論班固《藝文志》以儒家列於九流，而不得與六藝同科，深斥班固不知儒者之非。』斥之誠是矣，以愚觀之，固之所謂儒乃漢世之儒，非三代之眞儒也。固之言曰：『儒家者流蓋出於司徒之官，助人君，順陰陽，明教化者也。遊文於六經之中，留意於仁義之際，祖述堯舜，憲章文武，宗師仲尼，以重其言，於道最高。』孔子曰：『如有所譽，其有所試。』唐虞之隆，殷周之盛，仲尼之業已試之效者也，是三代之眞儒也。既而曰：『惑者既失精微，而辟者又隨時抑揚，違離道本，苟以譁眾取寵，後進循之，是以五經乖析，儒學寖衰，此辟儒之患。』是乃指當世之所謂儒者而言，非謂儒者俱若是之惑且辟也。固之作〈藝文志〉，專主於記載，故以《易》、《書》、《詩》、《春秋》、《禮》、《樂》及小學之書皆謂之六藝，而以儒以下十家之言，則謂之九流，又謂儒者遊文於六經之中，則固未嘗以儒不與六藝同科也，但其所載儒家者流多駁而不醇，此則漢儒之通病也。《周官》太宰以九兩系邦國，三曰師，以賢得民，四曰儒，以道得民，儒次於師，亦有差等。孔子謂子夏曰：『女爲君子儒，毋爲小人儒。』則儒之在當時已有分別。及孔子沒，而七十子之徒散於列國，其流之弊至於各逞所見，而反道敗德者，容或有之。莊子謂魯哀公曰：魯國少儒。哀公曰：舉國儒服，何謂少？莊子曰：何不號於國中，無此道而爲此服者，其罪死，於是無敢儒服。獨一丈夫儒服，立於公門，問以國事，千轉萬變而不窮。莊子曰：以魯國而儒者一人耳，可謂多乎？莊子之書類多寓言，然亦可見當時有儒之名而無儒之實者眾矣，又安知所謂問以國事千轉萬變而不窮者非縱橫策士之流乎？司馬遷所謂博而寡要者殆此類耳。許愼《說文》訓『儒者，柔也，術士之稱』。夫以術士爲儒，此漢儒之通病也。然漢之儒者雖駁而未純，其學則實學也。故治一經，通一藝者，皆足以濟用。若晉之清談，唐之詞章，則又去漢儒遠矣。至宋濂、洛、關、閩諸子者出，然後孔子之道大明，而世始知有眞儒矣。我朝用人，非儒不取，而士之所以應上之求者，非儒不習，自國初以迄於今，名公巨儒，或以道德，或以文章，或以功業著者何限。而近年以來，文風益振，性命道德之說人人能言之，而究其實，或有似是而非眞者，無乃莊子所謂無此道而爲此服者乎？」

　　明駱文盛（1496～1550）《駱兩溪集》卷十二〈敘儒林傳〉曰：「夫通於三才之謂儒，其道固未易言也。慨自世衰教微，聖學不講，而儒道益寥寥。

太史公所謂儒家者流，則名似而實非矣。武康，小邑也，聲名、文物視諸通方恒歉焉，儒云乎哉？然而遊心聖訓，跂官牆而懸瘝痗者，未嘗無人也，雖其詣有淺深，分有大小，要不失為仲尼之徒云爾。乃若口儒言，身儒服，而厥趨固多違戾，是所謂名似而實非者，槩而列之，則吾豈敢？」

明皇甫汸（1497～1582）《皇甫司勳集》卷三十七〈馮侍御芻蕘錄序〉曰：「自孔門立文學之科，言遊得精華之蘊，大雅振於江左，二俊起於雲間。善乎班氏作史，儒林、文苑析為二塗。儒家者流，著論以宗經；文章家流，修辭以闡道。要之，不可偏廢也。」

明何良俊（1506～1573）《四友齋叢說》卷二十曰：「《淮南子》亦是淮南王好客，而四方之客如太山、小山、八公之徒來從之遊，遂共為此書，蓋雜出於儒、道、名、法諸家，天時、地理無不貫綜，博大弘衍，可謂極備，但其言舛駁不倫，亦以其成於眾手也。」

明趙貞吉（1508～1576）〈與少司馬曾碏庵論統部書〉曰：「昔夫子之作六典也，《春秋》其統也，《書》、《詩》其制行也，《禮》、《樂》其藝志也，傳具體於統，而術藏用於《易》，此聖筆也，舉其宏綱而百王之道同，經世之法備，此之謂正眼。司馬子長氏世守史官，欲繼仲尼之業，敘六家指要，以見己制作之義，卓矣！惜其擇之未精也。夫周衰，天生三聖以勞世，仲尼也，伯陽也，子羽也，謂之天隸，生以經世者也。其任判其歸合者也，其徒紛紛，而道亦流靡。夫刑名，儒家者流也；陰陽，道家者流也；縱橫，墨家者流也。今以其業之流靡者，與其人並列而為六，可乎？於是班生增為九流，自後經分專門，業有百師，法承千訣，離而不合，散而不牧，以至於今矣。」（載《明文海》卷一百九十三）

明胡直（1517～1585）《衡廬精舍藏稿》卷二十七〈滄洲別語三首贈蕭昆陽子之將樂〉曰：「古之聖人以道通乎天下，非他道也，仁是也。夫濟天下，莫病乎無才，尤莫病乎有才，而不出於仁，嘗試以人臣論。人臣有才，而不出於仁，則不得不趨而為術。張子房始終為韓，非不忠也，而止以術勝，其次則以氣，彼非好氣勝，道不勝氣也。賈生之策度越漢庭，非不達也，而卒以氣終，其下以詐，至於詐，則小為弘、湯，大為莽、操，禍至不可言，乃若儒家者流，竊古帝王之遺，依仿其近似，以就事功，又多以意行，則子產、叔向、諸葛孔明之流是也。」

明李贄（1527～1602）《焚書》卷五〈孔明為後主寫申韓管子六韜〉曰：

「先主臨終勅後主之言曰：申、韓之書益人意智，可觀誦之。……且申、韓
何如人也，彼等原與儒家分而爲六，既分爲六，則各自成家，各自成家，則
各各有一定之學術，各各有必至之事功，舉而措之，如印印泥，走作一點不
得也。獨儒家者流，汎濫而靡所適從，則以所欲者眾耳。故汲長孺謂其內多
欲，而外施仁義，而論六家要指者，又以『博而寡要，勞而少功』八字蓋之，
可謂至當不易之定論矣。孔明之語後主曰：『苟不伐賊，王業亦亡，與其坐而
待亡，孰與伐之。』是孔明已知後主之必亡也，而又欲速戰，以幸其不亡，
何哉？豈謂病雖進不得藥，而藥終不可不進，以故猶欲僥倖於一逞乎？……
蓋唯其多欲，故欲兼施仁義，唯其博取，是以無功，徒勞此八字者，雖孔明
太聖人不能免於此矣。愚嘗論之，成大功者必不顧後患，故功無不成。商君
之於秦，吳起之於楚是矣。而儒者皆欲之，不知天下之大功果可以顧後患之
心成之乎否也，吾不得而知也。顧後患者必不肯成天下之大功，莊周之徒是
已，是以寧爲曳尾之龜，而不肯受於金之幣，寧爲濠上之樂，而不肯任楚國
之憂，而儒者皆欲之，於是乎又有居朝廷則憂其民，處江湖則憂其君之論，
不知天下果有兩頭馬乎？否也。吾又不得而知也。墨子之學術貴儉，雖天下
以我爲不拔一毛，不恤也。商子之學術貴法，申子之學術貴術，韓非子之學
術兼貴法術，雖天下以我爲殘忍刻溝，不恤也。曲逆之學術貴詐，儀秦之學
術貴縱橫，雖天下以我爲反覆不信，不恤也。……故因論申、韓而推言之，
觀者幸勿以爲予之言皆經史之所未嘗有者可也。」

　　明焦竑（1540～1620）《國史經籍志・儒家類敘》曰：「子語子夏曰：『女
爲君子儒，無爲小人儒。』天子諸侯曰君，卿大夫曰子，孔子非欲以此名也，
冀以並包兼容，而勿區區自營之謂也。子夏學不見大，而徑徑於言行之信果，
此與細民何異？荀卿氏有言：『儒耨耕不如農夫，斲削不如工匠，販貨不如商
賈，談詞薦撙不如惠施、鄧析。』若夫商德而定次，量能而授官，使賢不肖
鑿得其位，能不能皆以官，萬物得其宜，事變得其應，四海一家，歸命輻湊。
蓋九流皆其用也，豈與小道曲學僅僅自名者同乎哉？史遷敘諸家，儒者才居
其一，彼未得其眞，而即所睹記者當之，故以『寡要少功』爲詬病。嗟乎！
此不敢以望子夏，何論君子？古今作者，言人人殊，稍爲綴敘，而或不純爲
儒也，亦備列之，殆益明儒之爲大已。」

　　明顧大韶（1576～約 1640）《炳燭齋隨筆》曰：「告子原是儒家者流，非
老莊之徒也。其性猶杞柳，及生之謂性等語，實自體認精思得之。孟子只把

名教降伏他，告子亦爲名教所壓，不敢開口申辨，其心未必服也。如破杞柳之說，則以賊人禍仁義之說壓之，正爲告子之貴仁義也，若如老子失德後仁，失仁後義及莊子之攘棄仁義，則且欣然肯戕賊之說矣。破生之謂性，則以犬牛猶人之說壓之，正爲告子之貴人賤畜也。若如莊子之天地與我並生，萬物與我爲一，則且傲然受牛犬之名矣，故孟子能折告子之口，不能服告子之心。」

　　明茅元儀（1594～1640）《暇老齋雜記》卷三十一曰：「《荆川稗編》原名《雜編》，其自爲序可考。後先王父鹿門先生搜其遺編，止得十之七耳。世父康伯公刻之，名曰《稗編》。先王父之序亦曰後更名《稗編》而已。是出荆川否，亦不明言。然按稗官之義本於劉歆，其曰：儒家者流出於司徒之官，道家者流出於史官，陰陽者流出於羲和之官，法家者流出於理官，名家者流出於禮官，墨家者流出於清廟之官，縱橫家流出於行人之官，雜家者流出於議官，農家者流出於農稷之官，小說家流出於稗官，街談巷議，道聽途說之所造也。則今野史正具倫類，如《太平廣記》亦尙近之。若《荆川稗編》所載或出正史，或以翼經，與野史絕不相類，與歆所云雜家者兼儒、墨，合名、法，知國體，則此書當名爲《雜編》，不當名爲《稗編》也。歆所稱出於何官，亦臆言之，然皆有理，獨謂道出於史，墨出於清廟稍似拘耳。房中之說久矣，雖黃帝、素女之言不可徵，然劉歆較書列於醫之後、神仙之先，則其說亦非後世人所能創也。歆曰先王制外樂以禁內情，此樂即哀樂之樂，非禮樂之樂。其言甚微，通此意而拘儒疑文王御妃一夕九女之爲荒淫可以破矣。」

　　清姜宸英（1628～1699）《湛園集》卷四〈二氏論〉曰：「朱子謂：佛氏之書，其徒採取老、莊之旨爲之，其後道家既失其傳，反竊取佛氏經教之最膚淺者爲道經，譬如巨室子弟亡失其先世所遺珍寶，乃從其人竊得破釜甕之器，誇之以爲己有，由是言之，佛與老雖異其言，初不異也。其說精矣。……今之爲老之學者，譬之老氏之嫡子也，爲佛氏之學者，譬之老氏之庶子也。嫡失其世守，而丐貸於庶子之家，則今之道家之謂矣。然其本固一也。尤可異者，若今之儒家者流，剽取釋氏虛無幻妄之言，一舉而附之孔子，講解傳習，流染蔓延，是眞所謂竊人之餘，以爲己寶而不知愧者也。然而道家之惑，以其先世之失傳耳，至吾孔子之教五經六藝之文，譬如日星之垂列，江河之流衍，蔽之而愈明，淆之而愈清，一舉正之，斯昭昭然，白黑分而邪正別矣，

是其寶固未嘗一日亡也。捨其家千金之璧，而羨人之瓦缶釜甕以爲美，然且不惜穿穴而求得之，若今之儒者，是二氏之徒之所竊笑者矣。」

清馮浩（1719〜1801）《樊南文集詳注》卷三〈爲絳郡公上崔相公啓〉「以無偏無黨定九流」曰：「九流本出《漢書・藝文志》『儒家者流出於司徒之官』之類。〈志〉言諸子十家，其可觀者九家而已，故後世去小說家稗官，而止曰九流。如《爾雅序》『九流之津涉』是也。」

《四庫全書總目・子部儒家類敘》曰：「古之儒者，立身行己，誦法先王，務以通經適用而已，無敢自命聖賢者。王通教授河汾，始摹擬尼山，遞相標榜，此亦世變之漸矣。迨托克托等修《宋史》，以道學、儒林分爲兩傳。而當時所謂道學者又自分二派，筆舌交攻。自時厥後，天下惟朱、陸是爭，門戶別而朋黨起，恩讎報復，蔓延者垂數百年。明之末葉，其禍遂及於宗社。惟好名好勝之私心不能自克，故相激而至是也。聖門設教之意其果若是乎？今所錄者，大旨以濂、洛、關、閩爲宗。而依附門牆、藉詞衛道者則僅存其目，金谿、姚江之派亦不廢所長，惟顯然以佛語解經者則斥入雜家。凡以風示儒者無植黨，無近名，無大言而不慚，無空談而鮮用，則庶幾孔、孟之正傳矣。」

清章學誠（1738〜1801）《文史通義》卷二〈原道中〉曰：「既列於有司，則肄業存於掌故，其所習者，修齊治平之道，而所師者，守官典法之人。治教無二，官師合一，豈有空言以存其私說哉？儒家者流尊奉孔子，若將私爲儒者之宗師，則亦不知孔子矣。孔子立人道之極，豈有意於立儒道之極耶？儒也者，賢士不遇明良之盛，不得位而大行，於是守先王之道，以待後之學者，出於勢之無可如何爾。」

清章學誠（1738〜1801）《文史通義》卷二〈原道下〉曰：「自諸子之紛紛言道，而爲道病焉，儒家者流乃尊堯、舜、周、孔之道，以爲吾道矣。道本無吾，而人自吾之，以謂庶幾別於非道之道也。而不知各吾其吾，猶三軍之眾，可稱我軍，對敵國而我之也；非臨敵國，三軍又各有其我也。夫六藝者，聖人即器而存道；而三家之《易》，四氏之《詩》，攻且習者，不勝其入主而出奴也。不知古人於六藝，被服如衣食，人人習之爲固然，未嘗專門以名家者也。後儒但即一經之隅曲，而終身殫竭其精力，猶恐不得一當焉，是豈古今人不相及哉？其勢有然也。古者道寓於器，官師合一，學士所肄，非國家之典章，即有司之故事，耳目習而無事深求，故其得之易也。後儒

即器求道，有師無官，事出傳聞而非目見，文須訓詁而非質言，是以得之難也。」

清石韞玉（1756～1837）《獨學廬稿》四稿卷五〈吳枚庵墓誌銘〉曰：「儒家者流，賢聖爲伍。勵志詩書，抗心鄒魯。」

清蔣湘南（1795～1854）《七經樓文鈔》卷一〈經師家法說〉曰：「《漢書·藝文志》曰：『儒家者流，蓋出司徒之官，陰陽家者流，蓋出羲和之官。』九流各稱家，而又曰出於某官，則三代以來世官宿業之義也。周之盛也，《易》在太卜，則太卜傳《易》之法，凡習《易》者必以太卜爲師；《書》在外史，則外史傳《書》之法，凡習《書》者必以外史爲師；《詩》在太師，則太師傳《詩》之法，凡習《詩》者必以太師爲師；《禮》在宗伯，則宗伯傳《禮》之法，凡習《禮》者必以宗伯爲師；《樂》在司樂，則司樂傳《樂》之法，凡習《樂》者必以司樂爲師；《春秋》在太史，則太史傳《春秋》之法，凡習《春秋》者必以大史爲師。官守學業，源出於一，而天下之文於是乎大同，所以無私門之著述者此也。王跡既息，天子失官，《易》、《書》、《詩》、《禮》、《樂》、《春秋》之法散著於人，不盡墜地。孔子講明而修之，儒生之師法仍本在官之師法，其門弟子所傳，必有微言大義恃乎口授，不徒著於簡策者，故曰『仲尼沒而微言絕，七十子喪而大義乖』，孟子論《詩》論《書》，與時人紛紛辨正，其明徵也。遭值秦火，經師幾絕。漢興，田何、伏生之流各以師傳相授受，〈魯丕傳〉所云『傳先師之訓』，非從己出，正以淵源於孔門，雖有訛誤，亦應闕疑，何敢憑虛臆造，輕侮道術也。師法之盛，於此爲極，其與家法稍別者，師法不過師弟相傳，家法則以家學爲師法，如公羊高之《春秋》傳子至孫，江公之《穀梁春秋》亦傳子至孫，凡弟子之學其家學者，亦稱此某家之法云爾。西漢專稱師法，而無家法之名。其稱家者，惟一見於〈施讎傳〉，云由是施家有張、彭之學，然不言家法。東漢乃專稱家法矣。大抵師說雖多，而名家者少。《前漢·藝文志》傳《齊論》者惟王陽名家，傳《魯論》者龔奮諸人皆名家，《孝經》長孫氏諸人各自名家。名家而後能自成一家之法，即無子孫，傳其家學，亦以家法名。《後漢書》左雄定舉孝廉之制，先詣公府，諸生試家法，注言儒有一家之學，故稱家法是也。夫專門之學既足自成一家，必於竹帛之外別有傳心之法，相與口授，以垂永久。太史公書臣云藏之名山，傳之其人，而傳其書者爲外孫楊惲。班氏《漢書》初出，學者未能通曉，馬融乃伏閣下，從其女弟受業。夫馬、班之書今人見之悉矣，而當日傳之必以

其人，受讀必有所自，如是之難者，則以其家法不易明，必從親炙其人之人，然後源流可循也。史學如此，何況六經？」

清俞樾（1821～1907）《春在堂雜文》六編卷九〈王漱馥文章釋序〉曰：「昔劉歆奏《七略》，班固刪其要，入〈藝文志〉，有儒家者流、道家者流、陰陽家者、流法家者流、名家者流、墨家者流、從橫家者流、雜家者流、農家者流、小說家者流。謂之曰流，明其有所原也。故自儒家者流出於司徒之官，至小說家者流出於稗官，皆因流而究其原，推其所自出，詳哉言之矣。後之學者又推其例於文章，於是晉摯虞有《文章流別》之作。史稱其類聚區分，辭理愜當，為世所重。而書已亡失，後人纂輯，未睹其全。」

清張之洞（1837～1909）《勸學篇》卷上〈守約第八〉曰：「儒術危矣！以言乎邇，我不可不鑒於日本；以言乎遠，我不可不鑒於戰國。昔戰國之際，儒術幾為異學諸家所軋。吾讀司馬談之〈論六家要指〉而得其故焉，其說曰：『儒家者流，博而寡要，勞而少功。』何以寡要少功？由於有博無約。如此之儒，止可列為九流之一耳，焉得為聖？焉得為賢？老詆儒曰：『絕學無憂。』又以孔子說十二經為大謾。墨詆儒曰：『累壽不能盡其學。』墨子又教其門人公尚過不讀書。法詆儒曰：『藏書策修文學，用之則國亂。』韓非子語大率諸子所操之術，皆以便捷放縱，投世人之所好，而以繁難無用誣儒家，故學者樂聞而多歸之。夫先博後約，孔孟之教所同，而處今日之世變，則當以孟子守約施博之說通之，且孔門所謂博，非今日所謂博也。孔孟之時，經籍無多，人執一業，可以成名，官習一事，可以致用，故其博易言也。今日四部之書汗牛充棟，老死不能遍觀而盡識，即以經而論，古言古義，隱奧難明，訛舛莫定，後師群儒之說解紛紜百出，大率有確解定論者，不過什五而已。滄海橫流，外侮洊至，不講新學，則勢不行，兼講舊學，則力不給。再歷數年，苦其難而不知其益，則儒益為人所賤，聖教儒書寖微寖滅，雖無嬴秦坑焚之禍，亦必有梁元文武道盡之憂，此可為大懼者矣。尤可患者，今日無志之士本不悅學，離經畔道者尤不悅中學，因倡為中學繁難無用之說，設淫辭而助之攻，於是樂其便而和之者益眾，殆欲立廢中學而後快。是惟設一易簡之策以救之，庶可以箝執讎中學者之口，而解畏難不學者之惑。今欲存中學必自守約始，守約必自破除門面始。爰舉中學各門求約之法，條列於後，損之又損，義主救世，以致用當務為貴，不以殫見洽聞為賢。」

清孫葆田（1840～1911）〈刪定馬氏所輯漢儒經解序〉：「兩漢人傳經，並

有師法……《易》本田何，《尚書》本伏生；《詩》有毛公，又有齊、魯、韓三家言；《禮》本高堂生，而大、小戴並出后倉；《春秋》《公羊》、《穀梁》分齊、魯學，而《左氏傳》最後興。《孝經》、《論語》蓋學之者兼通焉。故曰：『儒家者流，遊心於六藝之中，宗師仲尼，於道爲最高。』及後世，五經乖析，儒學浸衰，魏、晉而降，異說蜂起。當隋、唐之世，古籍猶未盡湮，然唐人爲諸經定義疏，《易》用王、韓，《書》用僞孔氏，《春秋傳》主晉人，《詩》、《禮》二經僅存漢注。自此之後，利祿之途開，而漢儒四百餘歲授受相承之師說，不絕如線。王伯厚處宋儒末，獨能修學好古，於《易》、《書》、《論語》則輯鄭氏注，於《詩》則輯齊、魯、韓三家遺文，於《春秋》則輯賈、服章句，亦可謂用力勤而有志者矣。聖清之有天下，敦崇經術，遠邁前代，經師宿儒以漢學爲宗，獨能發明古義。」

清沈家本（1840～1913）《寄簃文存》卷六〈政法類典序〉曰：「昔鄒衍之談瀛海也，論者以爲虛妄，蓋驚於未見爲怪也。今者五洲懸絕，梯航畢通，譯寄象鞮，交錯若織，列國政教之殊途，質文之異尙，使節所至，亦既見之，且往往能言之，此固天地氣運日開，爲前古未見之變局，人不得而詆爲虛妄矣。惟是智力日出，方有進無已，天演物競，強勝乎？弱勝乎？不待明者而決之。然則處今日之變，通列國之郵，規時勢，度本末，幡然改計，發憤爲雄，將必取人之長以補吾之短。若者益，若者損，若者先，若者後，不深究其政治之得失，又烏乎取之？顧欲究各國之政治，必先考各國政治之書，非親見之，不能得其詳，非親見而精譯之，不能舉其要，使節所至見之矣，或不能譯之即能譯之矣，而所譯者不能舉其要，則見與不見同，譯與不譯同。蓋政治之要，非深於政治者不能知。譯政治之書，非深於政治者不能通其義。則將欲取長以補短，又烏乎取之？且古治之盛也，政與學爲一途，風教遠暨，王澤下究，其時學者多究心當世得失，立言類有師法。班固謂：『儒家者流出於司徒之官，道家者流出於史官，法家者流出於理官，名家者流出於禮官，農家者流出於農稷之官，墨家者流出於清廟之守。』雖源流不同，大抵皆本一代之治以爲學，即本一代之學以爲治。降及後世，政與學分，所學非所用，所用非所學，治化不進，非無故也。泰西各國當中土周、秦之世，學術稱盛，而希臘、羅馬亦師儒相望，已爲後世諸家專門之祖。十九世紀以來，科學大明，而研精政法者復朋興輩作，乃能有今日之強盛，豈偶然哉？方今中國屢經變故，百事艱難，有志之士當討究治道之原，旁考各國制度，觀其會通，

庶幾採擷精華，稍有補於當世。東西政治之書，近數十年來，著譯甚夥，雖不乏善本，然或非出專門之手，或其言龐雜學者，無所折衷，若搜討眾作，鑒別去取，門徑秩然，誠未易見。」

　　清姚振宗（1842～1906）《漢書藝文志條理》卷二曰：「《隋志》篇敘蘊括太史公《六家要旨》及《七略》、《別錄》之言，於本志互相發明，故附著於篇末。」

　　孫德謙（1869～1935）《諸子通考》卷三曰：「儒家之術，其源流得失備於此數語，故〈藝文〉一志，實諸子之提要也。昔孟子著書七篇，其見梁惠王也，則曰：『何必曰利，亦有仁義而已矣。』賈誼《新書》首篇〈過秦〉云：『仁義不施而攻守之勢異。』孟子與賈誼其開宗明義，均以仁義爲主，則〈志〉所謂『留意仁義』者，正儒家宗旨所在也。且董仲舒漢之大儒也，《春秋繁露・董政》篇云：『聖人所欲說，於說仁義。』荀悅《申鑒》者，《隋志》列之儒家，自敘作書之意曰：『古之聖王，其於仁義也申重而已。』又桓寬《鹽鐵論》，其〈本議〉云：『抑末利而開仁義，毋示以利。』寬亦儒家也，與孟子以仁義聞利，其遭相同，此下亦屢以仁爲言。若然，周、秦以降，儒家著述雖悉數之不能終，或有殘佚不存者，而即是以觀，爲儒家者，凡其立言垂教，未有不出於仁義者也。……儒者之業雖自成一家，其所以明五常之道，特以司徒職守在是耳。且周之盛時，司徒一官典治邦教，厥後王室東遷，官失其緒。孔子者，契後也，懼堯、舜、禹、湯、文、武之業及吾身而不傳，於是修明其教，而儒家遂奉爲師法焉。故儒家之祖述堯舜，憲章文武，宗師仲尼，以重其言，豈不以儒道始於唐虞，而成於我孔子乎？雖然，百家皆有蔽失，獨謂儒家無弊者，則未必然也。……逮至武帝以後，尊奉經教，儒統既一，天下彬彬多文學之士，似乎聖道至此而大昌矣。乃《春秋》分爲五，《詩》分爲四，《易》有數家之傳，譊譊者各以習其師，互相爭辯，不知闡其大義，抉其微言以潤飾吏治。若是五經儒學浸衰，班氏於斯蓋有慨乎其言之者也，〈儒林傳〉故曰利祿之使然。夫儒者傳經，漢稱極盛而衰，端即肇於茲，可不惜哉？然而治儒家言者，苟欲知其源流得失。班氏此數語，殆足以盡之矣。吾故曰：〈藝文〉一志，實諸子之提要也。」又曰：「〈諸子〉一略，敘儒於道家之上，正足見班氏之尊儒也。〈志〉於道家云：『此君人南面之術。』於儒家云：『助人君，順陰陽，明教化。』似班氏亦知道家爲君道，儒家爲臣道，所以輔君者矣。夫天尊地卑，君臣始定。儒家既爲臣道，則不當在道之先。」又曰：「儒

家之學，班氏謂遊文六經，留意仁義，既已挈其要歸矣，然吾又有說焉。昔荀子之書，以〈勸學〉爲首，以〈堯問〉爲終，宋王伯厚氏稱其上法《論語》，是固然矣，豈知儒家以教民爲務，不但荀子若此，揚子《法言》則始於〈學行〉矣，徐幹《中論》則始於〈贊學〉矣，王符《潛夫論》則始於〈治學〉矣，是儒家立言無不詳於爲學。夫其所以詳於爲學者，直以儒道原於司徒，司徒一職專掌邦教，故無不以論學爲先也。」又曰：「余讀其（指《呂氏春秋》——引者）〈春紀〉，則多道家言；讀其〈秋紀〉，則多兵家言；〈冬紀〉則多墨家言。嘗出從而推究之。春主，故取道家之貴生；秋主殺，故取兵家之振亂；冬主藏，故取墨家之節葬。其於夏也，勸學、論孝、論樂，無不取之儒家。其首篇則亦曰〈勸學〉，與《荀子》同。然則列儒於夏，而諄諄以勸學爲重者，當是春爲人之初生，及乎夏，則若物之已長成矣。人既長成，不可無教，故重在學。夏於五行屬火，火以其明，人之爲學，亦期其明於事理耳。故於《春秋》之排次，而儒家之重學，可以悟矣。其他雜家如《呂覽》外，《尸子》則有〈勵學〉篇。蓋此二子者，雖列在雜家，特以兼宗儒、墨故耳。至兵、農、名、法，則不復言此矣。後之學者試用是說以求之，而儒家之旨與諸家之分別部居，不相雜廁，所云可坐而定者也。顧此一義焉，班氏所未及，而儒家重學，爲教化之原，讀其書者不可不知，爰爲補其遺云。」

　　章太炎（1869～1936）《諸子學略說》曰：「《周禮・太宰》言『需以道得民』，是儒之得稱久矣。司徒之官，專主教化，所謂三物化民。三物者，六德、六行、六藝之謂。是故孔子博學多能，而教人以忠恕。雖然，有商訂歷史之孔子，則刪定六經是也；有從事教育之孔子，則《論語》、《孝經》是也。由前之道，其流爲經師；由後之道，其流爲儒家。《漢書》以周、秦、漢初諸經學家錄入〈儒林傳〉中；以《論語》、《孝經》諸書錄入〈六藝略〉中。此由漢世專重經術，而儒家之荀卿，又爲《左氏》、《穀梁》、《毛詩》之祖，此所以不別經儒也。若在周、秦，則固有別。且如儒家巨子李克、寧越、孟子、荀卿、魯仲連輩，皆爲當世顯人；而〈儒林傳〉所述傳經之士，大部載籍無聞，莫詳行事。蓋儒生以致用爲功，經師以求是爲職。雖今文、古文所持有異，而在周、秦之際，通經致用之說未興，惟欲保殘守缺，以貽子孫，顧於世事無與。故荀卿譏之曰：『鄙夫好其實，不恤其文，是以終身不免埤污庸俗。故《易》曰「括囊，無咎無譽」，腐儒之謂也』。此云儒，即指當時之經師也。由今論之，則猶愈於漢時經師言『取青紫如拾芥』，較之戰國儒家亦爲少愈，

以其淡於榮利云爾。儒家之病，在以富貴利祿爲心。蓋孔子當春秋之季，世卿秉政，賢路壅塞，故其作《春秋》也，以非世卿見志（公羊家及左氏家張敞皆有其說）。其教弟子也，惟欲成就吏材，可使從政。而世卿既難猝去，故但欲假借事權，便其行事，是故終身志望，不敢妄希帝王，惟以王佐自擬。觀《荀卿·儒效》篇云：『大儒者，天子三公也（楊注：其才堪王者之佐也）；小儒者，諸侯、大夫、士也；眾人者，工、農、商賈也。』是則大儒之用，無過三公，其志亦云卑矣。孔子之譏丈人，謂之不仕無義。孟子、荀卿皆譏陳仲，一則以爲無親戚君臣上下，一則以爲盜名不如盜貨（見《荀子·不苟》篇）。而荀子復述太公誅華士事（見〈宥坐〉篇），由其不臣天子，不友諸侯（見《韓非子·外儲說右上》）。是儒家之湛心榮利，較然可知。所以者何？苦心力學，約處窮身，心求得售，而後意慊。故曰：『沽之哉，沽之哉！』不沽則吾道窮矣。〈藝文志〉說儒家云：『辟者隨時抑揚，違離道本，苟以譁眾取寵。』不知譁眾取寵，非始辟儒，即孔子固已如是。莊周述盜跖之言曰：『魯國巧僞人孔丘，不耕而食，不織而衣，搖唇鼓舌，擅生是非，以迷天下之主，使天下學士不反其本，妄作孝悌，而僥倖於封侯富貴者也。』此猶曰道家詆毀之言也。而微生畝與孔子同時，已譏其佞，則儒者之眞可見矣。孔子干七十二君，已開遊說之端。其後儒家率多兼縱橫者。其自爲說曰：『無可無不可。』又曰：『可與立，未可與權。』又曰：『君子之中庸也，君子而時中。』孟子曰：『孔子，聖之時者也。』荀子曰：『君子時詘則詘，時伸則伸也。』然則孔子之教惟在趨時，其行義從時而變。故曰：『言不必信，行不必果。』……其詐僞既如此，及其對微生畝也，則又以『疾固』自文，此猶叔孫通對魯兩生曰『若眞鄙儒，不知時變』也。所謂中庸，無異於鄉愿。彼以鄉愿爲賊而譏之。夫一鄉皆稱愿人，此猶沒身里巷、不求仕宦者也。若夫『縫衣淺帶，矯言僞行，以迷惑天下之主』，則一國皆稱愿人。所謂中庸者，是國愿也，有甚於鄉愿者也。孔子譏鄉愿，而不譏國愿，其湛心利祿，又可知也。君子時中、時伸、時詘，故道德不必求其是，理想亦不必求其是，惟期便於行事則可矣。用儒家之道德，故艱苦卓厲者絕無，而冒沒奔競者皆是。俗諺有云：『書中自有千鍾粟。』此儒家必至之弊，貫於徵辟、科舉、學校之世，而無乎不遍者也。用儒家之理想，故宗旨多在可否之間，論議止於函胡之地。彼耶穌教、天方教崇奉一尊，其害在堵塞人之思想；而儒術之害，則在淆亂人之思想。此程、朱、陸、王諸家，所以有隆而無實也。雖然，孔氏之功則有矣，

變機祥神怪之說而務人事，變疇人世官之學而及平民，此其功亦复絕千古。二千年來，此事已屬過去，獨其熱中競進在耳。」

　　陳朝爵（1876～1939）《漢書藝文志約說》卷二評曰：「顧君他著頗有非毀孔子之說，而此文獨爲正確醇篤之論。蓋是非之公，良有不容終泯者也。」

　　顧實（1878～1956）《漢書藝文志講疏》三〈諸子略〉曰：「孔子之學，源於唐虞三代之政治。百家皆政論，而儒其一也。故孔子曰：『能以禮讓爲國乎何有？』其辭雖不驗於當世，而千萬世以後，猶莫能有以易之者。蓋有事實而後有理論，理論出於事實，終有不可磨滅之精神。中唐以後，禮教寢衰，而中國亦不振，此又非其已試之效者乎？」又曰：「惑者爲誰？章句鄙儒如秦延君是也。辟者爲誰？曲學阿世如公孫弘是也。二者皆違離道本，苟以嘩眾取寵。」張舜徽（1911～1992）《漢書藝文志通釋》卷三釋之曰：「辟讀曰僻，僻者偏也，謂其所知偏於一面而不知其他，喻其人之隘陋。《荀子・天論》篇云：『萬物爲道一偏，一物爲萬物一偏，愚者爲一物一偏，而自以爲知道，無知也。』《淮南子・氾論》篇云：『東面而望，不見西牆；南面而視，不睹北方；唯無所向者，則無所不通。』此皆言偏於一面，則所知者小。漢世博士之學，實坐此病，故《漢志》亟言其患。」

　　姚明煇（1881～1961）《漢書藝文志注解》卷三曰：「惑，迷也。辟，邪僻也。僻與迷，一過一不及。隨時抑揚，則枉道徇人，乃賢智之過。違離道本，則流爲方術，蓋由於偏毗趨時也，夫僻儒之患，凡碎義逃難、便辭巧說、破壞形體者，皆是也。」陳朝爵（1876～1939）《漢書藝文志約說》卷二評曰：「姚說可謂痛切，今之時不爲辟者鮮矣。」

　　呂思勉（1884～1957）《先秦學術概論》曰：「《漢志》云：『儒家者流，蓋出於司徒之官，助人君、順陰陽、明教化者也。』《淮南要略》云：『周公繼文王之業，持天子之政，以股肱周室，輔翼成王。懼爭道之不塞，臣下之危上也，故縱馬華山，放牛桃林，敗鼓折袍，搢笏而朝，以寧靜王室，鎮撫諸侯。成王既壯，能從政事，周公受封於魯，以此移風易俗。孔子修成、康之道，述周公之訓，以教七十子，使服其衣冠，修其篇籍，故儒者之學生焉。』今觀儒家之書，大抵推崇教化，稱引周典，《淮南子》及《班志》之語，誠爲不誣。……案：儒之爲言柔也。人多以儒、墨並稱，亦以儒、俠對舉。竊意封建之壞，其上流社會，自分爲二，性寬柔若世爲文吏者則爲儒，性強毅若世爲戰士者則爲俠，孔因儒以設教，墨藉俠以行道。儒者之徒，必夙有其所誦習之義，服行之道，

－192－

孔子亦因而仍之。此凡孔子之徒所共聞，然初非其至者。孔子之道之高者，則非凡儒者所與知。故弟子三千，達者不過七十；而性與天道，雖高弟如子貢，猶歎其不得聞也。然孔子當日，既未嘗自別於儒，而儒家亦皆尊師孔子，則論學術流別，固不得不謂爲儒家。《漢志》別六藝於諸子之外，實非也。」

　　江瑔（1888～1917）《讀子巵言》第四章〈論諸子之淵源〉曰：「儒家出於司徒之官，蓋指保氏而言也。『儒』之名始見於《周禮・太宰》『以九兩系萬民』，其四曰『儒以道得民』，鄭謂『儒』爲『諸侯之保氏』。按：保氏之職掌教國子以道，爲司徒之屬，而大司徒『以鄉三物教萬民而賓興之』，『三曰六藝：禮、樂、射、御、書、數』，而保氏亦掌以六藝教國子。然『六藝』者，古人之史也。古者春、秋教以《禮》、《樂》，冬、夏教以《詩》、《書》。韓宣子聘魯，於魯太史亦見《易象》、《春秋》，是六藝爲史氏之所掌，則保氏亦出於史官者矣。」《讀子巵言》第六章〈論儒家不能與經部並立〉：「劉、班分析學術之流派，既立〈六藝略〉，復列儒家於〈諸子略〉之中，所謂儒家者，蓋皆傳述六藝之學者也。二子之意，大氐以爲立六藝爲一略，所以尊孔子；列儒家於諸子，所以析派別，其爲意最深遠。雖然，其例殊未可通也。儒家之學，既云『出於司徒之官』，必淵源於保氏。保氏以六藝教民，儒家傳六藝之學，故以『儒』稱。是以班氏論儒家，亦謂『遊文於六經之中』，《莊子・外物》篇亦云『儒以《詩》、《禮》發冢』。是則儒家之得名雖出於保氏，而實由於六藝。無六藝則儒家之名無由成，捨六藝而稱儒家，非眞儒家也。然傳六藝之學者，首推孔子，則孔子當爲儒家之首，孔子之六經尤當爲儒家著述之首。今儒家無孔子名，只云『宗師仲尼』，而經又別隸於六藝類，一似經自經，儒自儒，似孔子非儒家，似儒家非傳六藝之學，是眞未可解者也。既以儒家名孔門之士，而孔子反不列名於儒家之中，孔子之六經又列於儒家之外，然則儒家由何而得名？又何者始爲儒家之眞耶？班《志》於〈諸子略〉篇末綜論其學，又云：『雖有蔽短，合其要歸，亦六經之支與流裔。』班氏之意，所謂『諸子』者，合儒家而言之耶？抑離儒家而言之耶？班氏必曰合儒家而言。然儒家即傳六藝之學，爲六經之正傳，與彼八家絕異，不能渾言之曰皆六經之支與流裔。且既云支與流裔，則儒家與六藝是二而非一，又明甚矣。況經部之中，如《禮運》爲子游作，《檀弓》即檀弓作，《中庸》爲子思作，《孝經》爲曾子作，《喪服》傳爲子夏作，《論語》爲門人之作，統歸經類；而《漢志》儒家別有《子思》二十三篇、《曾子》十八篇、《漆雕子》十三篇、《宓子》十

六篇。何以同爲孔門弟子，且同出一人，而或列經類，或列儒家耶？設以六經爲孔子所手訂之書，與他書不同，故歸入經部，其他非孔子手訂者則否，則尙與儒家略別；然班氏〈六藝略〉下及於《論語》、《孝經》、小學，非經孔子之手訂且名曰六藝。而其數不只六，亦與命名相戾。而後世於『六經』之外，更有『七經』、『九經』、『十一經』、『十三經』之目，於是經部之中多非孔子手訂之書。故《孟子》一書，《漢志》列於儒家，後世則入於經類。而後人說經之作，亦復可以意爲出入，經部與儒家遂漫無區別。斯蓋立例不善之過也。兩漢以後，諸子式微，而『六經』之學如日中天，爲儒家學者，往往舉百家、九流之名，則斥爲異端，置其書而不屑讀，而不知光明醇正之儒家亦在百家、九流之中。譬雜群中而詈群影，己影亦爲所詈。如史所載漢武帝表章『六經』，罷黜百家，驟而觀之，則似儒家亦在罷黜之列。蓋立例不善，斯所以不能名正而言順，牴觸牴牾，紛雜而不可通，其爲學術之害，非淺鮮也。竊謂經部與儒家二者，不能並立而兩存。或並經部而入於儒家，或並儒家而入經部，斯可以無前者之病。或謂若此不足以尊孔子，則非也。余固素尊孔子，深惡夫王充、劉知幾諸人肆然爲〈問孔〉、〈疑經〉之篇者也。然與其徒尊孔子而不明孔子之學，何如明孔子之學而道益尊善乎！汪中之言曰：『自儒者言之，孔子之尊固生民以來所未有矣。自墨者言之，則孔子魯之大夫也，而墨子宋之大夫也，其位相埒，其年又相近。』紀昀之言曰：『子思、孟子，後來論定爲聖賢耳，其在當時固亦荀卿之曹偶。是猶朱陸之相非，不足訝也。』是可見孔孟之學，雖遠過於諸子，而在當時各鳴其所學，亦諸子之一也。況『六經』爲古來教人之具，而傳之於道家，非孔子所自作。今列儒家於九流之首，列六藝於儒家之首，曷嘗非尊孔子哉？」

　　錢穆（1895～1990）〈駁胡適之說儒〉曰：「余舊撰《國學概論》，已著墨家得名乃由刑徒勞役取義，而於儒字尙無確詁。及著《先秦諸子繫年》，乃知許叔重《說文》儒爲術士之稱，術指術藝，術士即嫻習六藝之士，而六藝即禮、樂、射、御、書、數。因知儒墨皆當時社會生活職業一流品，此乃自來論先秦，學派者所未道。越數載，胡適之先生有〈說儒〉篇（刊於《胡適論學近著》第一集），亦以生活職業釋儒字，而持論與余說大異。」其細目爲：一駁最初儒皆殷人皆殷遺民之說；二駁儒是柔儒之人爲亡國遺民忍辱負重的柔道觀說；三駁儒爲殷遺民穿戴殷代古衣冠習行殷代古禮說；四駁儒以相喪爲本業及孔門師弟子皆爲殷儒商祝之說；五駁老子是一個殷商老儒之

說。〔註80〕

　　馮友蘭（1895～1990）《中國哲學簡史》曰：「按照我的理論，從這六種人裏面，形成了司馬談所稱的六家。套用劉歆的說法，我們可以說：儒家者流，蓋出於文士。」〔註81〕

　　傅斯年（1896～1950）《戰國子家敘論・戰國諸子除墨子外皆出於職業》曰：「《七略》、《漢志》有九流十家皆出於王官之說。其說曰：『儒家者流，蓋出於司徒之官；道家者流，蓋出於史官；陰陽家者流，蓋出於羲和之官；法家者流，蓋出於理官；名家者流，蓋出於禮官；墨家者流，蓋出於清廟之守；縱橫家者流，蓋出於行人之官；雜家者流，蓋出於議官；農家者流，蓋出於農稷之官；小說家者流，蓋出於稗官。』胡適之先生駁之，說見所著《中國古代哲學史・附錄》。其論甚公直，而或者不盡揣得其情。謂之公直者，出於王官之說實不可通，謂之不盡揣得其情者，蓋諸子之出實有一個物質的憑藉，以為此物質的憑藉即是王官者誤，若忽略此憑藉，亦不能貫徹也。百家之說皆由於才智之士在一個特殊的地域當一個特殊的時代憑藉一種特殊的職業而生。……所謂儒者乃起於魯流行於各地之『教書匠』。儒者以孔子為準，而孔子之為『教書匠』在《論語》中甚明顯……其實一部《論語》三分之二是教學生如何治學，如何修身，如何從政的。孔子誠然不是一個啟蒙先生，但他既不是大夫，又不是眾民，開門授徒，東西南北，總要有一個生業。……這樣進則仕、退則教的生活，既是儒者職業之所託，又是孔子成大名之所由。蓋一群門弟子到處教人，即無異於到處宣傳。儒者之仕宦實不達，在魏文侯以外沒有聽說大得意過，然而教書的成績卻極大。《詩》、《書》、《禮》、《樂》、《春秋》本非儒者之專有物，而以他們到處教人的緣故，弄成孔子刪述六經啦。」〔註82〕《戰國子家敘論・論儒為諸子之前驅亦為諸子之後殿》：「儒為諸子中之最前者，孔子時代尚未至於百家並鳴，可於《論語》、《左傳》、《國語》各書得之。雖《論語》所記的偏於方域，《國語》所記的不及思想，但在孔丘的時代果然諸子已大盛者，孔丘當不至於無所論列。孔丘以前之儒，我們固完全不曾聽說是些什麼東西，而墨起於孔後，更不成一個問題。其餘諸

〔註80〕　錢穆：《中國學術思想史論叢》（二），安徽教育出版社，2004年版，第121～129頁。
〔註81〕　馮友蘭：《中國哲學簡史》，天津社會科學院出版社，2007年版，第33頁。
〔註82〕　傅斯年：《戰國子家敘論・史學方法導論・史記研究》，上海古籍出版社，2012年版，第7～13頁。

子之名中，管、晏兩人之名在前，但著書皆是戰國時人所託，前人論之已多。著書五千言之老子乃太史儋，汪容甫、畢秋帆兩人論之已長，此外皆戰國人。則儒家之興，實爲諸子之前驅，是一件顯然的事實。孔子爲何如人，現在因爲關於孔子的眞材料太少了，全不能論定。但《論語》所記他仍是春秋時人的風氣，思想全是些對世間務的思想，全不是戰國諸子的放言高論。即以孟、荀和他比，孟子之道統觀、論性說，荀子之治本論、正儒說，都已是系統的思想，而孔丘乃是『毋意』、『毋必』、『毋固』、『毋我』的『學願』。所以孔丘雖以其『教』教出好些學生來，散佈到四方，各自去教，而開諸子的風氣，自己仍是一個春秋時代的殿軍而已。儒者最先出，歷對大敵三：一、墨家，二、黃老，三、陰陽。儒墨之戰在戰國極劇烈，這層可於孟、墨、韓、呂諸子中看出。儒家黃老之戰在漢初年極劇烈，這層《史記》有記載。漢代儒家的齊學本是雜陰陽的，漢武帝時代的儒學已是大部分糅合陰陽，如董仲舒，以後緯書出來，符命、圖讖出來，更向陰陽同化。所以從武帝到光武雖然號稱儒學正統，不過是一個名目，骨子裏頭是陰陽家已篡了儒家的正統。直到東漢，儒學才漸漸向陰陽求解放。儒墨之戰、儒道之戰，儒均戰勝。儒與陰陽之戰（此是相化非爭鬥之戰），儒雖幾乎爲陰陽所吞，最後仍能超脫出來。戰國一切子家一律衰息之後，儒者獨爲正統，這全不是偶然，實是自然選擇之結果。儒家的思想及制度中，保存部落時代的宗法社會性最多，中國的社會雖在戰國大大的動盪了一下子，但始終沒有完全進化到軍國，宗法制度仍舊是支配社會倫理的。所以黃老之道、申韓之術，可爲治之用，不可爲社會倫理所從出。這是最重要的一層理由。戰國時代因世家之廢而尚賢之說長，諸子之言興，然代起者仍是士人一個階級，並不是眞正的平民。儒者之術恰是適應這個階級之身份、虛榮心及一切性品的。所以墨家到底不能挾民眾之力以勝儒，而儒者卻可挾王侯之力以勝墨，這也是一層理由。天下有許多東西，因不才而可綿延性命。戰國之窮年大戰、諸侯亡秦、楚漢戰爭，都是專去淘汰民族中最精良、最勇敢、最才智的分子的。所以中國人經三百年的大戰而後，已經『銼其銳，解其紛，和其光，同其塵』了。淘汰剩下的平凡庸眾最多，於是儒家比上不足、比下有餘的穩當道路成王道。儒家之獨成『適者的生存』和戰國之究竟不能全量的變古，實在是一件事。假如楚於城濮之戰滅中原而開四代（夏、商、周、楚），匈奴於景武之際吞區夏而建新族，黃河流域的人文歷史應該更有趣些，儒家也就不會成正統了，又假如戰國之世，

中國文化到了楚、吳、百越而更廣大，新民族負荷了舊文化而更進一步，儒者也就不會更延綿了。新族不興，舊憲不滅，宗法不亡，儒家長在。中國的歷史，長則長矣；人民，眾則眾矣。致此之由，中庸之道不無小補，然而果能光榮快樂乎哉？」〔註83〕

　　馬宗霍（1897～1976）《論衡校讀箋識》：「孔穎達疏云：『保氏職掌養國子以道，教之六藝。諸侯保氏不可同天子之官，故變保言儒，儒亦有道德之稱也。』按：保氏屬地官大司徒，故《漢書・藝文志》謂：『儒家者流，出於司徒之官。』本文以儒生為『道官之吏』，蓋本於此。因其以道得民，故仲任以『道官』目之。故事或無益而益者須之，無效而效者待之宗。霍按：本文以『須』與『待』對，『須』猶『待』也。」

　　宗白華（1897～1986）《中國哲學史提綱》：「孔子以前已有了『儒』，它僅是一種精通禮樂制度的自由職業者，孔子以後才有了『儒家』。儒家不僅是靠出賣知識來維持生活，並且有其哲學主張，企圖解決當前社會上所發生的問題，當時社會上所發生的急劇變化是：天子為諸侯所挾制，卿大夫又為其陪臣所凌駕，就是舊的、分散的封建制度開始崩潰，逐漸走向集中的封建制度。從官學到私學，這個事實是與土地私有制度的事實相應的。」〔註84〕「孔子極端重視傳統文化，他也深知傳統文化的作用與價值，他很想用文化教育的力量給人類增進幸福，所以他特別提出『仁』，作為他的學說的綱領。」〔註85〕

　　張舜徽（1911～1992）《漢書藝文志通釋》卷三曰：「自漢武帝罷黜百家，表章六經以後，儒學始居諸子之上，以『祖述堯舜，憲章文武，宗師仲尼』者為儒。故《淮南・仿真》篇高誘注云：『儒，孔子道也。』是即漢人之所謂儒耳。若漢以前之所謂儒，乃術士之通稱。故秦之坑儒，實坑術柔釋儒，流於儒弱無能，而孔子與魯哀公論及儒行，則謂『非時不見，非義不合』；『見利不虧其義，見死不更其守』；『可親而不可劫，可殺而不可辱』；『身可危也，而志不可奪也』；其剛毅有守如此。是豈自漢以下褒衣博帶、張拱徐趨、柔弱不振之所謂儒乎？故論儒術崇卑廣狹，自必上溯其原，以校其異同；而未可拘於一隅，以漢為斷也。《漢志》上承劉歆《七略》，篇中論列學術，皆採〈輯

〔註83〕傅斯年：《戰國子家敘論・史學方法導論・史記研究》，上海古籍出版社，2012年版，第23～25頁。

〔註84〕宗白華：《中國哲學史提綱》，重慶出版社，2014年版，第12頁。

〔註85〕宗白華：《中國哲學史提綱》，重慶出版社，2014年版，第16頁。

略〉中語。在〈諸子略〉中，每家皆云某家出於某官，其說未可徵信。余別有說，詳辨於〈諸子略〉尾。」

鄺士元《中國學術思想史》第一章〈先秦學術思想之比較〉曰：「在孔子以前，儒本爲學者之通稱，學者甚眾，而人品則有君子、小人之別，故孔子勉其爲君子儒。至孔子以後，學者以孔子修訂六藝，厥功甚偉，而其人格，更臻於聖，故以孔子之學爲儒學，孔子一派之學者，則謂之儒家。《周禮·太宰》注曰：『儒有六藝以教人者。』因孔子開私人講學之風，又以其學教人，德配天地，道貫古今，此孔子所以爲儒家之宗主。故儒家之稱，由來已久。……儒家以禮教人，禮教爲儒學之精神，且孔子學說，以仁爲體，以禮爲用，禮爲孔子施政設教之方略，如能執禮，則有功矣。且六藝之法，並非寡要，孔子以之教人，身通六藝者七十二人，所謂不能通其學者，豈其然乎？司馬談之論，蓋對漢儒所發，漢儒傳經，專重章句訓詁，所謂博而寡要，勞而無功是也。且儒家之長，不專序禮。其專重禮教，施於政治教育者，當推荀子，此亦儒家從學之事，故司馬談不得要領之論，不足以評述儒家孔子之短長。」〔註86〕

閻震益、鍾夏《新書校注》：「《史記·太史公自序》：『儒者以六藝爲法，列君臣父子之禮，序夫婦長幼之別，雖百家弗能易也。』《漢書·藝文志》：『儒家者流，助人君、順陰陽、明教化者也。遊文於六經之中，留意於仁義之際，祖述堯舜，憲章文武，宗師仲尼，於道最爲高。』是孔子之學，用世之道也。太史公自序：『道家無爲，其術以虛無爲本。』誼云『本者謂之虛』，是道家之言也，故何氏謂『無得於孔子之學也』。」

項楚《寒山詩注》：寒山詩以「張公富奢華，孟子貧轗軻」爲「可笑事」者，蓋張儀爲戰國縱橫家之巨擘，孟軻爲戰國儒家之宗師，據《漢書·藝文志》云：「儒家者流，蓋出於司徒之官，助人君、順陰陽、明教化者也。遊文於六經之中，留意於仁義之際，祖述堯舜，憲章文武，宗師仲尼，以重其言，於道爲最高。」又云：「從橫家者流，蓋出於行人之官。孔子曰：『誦《詩》三百，使於四方，不能專對，雖多亦奚以爲？』又曰：『使乎，使乎！』言其當權事制宜，受命而不受辭，此其所長也。及邪人爲之，則上詐諼而棄其信。」今以「上詐諼而棄其信」之張公而「富奢華」，「於道爲最高」之孟子而「貧轗軻」，故寒山以爲「可笑事」而深致慨焉。

〔註86〕 鄺士元：《中國學術思想史》，上海三聯書店，2014年版，第6頁。

　　王錦民《古學經子》第九章〈儒家〉之第一節「孔子與儒家的興起」曰：
「《漢志》說儒家出於司徒之官是很正確的。按先秦學術總有兩源，或出於學
校，或出於官守，所謂儒家出於司徒，是說儒家出於司徒所屬的學校之官。
古文學家解釋《漢志》儒家出司徒之說，每據《周官》。《周官・地官司徒》
云：『以鄉三物教萬民而賓興之：一曰六德，知、仁、聖、義、忠、和；二曰
六行，孝、友、睦、姻、任、恤；三曰六藝，禮、樂、射、御、書、數。』
此是大司徒的職文，大司徒所屬的學校之官則有師氏、保氏。師氏云：『以三
德教國子，一曰至德，以爲道本，二曰敏德，以爲行本；三曰孝德，以知逆
惡。教三行：一曰孝行，以親父母；二曰友行，以尊賢良，三曰順行，以事
師長。』保氏云：『養國子以道，乃教之以六藝：一曰五禮，二曰六樂，三曰
五射，四曰五御，五曰六書，六曰九數。乃教以六儀：一曰祭祀之容，二曰
賓客之容，三曰朝廷之容，四曰喪紀之容，五曰軍旅之容，六曰車馬之容。』
司徒下屬的師氏、保氏，即爲儒家之前身，鄭玄《周禮注》釋『聯師儒』云：
『師，諸侯師氏，有德行以教民者；儒；諸侯保氏，有六藝以教民者。』今
文學家解釋儒家出司徒，則每據《禮記・王制》。〈王制〉云：『司徒修六禮以
節民性，明七教以興民德，齊八政以防淫，一道德以同俗，養耆老以致孝，
恤孤獨以逮不足，上賢以崇德，簡不肖以絀惡。』司徒所屬的學校之官爲樂
正，〈王制〉云：『樂正崇四術，立四教，順先王《詩》、《書》、《禮》、《樂》
以造士。春秋教以《禮》、《樂》，冬夏教以《詩》、《書》。王大子、王子，群
后之大子，卿大夫、元士之適子，國之俊選，皆造焉。』〈王制〉司徒所教之
六禮、七教、八政與《周官》司徒的六德、六行、六藝不同，樂正所教之『四
術』，與保氏『六藝』亦不同。有的學者固執今古文家法者，各據一典而爭訟，
必是一非一。亦有學者爲之通說。孫詒讓《周禮正義》曰：『《大戴禮記・保
傅》篇云：「古者，年八歲而出就外舍，學小藝焉，履小節焉。束髮而就大學，
學大藝焉，履大節焉。」案：外舍即小學也。師氏教以德行，保氏教以道藝。
學小成而後陞於大學，大司樂教之。三官爲聯事，所教亦互備也。』呂思勉
《燕石札記》也說《周官》所述是小學及鄉校的科目，〈王制〉所述是大學的
科目。從春秋時儒家的言行看，儒家學術的範圍出入於《周官》司徒與〈王
制〉司徒之間，唯據其中一者則不能概全。從儒家的傳習看，保氏『六藝』
與樂正『四術』均在其大範圍內，均是儒家學術的來源與基礎。《漢志》說儒
家宗師仲尼，也是很正確的，在孔子之前，雖有所謂師儒，但尚沒有所謂儒

家，儒家自孔子始。……孔子學《易》蓋在五十歲以後。哀公十四年春狩獲
麟，孔子由是作《春秋》，則《春秋》之作更在學《易》之後。《易》與《春
秋》是大學『四術』之外的兩經，是孔子晚年所自治，並不是用來傳授弟子
的，而弟子於孔子歿後得孔子之書，遂將此兩經加入到『四術』中，於是乎
足成『六經』。孔子以後的儒家學術即以『六經』爲基本範圍，不同於孔子在
世時尚有早、中、晚三變。儒家之學自此宗師孔子，『遊文於六經之中，留意
於仁義之際』，不復見司徒官守的舊貌了。」〔註87〕

〔註87〕 王錦民：《古學經子》，華夏出版社，2008 年版，第 259～264 頁。